中國古代地理總志叢刊

輿地廣記

下

〔宋〕歐陽忞 撰
李勇先 王小紅 校注

中華書局

輿地廣記卷第二十四

江南東路〔一〕

次府，江寧府。春秋屬吴。戰國屬越，後屬楚。秦屬鄣郡。二漢屬丹陽郡〔二〕。吴王孫權初鎮丹徒，謂之京城，後徙都秣陵，改爲建業。晉平吴，以爲丹陽郡及揚州刺史治。東晉元帝渡江，復都焉，改丹陽太守爲尹〔三〕。宋、齊、梁、陳因之，常以京口爲重鎮。隋平陳，郡廢，夷蕩耕墾，更於石頭城置蔣州。大業初，復置丹陽郡。唐武德三年置揚州〔四〕，七年平輔公祏，復改爲蔣州，八年又改爲揚州。九年州徙治江都，以其地屬潤州。至德二載，析置江寧郡。乾元元年曰昇州〔五〕，上元二年州廢〔六〕，光啓三年復置〔七〕。五代時南唐李氏竊據，升爲江寧府。皇朝開寶八年克復，降爲昇州，天禧二年復升江寧府、建康軍節度〔八〕。今縣五。

次赤，上元縣。本楚邑。楚威王以其地有王氣，埋金以鎮之，故曰金陵。秦改曰秣陵。二漢屬丹陽郡。吴建安十六年改曰建業，因都焉。晉武帝平吴，復曰秣陵。本治去京邑六十里，故治村是也〔九〕，安帝義興九年移治京邑。宋、齊、梁、陳因之〔一〇〕。隋平陳，省秣陵入江寧縣，置蔣州。唐武德三年改江寧曰歸化，屬揚州。八年改歸化曰金陵，九年改金陵曰白下，屬潤州。正觀九年，復改白下曰江寧。肅宗乾元元年置昇州〔一一〕，上元二年改曰上元〔一二〕。南唐置江寧府。故建康縣，本建鄴。晉武帝既復改建業爲秣陵，太康三年又分秣陵之水北置建鄴縣，後避愍帝名，改曰建康。隋省入江寧。湖熟鎮，本湖熟縣。二漢、晉、宋屬丹陽郡，後省入焉。有蔣山、石頭城，六朝以爲重鎮。

次赤，江寧縣。晉武太康元年分秣陵置臨江縣，二年更名。唐既改江寧爲上元，南唐復析上元置江寧，分治郭下。

次畿，句容縣。二漢、晉、宋屬丹陽郡。隋屬江都郡。唐武德三年置茅州〔一三〕，七年州廢屬蔣州，九年屬潤州，乾元元年屬昇州〔一四〕。有茅山，一名句曲山〔一五〕，形如「句」字之曲〔一六〕，縣取名焉。

次畿，溧水縣。本溧陽縣。二漢、晉、宋屬丹陽郡。隋改爲溧水縣，屬蔣州。唐武德三年屬揚州，七年屬宣州〔一七〕，乾元元年屬昇州。伍子胥自楚出奔，未至吴而疾止中道，乞食於溧陽，即此。

次畿，溧陽縣。唐武德三年析溧水縣置，屬揚州，九年屬宣州，上元元年屬昇州〔一八〕。

望，宣州。春秋屬吴〔一九〕。戰國屬越，後屬楚。秦屬鄣郡。二漢屬丹陽郡。吴爲重鎮。晉徙丹陽於建鄴，而以其地置宣城郡。宋、齊、梁、陳因之，梁兼置南豫州。隋平陳，郡廢，改州爲宣州，大業初復置宣城郡。唐武德三年曰宣州，天寶元年曰宣城郡。吴升爲寧國軍節度。皇朝因之。今縣六。

望，宣城縣。本宛陵縣。二漢爲丹陽郡治。晉置宣城郡。宋、齊、梁、陳因之〔二〇〕。隋廢郡，而改宛陵曰宣城，置宣州。唐因之。亦吴懷安縣地，屬丹陽郡。晉屬宣城郡。宋、齊、梁、陳因之。隋省入宣城。有敬亭山〔二一〕。

望，南陵縣。漢春穀縣地〔二二〕，屬丹陽郡。東漢、晉因之。孝武改爲陽穀，後省。梁置南陵縣及南陵郡。陳置北江州。隋平陳，州、郡並廢，屬宣城郡。唐武德四年屬池州〔二三〕，州廢來屬。亦漢宣城縣地，屬丹陽郡。東漢省之。晉復置，屬宣城郡，後省。故城在今縣東。

緊，涇縣。二漢屬丹陽郡。晉置宣城郡。宋、齊、梁、陳因之。唐武德三年置南徐州〔二四〕，尋更名猷州，八年州廢來屬。故安吴縣，吴分宛陵置。晉、宋、齊、梁、陳屬宣城郡。隋省入涇。唐武德三年復置，八年又省。亦陵陽縣地，二漢、晉屬丹陽郡，成帝以皇后諱，改爲廣陽縣。宋因之，後省。有陵陽山，列仙傳云：陵陽子明釣得白龍，放之。後三年，龍迎子明上陵陽山仙去〔二五〕。因以名縣。

緊，寧國縣。吴分宛陵置。晉、宋、齊、梁、陳皆屬宣城郡。隋省入宣城。唐武德三年復置，屬宣州。六年又省，天寶三載復置。

緊，旌德縣。唐寶應二年析太平縣置，屬宣州。有棲真山。

中，太平縣。唐天寶十一載〔二六〕，析當塗、涇縣置〔二七〕，屬宣州。大曆中省，永泰中復置。

上，歙州〔二八〕。春秋屬吴〔二九〕。戰國屬越，後屬楚。秦屬鄣郡〔三〇〕。二漢屬丹陽郡。吴孫權分置新都郡。晉武帝改爲新安郡。宋、齊因之，後廢。隋平陳，置歙州。大業初，置新安郡。唐武德四年復置歙州，天寶元年曰新安郡。皇朝因之〔三一〕。統縣六。

望，歙縣。二漢屬丹陽郡。吴孫權使賀齊平山越，於是立始新都尉於歙之華鄉，令齊守之，遂置始新縣及新都郡。晉太康元年改郡曰新安，後郡廢，而省始新入歙。隋平陳，廢歙。開皇十一年復置，屬歙州，大業初屬新安郡。唐爲歙州治焉。

望，休寧縣。孫權分歙置休陽縣。晉武帝改爲海寧，屬新安郡。宋因之。隋開皇十八年改爲休寧〔三二〕，大業初置新安郡。唐屬歙州。

望，祁門縣。本黟縣地〔三三〕。唐代宗時，歙州賊方清據此爲壘。永泰二年平賊，因其壘置祁門縣，屬歙州。有祁山，閶門灘，善覆舟。

望，婺源縣。唐開元二十八年析休寧置〔三四〕，屬歙州。

望，績溪縣。唐永徽五年分歙置北野縣〔三五〕，屬歙州，後更名績溪。

望〔三六〕，黟縣〔三七〕。二漢屬丹陽郡。晉、宋屬新安郡。隋平陳，縣廢。開皇十一年復置，屬歙州〔三八〕。唐因之。有林歷山，吴賀齊討山越，賊保林歷山，四面險絶，齊使以鐵杙琢山而升，出其不意，遂平賊。

上〔三九〕，**江州**。古揚、荆二州之境。春秋、戰國屬楚。秦屬九江郡〔四〇〕。二漢屬廬江、豫章二郡〔四一〕。晉惠帝置尋陽郡〔四二〕，兼置江州，初治豫章，成帝咸康六年移治尋陽，中流襟帶，常爲重鎮。宋、齊、梁、陳因之。隋平陳，郡廢。大業初州廢，置九江郡。唐武德四年復置江州，天寶元年曰尋陽郡。皇朝因之〔四三〕。今縣五。

望，德化縣。本尋陽縣。二漢屬廬江郡。吴蘄春郡〔四四〕。晉復屬廬江。永興元年置尋陽郡，咸康六年江州自豫章徙治尋陽〔四五〕。縣本在江北，温嶠移置江南，後省入柴桑。柴桑縣，二漢屬豫章郡。曹公攻劉備於夏口，時孫權擁兵柴桑以觀成敗，諸葛亮説權與并力拒曹公。故城在今縣南，所謂楚城鎮是也。宋、齊、梁、陳皆爲尋陽郡及江州治焉。隋平陳，郡廢，復改縣曰尋陽，開皇十八年改曰彭蠡，大業初改曰湓城，置九江郡。唐復曰尋陽，置江州。五代時改爲德化。禹貢九江，在州西北，始别於鄂陵，終會於江口。有廬山、柴桑山、彭蠡湖。

緊，德安縣。本歷陵縣地〔四六〕。二漢屬豫章郡。晉屬鄱陽郡，後省。五代時置德安縣，屬江州。有禹貢敷淺原。

中，瑞昌縣。五代時置，屬江州。有王喬山、清虚玉華洞。

中，湖口縣。五代時置，屬江州。晉盧循之敗，悉力柵左里。宋武帝攻其柵，循單舸走，衆皆降，即彭蠡湖口，今縣是也。

中，彭澤縣。禹貢彭蠡澤，在西，因以名縣。二漢、晉屬豫章郡。宋省之，後復置。梁置太康郡〔四七〕。隋平陳，郡、縣並廢，而置龍城縣，屬江州。開皇十八年，復改曰彭澤。唐因之。有馬當山。

上，池州。春秋屬吴。戰國屬越，後屬楚。秦屬鄣郡。二漢屬丹陽郡〔四八〕。晉屬宣城郡。宋、齊、梁、陳、隋因之。唐武德四年析宣州置池州，正觀元年州廢，永泰元年復置〔四九〕，後曰池陽郡。皇朝因之。今縣六。

望，貴池縣。本石城縣地。二漢屬丹陽郡。晉以後屬宣城郡。隋平陳，縣廢。開皇十九年置秋浦縣，屬宣州。唐分置池州。五代時改秋浦爲貴池。有烏石山、貴池。

上，青陽縣。本臨城縣〔五〇〕，吴置。晉屬宣城郡。宋、齊、梁、陳因之。隋省入南陵。唐天寶元年析置青陽縣〔五一〕，屬宣州，後屬池州〔五二〕。有九華山。

上，銅陵縣。本南陵縣地。唐析置義安縣，又廢義安爲銅官。五代時置銅陵縣，屬江寧府。皇朝開寶八年來屬。有梅根山、利國山。

上，建德縣。本至德縣，唐至德二年析鄱陽、秋浦置，屬江州。乾元元年屬饒州，永泰元年來屬〔五三〕。五代時省，後復置，改爲建德。有石門山、闌溪。

上，石埭縣。唐永泰中析青陽、秋浦置〔五四〕，治古石埭城，屬池州。

中下，東流縣。五代時置，屬江州。皇朝太平興國三年來屬。

上，饒州。春秋屬楚，後屬吴。戰國屬越，後復屬楚〔五五〕。秦屬九江郡。二漢屬豫章郡〔五六〕。吴孫權分置鄱陽郡。晉、宋、齊、梁、陳因之，梁兼置吴州。隋平陳，郡廢，改州爲饒州，以其物産豐饒。大業初，復置鄱陽郡。唐武德四年曰饒州，天寶元年曰鄱陽郡。皇朝因之。今縣六〔五七〕。

望，鄱陽縣。本楚邑，春秋吴伐楚，取鄱是也。秦時吴芮爲番陽令，甚得江湖間心，號曰番君。二漢屬豫章郡。吴置鄱陽郡。晉以後因之。隋置饒州。唐因之。有鄱江。故廣晉縣，吴置，曰廣昌，即吴芮故城也〔五八〕。晉太康元年更名，爲鄱陽郡治。宋因之，後省。唐武德五年復置，八年省入鄱陽。

望，餘干縣。故越之西境，所謂干越也。二漢曰餘汗，屬豫章郡。晉、宋、齊、梁、陳、隋屬鄱陽郡。唐屬饒州。有餘水〔五九〕，北流入贛江。

望，浮梁縣。本新平縣，唐武德四年析鄱陽置〔六〇〕，屬饒州，八年省。開元四年復置新昌，天寶元年更名浮梁。有石藏山。

望，樂平縣。本吴樂安縣〔六一〕。晉、宋屬鄱陽郡，後省。唐武德四年置樂平縣，屬饒州。九年省，後復置。

望〔六二〕，德興縣。五代析樂平置，屬饒州。有銀山。

中，安仁縣。皇朝開寶八年以餘干縣地置安仁場，端拱元年升爲縣。

上，信州。春秋、戰國皆屬越〔六三〕，後屬楚。秦屬九江、會稽二郡。二漢屬豫章、會稽二郡。晉、宋及隋屬鄱陽、東陽二郡。唐乾元元年析饒州之弋陽、衢州之常山、玉山及建、撫二州之地置信州，後曰上饒郡。皇朝因之。統縣六。

望，上饒縣。吴置。晉省之。宋復置，屬鄱陽郡，後省。唐武德四年復置，七年省入弋陽。乾元元年復置〔六四〕，并置信州。有上饒江。

望，玉山縣。唐證聖二年析常山、須江、弋陽置〔六五〕，屬衢州，乾元元年來屬。有懷玉山。

望，弋陽縣。吴置葛陽縣〔六六〕。晉、宋屬鄱陽郡。隋開皇十二年改爲弋陽，屬饒州。唐乾元元年來屬。有弋溪。寶豐鎮，皇朝開寶八年升爲縣〔六七〕，景祐二年省〔六八〕。康定元年復置，慶曆三年又省入弋陽。

望，貴溪縣。唐永泰元年析弋陽置，屬信州。有龍虎山、貴溪。

中，鉛山縣。五代時置。皇朝開寶八年以縣直隸京師，後屬信州。有鉛山。

中，永豐縣。唐乾元元年析上饒置〔六九〕，屬信州，元和七年省入爲鎮。皇朝熙寧七年復升爲縣。有永豐山、永豐溪。

上，太平州。自唐以前地理與宣州同。南唐置雄遠軍。皇朝開寶八年改平南軍〔七〇〕，太平興國二年升爲太平州〔七一〕。今縣三。

上，當塗縣。本漢丹陽縣地。晉太康二年分置于湖縣。成帝以淮南當塗流民寓居于湖，乃僑立當塗縣以治之，分于湖爲境，而於江南僑立淮南郡，治于湖，以當塗屬焉。宋、齊、梁、陳皆因之。隋平陳，郡及于湖廢，以當塗屬丹陽郡。唐武德三年置南豫州，八年州廢，屬宣州，乾元元年屬昇州，上元二年復屬宣州。南唐置雄遠軍。皇朝改爲平南軍，又改爲太平州〔七二〕。于湖縣故城，在今縣南。丹陽鎮，本丹陽縣。二漢、晉、宋屬丹陽郡，後廢。唐武德三年析江寧縣復置〔七三〕，屬饒州。九年州廢，屬宣州，正觀元年省入當塗。有牛渚山，一名採石，在縣北大江中。晉温嶠回軍至牛渚磯，聞鼓樂之音〔七四〕，水深不可測，乃燬犀角照之〔七五〕，見水族奇形異狀，朱衣躍馬。夜見夢嶠曰〔七六〕：「與君幽明道別，何得相照？」有丹陽湖、慈湖。

中，蕪湖縣。本吴鳩兹地，左傳楚子重伐吴，克鳩兹是也。二漢、晉屬丹陽郡。晉末僑立襄垣縣〔七七〕，寄治蕪湖〔七八〕，後屬淮南郡。宋、齊、梁、陳因之。隋平陳，省襄垣入當塗。五代時，析當塗復置蕪湖縣〔七九〕，屬宣州〔八〇〕。皇朝太平興國二年來屬〔八一〕。有尺鑄山〔八二〕、蕪湖。

中，繁昌縣。晉之繁昌，本屬襄城郡，亂後於此僑立，屬淮南郡，而分于湖爲境。宋、齊、梁、陳因之。隋平陳，省繁昌入當塗。五代時，析當塗復置，屬宣州〔八三〕。皇朝太平興國二年來屬〔八四〕。有靈山、隱静山。

同下州，南康軍。春秋、戰國皆屬楚〔八五〕。秦屬九江郡。漢屬豫章郡。東漢、晉、宋皆因之。隋屬九江、豫章二郡。唐屬江、洪二州。皇朝太平興國七年置南康軍〔八六〕。今縣三。

望〔八七〕，星子縣。本漢彭澤縣地，屬豫章郡，後爲德化縣之星子鎮。皇朝太平興國三年置星子縣〔八八〕，屬江州。七年置南康軍。有廬山、彭蠡湖、落星石〔八九〕。昔有星墜水，化爲石，縣鎮蓋因石爲名，吴越錢氏封爲寶石山。

望，建昌縣。本漢海昏縣地。昌邑王賀廢，遷於此，屬豫章郡。東漢永元十六年置建昌縣。晉、宋、齊、梁、陳、隋因之，而省海昏入焉。唐武德五年置南昌州，八年州廢屬洪州。皇朝太平興國七年來屬。亦永修縣地，東漢中平中置。晉、宋、齊、梁、陳皆屬豫章郡。隋省入建昌。唐武德五年復置，八年省。亦新吴縣地，東漢中平中置。晉、宋、齊、梁、陳皆屬豫章郡。隋省入建昌。唐武德五年復置，八年省。永淳二年又置，後省。

上，都昌縣。本漢彭澤縣地，唐武德五年置，屬洪州。八年廢，屬江州。皇朝太平興國七年來屬。有桑落山，晉將劉毅爲盧循所敗之地。有釣磯山，晉陶侃微時嘗登此垂釣。

同下州，廣德軍。春秋屬吴。戰國屬越，後屬楚。秦屬鄣郡。二漢屬丹陽郡。晉屬宣城郡。宋、齊因之。梁置大梁郡，又改爲陳留郡。隋平陳，郡廢，屬宣州。唐因之。南唐屬昇州。皇朝開寶八年屬宣州，太平興國四年置廣德軍。今縣二。

望，廣德縣。本漢丹陽郡地。鴻嘉二年以爲廣德國，封中山靖王勝之後雲客，是爲夷王。晉太康中置廣德縣〔九〇〕。及宋、齊皆屬宣城郡。梁分置石封縣，并置大梁郡，又改爲陳留郡。隋平陳，郡廢，改石封爲綏安縣，屬宣州，而省廣德入焉。唐至德二載改綏安爲廣德〔九一〕。南唐屬昇州。皇朝屬宣州〔九二〕，後置廣德軍〔九三〕。有桐源山、桐水。左傳「楚子西、子期伐吴及桐汭」，即此。

望，建平縣。本廣德縣之郎步鎮。皇朝端拱元年置建平縣，屬廣德軍。有伍牙山，伍員伐楚還吴，經此山，因以爲名。

校　注

〔一〕九域志卷六：「太平興國元年分東、西路，後并一路。天禧二年復分二路。」按紀勝卷一七江寧府引國朝會要皆云「天禧二年」，而宋會要方域六之二三、長編卷九五、文獻通考卷三一五輿地考、宋史卷八真宗紀作「天禧四年」復分二路。

〔二〕丹陽郡：漢書卷二八上作「丹揚郡」，新唐書卷四一作「丹楊郡」。

〔三〕太守：紀勝卷一三建康府引圖經作「内史」。

〔四〕三年：紀勝卷一三建康府作「二年」。

〔五〕昇州：舊唐書卷四〇作「潤州」。

〔六〕三年：元和志卷二五、寰宇記卷九〇、新唐書卷四一作「二年」。

〔七〕通鑑卷二五八云：唐昭宗大順元年，是歲置昇州於上元縣，以張雄爲刺史，年月不同。

〔八〕宋會要方域五之五：「江南路江寧府，僞唐江寧府，開寶八年爲昇州，天禧二年復爲江寧府，建康軍節度。」方域六之二四：「天禧二年二月四日，詔曰：『朕祗畏旻穹，保寧基構。荷鴻休之總集，佑丕緒之綿昌。利建懿藩，實惟元嗣。表兹南紀，允謂名區。式示壯猷，特崇巨屏。昇州宜陞曰江寧府，軍額曰建康軍節度。』」

〔九〕治：札記卷上：「宋本壞作『冶』，據周校正，此沈志文。朱校作『冶』，誤。」

〔一〇〕舊唐書卷四〇：「宋爲建康。」

〔一一〕按「肅宗乾元元年置昇州」原本置於「上元二年改曰上元」句下，今乙正。又「昇州」，聚珍本作「并州」。

〔一二〕二年：紀勝卷一三建康府引元和志作「元年」。

〔一三〕三年：舊唐書卷四〇、寰宇記卷九〇、紀勝卷一三建康府作「四年」。

〔一四〕宋史卷八八：「天禧四年，改名常寧。」

〔一五〕句曲山：通典卷一八二作「句容山」。

〔一六〕句：元和志卷二五作「己」。

〔一七〕七年：舊唐書卷四〇、寰宇記卷九〇作「九年」。

〔一八〕上元：寰宇記卷九〇作「乾元」。

〔一九〕此歐氏據寰宇記之文。元和志卷二八以爲春秋時屬楚。紀勝卷一九寧國府：「象之謹按：饒州爲楚之東境，而宣又在饒之東，當屬吴甚明。而元和志牽於丹陽爲楚始封之地，且謂宣州理城，周封楚子熊繹於此，則不得不以爲楚地。然楚子熊繹始封丹陽之地，乃在今歸州，有古丹陽城，與歸州城相對。而元和志於歸州秭歸縣故丹陽城下書曰在縣東七里，楚之舊都也。周武王封熊繹於荆丹陽之地，即謂此也，與江南之丹陽不同。元和志於歸州之下自謂與江南之丹陽不同，而於宣州丹陽下又書以爲熊繹始封之地，歸、宣二州所書自相戾甚。元和志所引非是，當從寰宇記。」

〔二〇〕舊唐書卷四〇：「梁置南豫州。」

〔二一〕敬亭山：九域志卷六作「昭亭山」。

〔二二〕春穀縣：札記卷上：「『春』，宋本作『舂』，誤，據周校訂正，班志可證，朱校誤同。」

〔二三〕四年：舊唐書卷四〇作「七年」。

〔二四〕三年：寰宇記卷一〇三作「二年」。

〔二五〕仙去：札記卷上：「宋本『仙』是也，列仙傳有『仙』字。周校脱，朱校不脱。」

〔二六〕十一載：元和志卷二八作「四年」。

〔二七〕元和志卷二八作「析涇縣置」。

〔二八〕宋會要方域六之二四：「徽州，宣和元年以歙州改。」

〔二九〕元和志卷二八以爲「春秋屬越」。紀勝卷二〇徽州：「象之謹按：通鑑周顯王三十五年，越王無彊伐楚，楚人大敗之，乘勝盡取吴故地，東至浙江。今新安郡在浙江之西，觀通鑑『盡取吴故地，東至浙江』一語，則新安當屬吴地矣。元和志所書非是，今從寰宇記及輿地廣記。」

〔三〇〕元和志卷二八云秦屬丹陽郡。紀勝卷二〇徽州：「象之謹按：丹陽始置於漢武，不應秦已有丹陽郡，元和志所書非是，今削去之。」

〔三一〕宋史卷八八：「宣和三年，改歙州爲徽州。」

〔三二〕十八年：元和志卷二八作「九年」，寰宇記卷一〇四作「十年」。

〔三三〕黟縣：原作「黝」，據四庫本、聚珍本及下文改。札記卷上：「宋本『黝』，周校、朱校並作『黟』。案班志作『黝』。注：師古曰：『黝』音『伊』，字本作『黟』，其音同。歐自用班字。」

〔三四〕二十八年：元和志卷二八作「二十六年」。紀勝卷二〇徽州：「象之謹按：圖經載古縣記云：自開元二十八年庚辰置縣。而唐書地理志亦以爲置於二十八年，正與寰宇記合。」

〔三五〕永徽五年：元和志卷二八以爲大曆二年刺史孫全緒奏分歙縣置，寰宇記卷一〇四、紀勝卷二〇徽州引方輿志以爲「永泰二年」置。

〔三六〕望：四庫本作「緊」，宋史卷八八亦作「緊」。

〔三七〕黟縣：紀勝卷二〇徽州：「説文『黟』字從『黑』，旁『多』，後錯誤，遂寫『黝』字。韋昭音義：『黟』音伊。或從『幼』，二字相似，蓋寫誤然。」

〔三八〕歙州：元和志卷二八作「宣州」。

〔三九〕宋會要方域六之二四：「大觀元年陞爲望郡。」

〔四〇〕九江郡：寰宇記卷一一一作「廬江郡」。

〔四一〕元和志卷二八以爲二漢屬淮南國，通典卷一八二以爲二漢屬廬江、章二郡。

〔四二〕尋陽：通典卷一八二、元和志卷二八、寰宇記卷一一一作「潯陽」。下同。

〔四三〕宋會要方域五之六、六之二四：「江州，僞唐奉化軍節度，開寶八年降軍事州。」

〔四四〕蘄：原作「柴桑」，據四庫本、聚珍本及江西通志卷三引輿地廣記改。

〔四五〕江州：聚珍本無。

〔四六〕地：聚珍本無。

〔四七〕太康郡：通典卷一八二作「太原郡」。

〔四八〕丹陽：元和志卷二八作「鄣」。

〔四九〕元年：元和志卷二八作「二年」。

〔五〇〕本臨城縣：元和志卷二八：「本漢涇縣地。」

〔五一〕紀勝卷二二池州：「輿地廣記云：以在青山之陽，故曰青陽。」今本無。

〔五二〕九域志卷六：「開寶八年，以昇州青陽……並隸州。」

〔五三〕元年：元和志卷二八作「三年」，寰宇記卷一〇五作「二年」。

〔五四〕元和志卷二八：永泰二年，割「秋浦、青陽、涇三縣」置。舊唐書卷四〇：「割秋浦、浮梁、黟三縣置。」

〔五五〕復：聚珍本無。

〔五六〕豫章郡：通典卷一八二作「章郡」。

〔五七〕今縣六：紀勝卷二三饒州：「寰宇記止有五縣，而無安仁縣，却於餘干縣下載安仁故城，往往是中間曾經暫廢。而九域志及輿地廣記悉載六縣云。」

〔五八〕即：四庫本、聚珍本作「郡」。

〔五九〕餘水：元和志卷二八、寰宇記卷一〇七、九域志卷六作「餘干水」。

〔六〇〕四年：元和志卷二八作「五年」，寰宇記卷一〇七作「二年」。

〔六一〕元和志卷二八：「本漢餘汗縣地。後漢靈帝於此置樂平縣，南臨樂安江，北接平林，因曰樂平。」寰宇記卷一〇七以爲本後漢東安縣。

〔六二〕望：九域志卷六、宋史卷八八作「緊」。

〔六三〕越：寰宇記卷一〇七作「吴」。

〔六四〕元年：四庫本作「二年」。

〔六五〕二年：元和志卷二八作「元年」。

〔六六〕元和志卷二八：「後漢分餘汗東界立葛陽縣。」

〔六七〕九域志卷六、宋會要方域一二之一七、宋史卷八八云：信州寳豐鎮，淳化五年以弋陽縣寳豐鎮置縣。

〔六八〕景祐二年：宋史卷八八作「景德元年」。

〔六九〕元年：四庫本作「二年」，紀勝卷二一信州引輿地廣記作「元年」。

〔七〇〕平南軍：寰宇記卷一〇五、紀勝卷一八太平州亦作「平南軍」，宋史卷八八作「南平軍」。下同。

〔七一〕二年：原作「三年」，據寰宇記卷一〇五、九域志卷六、紀勝卷一八太平州引國朝會要、宋史卷八八改。

〔七二〕宋會要方域六之二四：「當塗縣，太平興國二年置州，以縣爲治所。」

〔七三〕置：札記卷上：「宋本『置』是也，蓋本唐志『上元縣』下文。周校作『焉』，誤，朱校不誤。」

〔七四〕鼓：札記卷上：「宋本『鼓』是也。周校作『彭』，誤，朱校不誤。」

〔七五〕熼：聚珍本作「燃」。札記卷上：「宋本『熼』，周校同，是也。爾雅釋言『熼』，『火』也。詩疏引孫叔然曰：方言有輕重，故謂『火』爲『燬』也，晉書溫嶠傳正作『燬』。朱校作『然』，誤。」

〔七六〕夜見夢嶠：聚珍本作「嶠夜見夢神」。

〔七七〕晉末：四庫本、聚珍本作「晉宋」。札記卷上：「宋本『末』，周校同，是也，此沈志文。朱校作『宋』，誤。」

〔七八〕蕪湖：原作「無湖」，據上下文改。

〔七九〕復：四庫本作「縣」。

〔八〇〕九域志卷六隸宣州在「開寶八年」。

〔八一〕二年：寰宇記卷一〇五：「太平興國二年升爲太平州，割當塗、蕪湖、繁昌三縣以隸焉。」宋會要方域六之二四：「蕪湖縣、繁昌縣，開寶八年自昇州隸宣州，太平興國二年自宣州來隸。」而宋史卷八八云太平興國三年隸太平州，不同。

〔八二〕尺鑄山：大清一統志卷八四引輿地廣記作「赤鑄山」。

〔八三〕九域志卷六隸宣州在「開寶八年」。

〔八四〕二年：宋史卷八八作「三年」。

〔八五〕紀勝卷二五南康軍引晏公類要：「春秋吴、楚之地。」

〔八六〕七年：原作「二年」，據下文宋會要方域六之二五及長編卷二三、紀勝卷二五南康軍引南康志、宋史卷八八改。按宋會要：「南康軍，太平興國七年以江州星子縣置軍。」紀勝云：「國朝會要云：太平興國三年，以江州星子鎮升爲星子縣。」

〔八七〕望：九域志卷六、宋史卷八八作「上」。

〔八八〕三年：四庫本作「二年」，江西通志卷三引輿地廣記作「三年」。按宋會要方域六之二五：「星子縣，太平興國三年以江州星子鎮升爲縣。」當以「三年」爲是。九域志卷六同。

〔八九〕落星石：四庫本作「洛星石」。札記卷上：「『落』，宋本壞作『洛』，據周校訂正，水經廬江水注可證，朱校不誤。」

〔九〇〕元和志卷二八以爲後漢分故鄣縣置廣德縣，屬丹陽郡。紀勝卷二四廣德軍：「輿地志以爲置於西晉，此却不同。象之謹按：西漢廣川王傳以爲平帝元始二年以故廣德國立倫爲王，四年薨。居攝元年，赤嗣。王莽篡位，貶爲公，明年廢。晉志武帝太康元年平吴，分宣城等十一縣立宣城郡，廣德縣亦隸焉。而何承天宋志稱廣德漢舊縣，與元和郡縣志一同。而沈約以爲二漢並無之，疑是吴所立。按吴志吕蒙領廣德長，而吴録張純領廣德令，則廣德在吴已爲縣矣。象之又按：吕蒙薨於吴王即位之前，則其爲廣德縣之時尚東漢建安之紀元耳，則何承天宋志及元和志謂置於東漢亦未爲過。漢晉建置始末各有所據，今兩存之。」

〔九一〕至德：原作「武德」，據元和志卷二八、舊唐書卷四〇改。

〔九二〕九域志卷六隸宣州在「開寶八年」。

〔九三〕宋會要方域六之二五：「廣德縣，〔太平興國〕四年自宣州來隸，爲軍治。」

輿地廣記卷第二十五

江南西路

都督，洪州。春秋、戰國屬楚〔一〕。秦屬九江郡。漢高帝改爲淮南國。分置豫章郡〔二〕。東漢、晉因之。東晉置江州，初治此，後徙尋陽。宋、齊、梁、陳皆爲豫章郡。隋平陳，郡廢，置洪州。大業初州廢，復置豫章郡。唐武德五年復曰洪州〔三〕，天寶元年曰豫章郡，後升鎮南軍節度。皇朝因之。今縣八。

望，南昌縣。秦爲九江郡南部。漢高帝六年置豫章郡，其城即灌嬰所築。東漢以後因之，後改南昌曰豫章縣〔四〕。隋置洪州。唐武德五年析置南昌、鍾陵縣，以南昌置孫州。八年州廢，省南昌、鍾陵。寶應元年避代宗諱〔五〕，改豫章曰鍾陵，正元中又改曰南昌〔六〕。應劭漢宮儀曰：有豫章生於庭中，故以名郡。此木嘗中枯，晉永嘉中，一旦更茂，咸以爲中興之祥。其後元帝果興大業於江南。故郭璞南郊賦云「弊樟擢秀於祖邑」，以司馬宣王之祖嘗爲豫章太守故也。有武陽水。

望，新建縣。皇朝太平興國六年析南昌縣置〔七〕，與南昌分治郭下。有西山〔八〕、章水。

望，奉新縣。本新吴縣，漢中平中置。晉以後屬豫章郡。隋平陳，省入建昌。唐永淳二年復置〔九〕，屬洪州。五代時改爲奉新縣。有華林山、大雄山。

望，豐城縣。吴分南昌縣地置富城縣。晉太康元年改曰豐城，屬豫章郡，雷焕得龍淵〔一〇〕、太阿於此。宋、齊、梁、陳皆屬豫章郡。隋平陳，省之。開皇十二年復置，曰廣豐。仁壽初改曰豐城，屬洪州。唐因之。

望，分寧縣。本艾縣地，左傳吴公子慶忌驟諫，「吴王弗聽，出居于艾」是也。二漢屬豫章郡〔一一〕。晉、宋、齊、梁、陳因之。隋省入建昌〔一二〕。唐正元十五年析武寧置分寧縣〔一三〕，屬洪州。有旌陽山，昔旌陽令許遜嘗游此。有脩水。

緊，武寧縣。本西安縣地〔一四〕，漢建安中孫權置。晉太康元年改爲豫寧〔一五〕，屬豫章郡。宋、齊、梁、陳皆因之。隋省入建昌。唐長安四年復置武寧縣，屬洪州。景雲元年改曰豫寧，寶應元年復曰武寧。有幕阜山。

中，靖安縣。五代時置。有藥王山。

進賢縣〔一六〕。

上，虔州。春秋時百越之地〔一七〕。戰國時吴起相楚悼王，南平百越，於是屬楚。秦屬九江郡。二漢屬豫章郡。吴屬廬陵郡。晉太康三年置南康郡〔一八〕。宋爲南康國。齊、梁、陳復爲南康郡。隋平陳，郡廢，置虔州。大業初州廢，置南康郡。唐武德五年曰虔州，天寶元年曰南康郡。後唐長興二年升爲昭信軍節度。皇朝因之〔一九〕。今縣十。

望，贛縣。二漢屬豫章郡。吴爲廬陵南部都尉治〔二〇〕。晉置南康郡。宋、齊、梁、陳皆因之。隋置虔州，改贛縣爲南康，大業初復改爲贛。唐因之。有贛水，東源出雩都，曰湖漢水；西源出南野，曰彭水，二水皆北流，合于贛縣，總爲豫章水，北流入大江。後人因「贛」字以湖漢水爲「貢水」，彭水爲「章水」。而劉澄之遂以爲章、貢合流，因以名縣，蓋失之矣。平固鎮，本平固縣。吴曰平陽。晉太康元年更名，屬南康郡。宋因之，後省爲鎮。

望，虔化縣。漢贛縣地。吴置陽都縣〔二一〕。晉太康元年改曰寧都，後省焉。宋復置，大明五年以虔化屯別置虔化縣，並屬南康郡，後省虔化入寧都。隋平陳，改寧都曰虔化，屬虔州。唐因之。上有梅嶺山，漢時閩越反，武帝令諸校屯豫章梅嶺待命。閩越發兵入梅嶺，殺漢校尉，即此縣地。有石鼓山。

望，興國縣。本贛縣地。皇朝太平興國八年以險江鎮置興國縣〔二二〕。有覆笥山。

望，信豐縣。本南康地〔二三〕。唐永淳元年分置南安縣，屬虔州，天寶元年改爲信豐。

望，雩都縣。二漢屬豫章郡。晉、宋屬南康郡，後省。隋平陳復置，屬虔州。唐因之。有金鷄山，云時見金鷄出於石上。有盤固山。

望，會昌縣。本雩都縣地。皇朝太平興國八年以九州鎮置〔二四〕。有君山。

望，瑞金縣。本雩都縣地，有金。唐天祐元年置瑞金監，後升爲縣，屬虔州。有銅鉢山、綿江〔二五〕。

緊，石城縣。五代時置，屬虔州。

上，安遠縣。唐正元四年析雩都縣置〔二六〕，屬虔州。

中，龍南縣。本漢南野縣地。五代時置，屬虔州〔二七〕。有聶都山〔二八〕，山海經曰贛水，出聶都山。即此。

上，吉州。春秋時百越之地〔二九〕。戰國屬楚。秦屬九江郡。二漢屬豫章郡。興平元年孫策分置廬陵郡〔三〇〕。吴寶鼎二年，孫皓又置安城郡。晉、宋、齊、梁、陳皆因之。隋平陳，二郡俱廢，置吉州。大業初，復置廬陵郡。唐武德五年曰吉州，天寶元年曰廬陵郡。皇朝因之。今縣八。

望，廬陵縣。二漢屬豫章郡。孫策改爲石陽縣〔三一〕，分置廬陵郡。晉、宋因之，後復改石陽爲廬陵縣〔三二〕。隋置吉州。唐因之。有玉笥山。

望，吉水縣。本吉陽縣地。吴置。晉、宋屬廬陵郡，後省焉。皇朝太平興國九年置吉水縣〔三三〕。有仁山、吉水。

望，安福縣。本漢安成縣〔三四〕，屬長沙國。東漢屬長沙郡〔三五〕。吴屬安成郡〔三六〕。晉改縣曰安復。宋、齊、梁、陳皆因之。隋平陳，郡廢，改安復縣爲安成，十八年又曰安復〔三七〕，屬吉州。唐武德五年改縣曰安福，置潁州〔三八〕，七年廢來屬。有廬水〔三九〕，東至廬陵，入贛江。

望，太和縣〔四〇〕。吴置西昌、東昌二縣〔四一〕。晉、宋皆屬廬陵郡。後西昌省東昌入焉，改爲太和縣〔四二〕，屬吉州。唐因之。有贛石山〔四三〕、遂興水。

望，龍泉縣。五代時置，屬吉州〔四四〕。有石含山。

望，永新縣。吴置，屬安城郡。晉、宋因之，後省。唐武德五年復置，屬南平州。八年州廢，省入太和，顯慶二年復置來屬〔四五〕。有永新山、勝業水。

望，永豐縣。本吉水縣地。皇朝至和元年以報恩鎮置永豐縣。有雲蓋山、報恩江。

望，萬安縣。本龍泉縣地。皇朝熙寧四年以萬安鎮置〔四六〕。有龍頭山〔四七〕、五雲洲〔四八〕。

上，袁州。春秋爲百越之地〔四九〕。戰國屬楚。秦屬九江郡。二漢屬豫章郡。吴屬安城郡〔五〇〕。晉、宋、齊、梁、陳因之。隋平陳，郡廢，置袁州。大業初州廢，置宜春郡。唐武德四年曰袁州〔五一〕，天寶元年曰宜春郡。皇朝因之。今縣四。

望，宜春縣。二漢屬豫章郡。吴屬安城郡。晉孝武改爲宜陽〔五二〕。宋以後因之。隋復改爲宜春，屬宜春郡。唐因之。有仰山、袁江。有宜春泉，醖酒入貢。

望，分宜縣。本宜春縣地。皇朝雍熙元年置。有鍾山。郡國志云：晉永嘉元年，因水，有大鍾從山上墜水中，驗其銘，是秦時樂器，故以名山。有昌山。

望，萍鄉縣。吴置，屬安城郡。晉以後因之。隋屬宜春郡。唐因之。有羅霄山〔五三〕、陽岐水〔五四〕。

緊，萬載縣〔五五〕。本陽樂縣地，吴黄武中置。晉太康元年改爲康樂，屬豫章郡。宋因之。謝靈運襲封康樂公，即此，後省焉。唐武德五年復置陽樂縣，屬靖州。八年州廢，省入高安。五代時以其地置萬載縣，屬洪州，後屬筠州。皇朝開寶八年來屬〔五六〕。有康樂故城，有謝山、康樂水。

上，撫州。春秋時百越之地〔五七〕。戰國屬楚。秦屬九江郡。二漢屬豫章郡。吴太平二年分置臨川郡。晉以後因之。隋平陳，郡廢，置撫州。大業初州廢，置臨川郡。唐武德五年曰撫州，天寶元年曰臨川郡。皇朝因之〔五八〕。今縣四。

望，臨川縣。本南昌縣地。東漢永元八年置臨汝縣〔五九〕，屬豫章郡。吴孫亮分置臨川郡。晉以後因之。隋置撫州，改臨汝縣爲臨川。唐因之。有峨峰山，本曰銅山，唐天寶中改名。有臨川水。

望，崇仁縣。本吴置巴丘縣，屬廬陵郡；置新建縣，屬臨川郡〔六〇〕。晉、宋因之。梁改巴丘爲巴山〔六一〕，及置巴山郡。隋平陳，郡、縣俱廢，置崇仁縣，屬撫州。唐因之。有崇仁山、寶唐水。

望，宜黄縣。唐武德五年析崇仁置，屬撫州。八年省。皇朝開寶八年以宜黄場復置〔六二〕。有宜黄水。

望〔六三〕，金谿縣。本臨川縣地。皇朝淳化五年以金谿場置〔六四〕。有靈秀山、金谿水。

上，筠州。自唐以前地理與洪州同。南唐李景置筠州。皇朝因之。今縣三。

望，高安縣。本建城縣。二漢屬豫章郡。晉以後因之。縣出然石，石色黄白而疏理，以水灌之則熱，著鼎其上，足以熟物。元康中，雷焕入洛，賫石以示張華，華曰：「此謂然石。」於是始識其名。隋屬洪州。唐武德五年改建城曰高安，置靖州。七年改爲米州，又改爲筠州。八年州廢，屬洪州。南唐復置筠州。有飛山〔六五〕、鍾口江。

望，上高縣。五代時置，屬洪州。南唐來屬。有八疊山、斜口水。

望，新昌縣。皇朝太平興國三年〔六六〕，以高安監步鎮置〔六七〕。有黄蘗山。

同下州，興國軍。自五代以前地理與鄂州同。皇朝太平興國二年置興國軍〔六八〕。今縣三。

望，永興縣。本鄂縣地。二漢屬江夏郡。吴孫權改鄂爲武昌，而别置陽新縣〔六九〕，屬武昌郡。晉以後因之。江左又析置永興縣。隋平陳，改陽新曰富川，開皇十一年省永興入焉〔七〇〕。十八年改富川縣曰永興，屬鄂州。唐因之。皇朝置興國軍。有闔閭山，吴王闔閭與楚相持屯此。

緊，大冶縣。皇朝乾德五年以大冶場置，屬鄂州，太平興國二年來屬〔七一〕。有磁湖〔七二〕。

中，通山縣。五代時置，屬鄂州。皇朝太平興國二年來屬〔七三〕。有翠屏山，本名石城，唐天寶中改名〔七四〕。

同下州，南安軍。自五代以前地理與虔州同。皇朝淳化元年置。今縣三。

中，大庾縣。唐神龍元年析南康縣置，屬虔州。皇朝置南安軍〔七五〕。有大庾嶺，五嶺之最東者，亦曰東嶠。有横浦關，漢討南越，楊僕爲樓船將軍，出豫章，下横浦是也。有涼熱水〔七六〕，水經注云：連溪出南康縣涼熱山，即此水也。

望，南康縣。本漢南野縣地。吴分置南安縣〔七七〕。晉太康元年改曰南康〔七八〕，屬南康郡。宋因之，改曰贛縣。隋大業初復曰南康，屬南康郡。唐屬虔州〔七九〕。皇朝淳化元年來屬〔八〇〕。南野鎮〔八一〕，本南野縣。二漢屬豫章郡。晉屬廬陵郡。宋屬南康郡，後省爲鎮。有君山、章水。

上，上猶縣。五代時置，屬虔州。皇朝淳化元年來屬。有猶水。

同下州，臨江軍。自五代以前地理與筠、袁、吉三州同。皇朝淳化三年置。今縣三。

望，清江縣〔八二〕。五代時置，屬洪州。南唐屬筠州。皇朝置臨江軍〔八三〕。

望，新淦縣。二漢屬豫章郡。晉、宋因之。隋屬廬陵郡。唐屬吉州〔八四〕。皇朝淳化三年來屬。有玉笥山、淦水。

望，新喻縣。吴分宜春置。晉、宋屬安成郡。隋屬宜春郡。唐屬袁州。皇朝淳化三年來屬。本曰新渝，唐天寶後相承作「喻」。有渝水。

同下州，建昌軍。自唐以前地理與撫州同〔八五〕。南唐析置建武軍。皇朝太平興國四年改名〔八六〕。今縣二。

望，南城縣。二漢屬豫章郡。晉以後屬臨川郡。隋、唐屬撫州。南唐置軍〔八七〕。有麻姑山。

望，南豐縣。吴置，屬臨川郡。晉、宋因之，後省。唐景雲二年析南城置〔八八〕，屬撫州。皇朝淳化二年來屬。有軍山。

校　注

〔一〕元和志卷二八：「春秋時楚之東境，吴之西境。」寰宇記卷一〇六亦云「春秋、戰國屬吴、楚」。

〔二〕豫章郡：通典卷一八二作「章郡」。下同。

〔三〕五年：元和志卷二八作「元年」。紀勝卷二六隆興府：「元和郡縣志在武德二年。而職方乘以爲唐平蕭銑，置洪州總管。寰宇記云：平林士宏，置洪州總管。然考之通鑑，平蕭銑在四年，平林士宏在五年。又通鑑武德五年書云豫章賊帥張善安以虔、吉等五州來降，拜洪州總管，則置總管當在武德五年。」

〔四〕通典卷一八二：「隋改爲鄣縣。」

〔五〕代宗：原作「肅宗」，據舊唐書卷四〇及江西通志卷二引輿地廣記改。按唐肅宗名亨，唐代宗名豫，當是避代宗諱。

〔六〕元和志卷二八：「〔寶應元年〕十二月改爲南昌縣。」

〔七〕六年：宋會要方域六之二五：「新建縣，太平興國四年析南昌縣地置。」

〔八〕西山：札記卷上：「『山』，宋本模糊，據周校補，此九域志文，朱校不誤。」

〔九〕二年：四庫本作「元年」。札記卷上：「『二』，宋本略可辨，周校正作『二』，是也，唐志、寰宇記可證。朱校作『元』，誤。」

〔一〇〕龍淵：聚珍本作「龍泉」，紀勝卷二六隆興府、江西通志卷二引輿地廣記皆作「龍淵」。

〔一一〕豫章郡：札記卷上：「宋本『豫』，周校誤『像』，朱校不誤。」

〔一二〕四庫本「隋」字後有「平陳」二字。

〔一三〕十五年：元和志卷二八、舊唐書卷四〇、寰宇記卷一〇六作「十六年」。按紀勝卷二六隆興府：「皇朝郡縣志云：本艾縣地。左傳吳公子慶忌出居于艾是也。元和郡縣志上元十六年，刺史李巽奏分武寧縣西界置。因以名焉。職方乘載在正元十五年李巽奏置，年月不同。舊唐書地理志云：分寧，正元十六年二月置。有上元、正元之異。象之謹按：上元止於二年，無十六年。唐書李巽傳巽以正元五年始爲江西觀察使，奏置分寧當在正元十五年。」

〔一四〕西安縣：通典卷一八二作「新安縣」。

〔一五〕豫寧：通典卷一八二作「寧縣」。

〔一六〕紀勝卷二六隆興府：「進賢縣。輿地廣記不注緊望。在府東一百二十里。本南昌縣之東境。晉析爲鍾陵縣，尋廢。唐武德中復立鍾陵縣，其後又廢爲進賢鎮。國朝會要云：崇寧二年分南昌縣四鄉、新建二鄉改鎮爲進賢縣。」宋會要方域六之二五：「進賢縣，崇寧二年以鎮陞爲縣。」方域一二之一七：「南昌縣進賢鎮，至道三年置，崇寧二年改爲縣。」而宋史卷八八云「崇寧元年以南昌縣進賢鎮陞爲縣」，不同。

〔一七〕紀勝卷三二贛州：「晏公類要及寰宇記屬吴，惟輿地廣記以爲百越之地，諸書所引似有吴、越之異。章貢志以爲唐虞三代以五嶺限百粵，贛在嶺表，實爲揚州之域。象之竊謂贛介在嶺表，則恐在吴、越之交，亦未可知。」

〔一八〕太康：札記卷上：「宋本『康』，周校云『重修本原誤』，朱校不誤。」

〔一九〕宋會要方域六之二五：「贛州，舊虔州，大觀元年陞爲望郡。」

〔二〇〕紀勝卷三二贛州：「象之謹按：元和郡縣志吴孫權嘉禾五年分廬陵立南部都尉，理雩都。至晉武帝太康三年，罷都尉，立爲南康郡。至永和五年，郡始理贛，不應指晉永和五年事爲吴孫權嘉禾五年也。蓋東晉永和五年遷南康郡治贛之時，晉武罷都尉久矣。止遷南康郡治，非遷南部都尉也。輿地廣記所引非是。」

〔二一〕陽都縣：元和志卷二八作「新都縣」。

〔二二〕紀勝卷三二贛州引國朝會要：「太平興國八年以瀲江鎮置縣。」宋史卷八八：「太平興國中，析贛縣之七鄉置。」

〔二三〕紀勝卷三二贛州：「輿地廣記云：本信豐縣地。」與今本不同。

〔二四〕九州鎮：寰宇記卷一〇八、九域志卷六作「九洲鎮」。宋史卷八八：「太平興國中，析雩都六鄉於九州鎮置。」

〔二五〕綿江：紀勝卷三二贛州引輿地廣記亦作「綿江」，九域志卷六作「錦江」。

〔二六〕正元四年：舊唐書卷四〇亦作「貞元四年」，寰宇記卷一〇八以爲建中三年刺史路應奏請，析雩都并信豐縣地置。

〔二七〕宋會要方域六之二五：「虔南縣，宣和三年以龍南縣改。」

〔二八〕聶都山：紀勝卷三二贛州引輿地廣記亦作「聶都山」，聚珍本作「攝都山」。

〔二九〕寰宇記卷一〇九：「春秋時爲吴地。」

〔三〇〕興平元年：元和志卷二八作「興平二年」，紀勝卷三一吉州引元和志分豫章置廬陵郡在獻帝初平二年，後漢書志第二二、宋書卷三六及寰宇記卷一〇九並在興平元年。紀勝卷三一吉州：「象之謹按：通鑑興平元年，孫策方見袁術請父兵，時年十七，不應孫策方請父兵便能分建州郡也。而雷次宗豫章記以爲靈帝末揚州刺史劉遵上書請置廬陵、鄱陽二郡，至獻帝初平二年分豫章立廬陵郡。

未幾，丹陽僮芝擅郡自稱，被詔爲太守，故通鑑建安三年書云：僮芝擅廬陵。又通鑑建安五年，孫策分豫章爲廬陵郡，以孫輔爲廬陵太守。會僮芝病，輔遂進取廬陵。通鑑所書與雷次宗豫章記年月雖不相應，然僮芝擅命之初已有廬陵郡，則郡非置於孫策矣。當從元和志在初平二年。」

〔三一〕石陽縣：寰宇記卷一〇九作「高昌縣」，并云：「梁改高昌爲石陽。」

〔三二〕復：四庫本脱，江西通志卷二引輿地廣記有「復」字。按元和志卷二八：「隋改爲州，又改石陽縣爲廬陵，因廬水爲名。」

〔三三〕宋史卷八八：「雍熙元年，析廬陵地置縣。」按紀勝卷三一吉州：「南唐保大八年，割水東十一鄉置吉水縣。寰宇記云：隋大業末置吉水縣。九域志及國朝會要皆以爲在太平興國九年，三朝志以爲雍熙元年。新廬陵志云：按隋、唐書志並無吉水縣，而縣之薦福寺有乾正二年銅鍾款識云『廬陵縣吉水場』，則保大以前吉水未爲縣也。通鑑周廣順二年書曰吉水人歐陽廣拜本縣令，是歲實保大十年，在置縣之後二歲，則是不待雍熙而已置吉水縣，第恐廢而復置耳。」

〔三四〕安成縣：元和志卷二八作「安平縣」。

〔三五〕長沙郡：元和志卷二八作「廬陵郡」。

〔三六〕安成郡：通典卷一八二、元和志卷二八作「安城郡」。

〔三七〕聚珍本「曰」字前有「改」字。

〔三八〕潁州：聚珍本作「靖州」。

〔三九〕廬水：叢書集成本作「永水」。

〔四〇〕太和縣：通典卷一八二作「泰和縣」。

〔四一〕西昌東昌：江西通志卷二引輿地廣記作「東昌西昌」。

〔四二〕元和志卷二八：「隋開皇九年平陳，分廬陵縣置西昌縣，十八年改爲太和。」恐陳末廢而復置。

〔四三〕贛石山：寰宇記卷一〇九作「灨石山」。

〔四四〕宋會要方域六之二六：「龍泉縣，宣和三年改名泉江。」

〔四五〕二年：四庫本作「三年」。按舊唐書卷四〇、新唐書卷四一作「二年」，元和志卷二八、寰宇記卷一〇九作「四年」。

〔四六〕宋會要方域一二之一七亦以爲「熙寧四年改爲縣」。方域六之二六：「〔吉州〕萬安縣，熙寧二年以龍泉縣萬安鎮升爲縣。」不同。

〔四七〕龍頭山：九域志卷六作「雲頭山」。

〔四八〕五雲洲：原無「五」字，據江西通志卷八引輿地廣記補。江西通志并云：「五雲洲，在贛水之濱，龍泉水出其左，上有五雲閣。」

〔四九〕寰宇記卷一〇九：「春秋時其地屬吴。」

〔五〇〕吴：札記卷上。「宋本『吴』略可辨識，案沈志宋本是也。周校作『泉』，誤，朱校不誤。」

〔五一〕四年：元和志卷二八作「五年」。

〔五二〕孝武：元和志卷二八、寰宇記卷一〇九作「武帝」。

〔五三〕羅霄山：札記卷上：「宋本『霄』是也，九域志文。周校作『雪』，誤，朱校不誤。」

〔五四〕陽岐水：原作「揚岐水」，據四庫本及九域志卷六改。聚珍本作「楊岐水」，寰宇記卷一〇九作「煬岐水」。

〔五五〕萬載縣：原本及十國春秋卷一一一引輿地廣記皆作「萬歲縣」，此據宋會要方域六之二六、宋史卷八八改。下同。

〔五六〕宋會要方域六之二六：「萬載縣，開寶八年自筠州來隸，宣和三年改名建城。」

〔五七〕寰宇記卷一一〇：「春秋時爲吴境。」紀勝卷二九撫州：「寰宇記、晏公類要及皇朝郡縣志並以爲屬吴，而輿地廣記則以爲春秋爲百越之地。大抵袁、吉、虔、撫四州之地諸書皆以爲屬吴，惟輿地廣記則以爲百越之地，他亦無所考據，却於虔州下引吴起相楚悼王南平百越，於是屬楚。然考之地里，虔、吉二州包地綿遠，與廣爲鄰，介嶺表以立郡，指以爲越，尚或可據。至若袁、撫二州，皆内地也，不應例指以爲百越之地。故袁州新編圖經於百越之地及越星分皆削而不取云。」

〔五八〕宋會要方域五之六、六之二六：「撫州，僞吴昭武軍節度，開寶八年降軍州事。」九域志卷六在「開寶四年」。

〔五九〕臨汝縣：元和志卷二八作「臨安縣」。

〔六〇〕臨川郡：寰宇記卷一一〇作「巴山郡」。

〔六一〕巴山：元和志卷二八作「巴縣」。

〔六二〕八年：九域志卷六撫州、宋朝事實卷一六、文獻通考卷三一八、宋史卷八八作「三年」。按紀勝卷二九撫州引臨川志云「乾德六年，李煜置宜黄場，後復爲縣」。又：「國朝會要云：開寶元年，以宜黄場置宜黄縣。年月似不同。然乾德止於五年，即改開寶，是乾德六年即開寶元年也。李煜是時雖未賓服，而已用國家正朔故耳。」又「復置」後，四庫本有「宜黄縣」三字。

〔六三〕望：九域志卷六、紀勝卷二九撫州作「緊」。

〔六四〕淳化：原作「開寶」，據隆平集卷一、九域志卷六、宋會要方域六之二六改。

〔六五〕飛山：九域志卷六作「飛霞山」，四庫本、聚珍本「山」作「川」。札記卷上：「『山』，宋本略可辨識，周校正作『山』，是也，九域志作『飛霞山』。朱校『山』作『川』，『江』作『洪』，並誤。」

〔六六〕三年：紀勝卷二七瑞州引國朝會要作「七年」，宋史卷八八作「六年」。

〔六七〕監步鎮：四庫本及九域志卷六、紀勝卷二七瑞州引國朝會要作「鹽步鎮」，續通典卷一二七引輿地廣記作「監步鎮」。

〔六八〕宋會要方域六之二七：「太平興國二年，以鄂州永興縣建永興軍，以縣爲治所，三年改興國軍。」

〔六九〕陽新縣：元和志卷二七作「新陽縣」。

〔七〇〕開皇：原作「開元」，據四庫本及隋書卷三一改。

〔七一〕二年：九域志卷六亦作「二年」。四庫本、聚珍本及宋會要方域六之二八作「三年」。宋會要云：

「通山(軍)〔縣〕、大冶縣，三年自鄂來隸。」

〔七二〕紀勝卷三三興國軍：「磁湖，在大冶縣，東坡謂其湖邊之石皆類磁石而多産菖蒲，故後人名曰磁湖。輿地廣記之説亦同。」按今本磁湖下無相關解釋文字。

〔七三〕二年：九域志卷六亦作「二年」，宋會要方域六之二八作「三年」。按方域六之二七：「紹興四年正月二十五日，江西安撫大使司言：『興國軍通山縣舊係羊山鎮，隸鄂州永興縣。太平興國中，改永興縣爲興國軍，遂改羊山鎮爲通山縣。近緣賊馬劫虜人民，見在只有二百餘家，乞改通山縣依舊爲鎮，户税併隸永興縣。仍乞存留文尉，通永興縣舊尉共兩員，每半年輪那一員前去主管鎮事，捕捉盜賊。應合存留弓手并減省公吏人等，令江西常平司申明施行。』詔依，仍以通山鎮爲名。紹興六年八月一日，江南西路安撫、制置、轉運、提點刑獄使司言：『興國軍通山鎮税户石英等狀，本鎮元係通山縣，昨被李成賊馬殺戮，權廢爲鎮，隸永興縣。今已及八百餘户，至永興縣送納租税，往回六百餘里，人户艱辛，乞依舊爲縣。』從之。」

〔七四〕紀勝卷三三興國軍：「輿地廣記云：上有石城，三面有石壁，本名石城，唐天寶中改名翠屏山。」大清一統志卷二五八亦云：「輿地廣記上有石城，三面有石壁。本名石城山，唐天寶中改名。」

〔七五〕宋會要方域六之二八：「(南康軍)〔南安軍〕大庾縣，淳化元年以虔州大庾縣建軍，以縣爲治所。」

〔七六〕涼熱水：九域志卷六作「良熱水」。

〔七七〕元和志卷二八：「獻帝初平二年析南野置南安縣。」

〔七八〕元年：元和志卷二八作「五年」。
〔七九〕虔州：原作「河州」，據紀勝卷三六南安軍引輿地廣記改。
〔八〇〕宋史卷八八：「崇寧地理不載南康縣，據九域志係望縣，有瑞陽錫務，不知併於何時。」
〔八一〕南野鎮：四庫本作「南黔鎮」。
〔八二〕清江縣：原作「清口縣」，據宋會要方域六之二八改。十國春秋卷一一一亦云：「歐陽忞作『清口』，誤。」
〔八三〕宋會要方域六之二八：「〔臨江軍〕清江縣，淳化三年以筠州清江縣置軍，以縣爲治所。」
〔八四〕吉州：原作「袁州」，據四庫本、聚珍本及新唐書卷四一改。
〔八五〕自唐：札記卷上：「宋本『自唐』，周校云『重修本空』，朱校不空。」
〔八六〕四年：紀勝卷三五建昌軍：「盱江志在太平興國二年，王子叔建軍記在三年十月。」
〔八七〕宋史卷八八：「淳化二年，自撫州來隸。」
〔八八〕景雲二年：新唐書卷四一亦云「景雲二年析南城置」，舊唐書卷四〇云「開元八年分南城置」，不同。

輿地廣記卷第二十六

荆湖南路〔一〕

上，潭州。古三苗國之地。春秋、戰國屬楚。秦置長沙郡。漢爲國。東漢復爲郡。晉屬長沙及衡陽郡，永嘉元年兼置湘州〔二〕。宋、齊、梁、陳因之。隋平陳，郡廢，置潭州，以昭潭爲名。大業初州廢，置長沙郡。唐武德四年曰潭州，天寶元年曰長沙郡，升爲武安軍節度。皇朝因之〔三〕。今縣十一〔四〕。

望，長沙縣。故青陽地。秦始皇二十六年荆王獻青陽以西是也。漢爲臨湘縣，高帝五年以封吴芮爲長沙王，都此，其城即芮所築。東漢及晉爲郡。宋爲國。齊、梁、陳爲郡。隋爲潭州。唐因之。唐末馬氏父子竊據其地，後爲南唐所取〔五〕。有嶽麓山、昭山，山下有旋泉，深不可測，人以爲昭潭無底。有湘水、瀉水。有賈誼宅、井，仍存。

望，衡山縣。本湘南縣地。吴析置衡陽縣，及置衡陽郡。晉惠帝改縣曰衡山。宋、齊、梁、陳因之。隋平陳，郡廢，屬潭州。唐神龍三年屬衡州。皇朝淳化四年來屬。禹貢衡山，在西南，有三峰，曰祝融、紫蓋、石廩，韓愈詩：「紫蓋連延接天柱，石廩騰擲堆祝融。」有湘水。

望，安化縣。本益陽縣地。皇朝熙寧六年置。有浮青山、資水。

緊，醴陵縣。本漢臨湘縣地。高后封長沙相越爲醴陵侯，即此。東漢置醴陵縣，屬長沙郡。建安八年縣有大山，常鳴如牛呴聲，積數年後，豫章賊攻没縣亭。晉、宋皆屬長沙郡，後省。唐武德四年復置，屬潭州。有王喬山、醴泉。

上，攸縣。漢屬長沙國。東漢、晉、宋屬長沙郡，後改爲攸水。隋平陳，省入湘潭縣，後復置。唐武德四年置南雲州，正觀元年州廢，屬衡州。五代時來屬。有雲陽山、攸水。

中，湘鄉縣。本湘南縣之湘鄉。東漢置縣，屬零陵郡。晉、宋屬衡陽郡，後省。唐武德四年析衡山置，屬潭州。有漣水，歷石魚山下，石色黑而理若雲母，開發一重，輒有魚形，長數寸，鱗鰭首尾若刻畫，燒之作魚膏腥。

中，湘潭縣。本湘南縣地〔六〕，禹貢衡山，在東南。湘中記曰：衡山有玉牒，禹案其文以治水。遥望衡山如陣雲，沿湘千里，九向九背，迺不復見。漢屬長沙國。東漢屬長沙郡。晉、宋屬衡陽郡，後省，而置湘潭縣。隋屬衡州。唐元和後來屬。有湘水、涓湖。

中，益陽縣。漢屬長沙國。東漢、晉、宋、齊、梁、陳屬長沙郡。隋、唐屬潭州。有浮丘山〔七〕、益水，水經注以益水爲「資水之殊目」。縣南十里有平崗，崗有井數百，淺者四五尺，深者不測，俗云昔有金人以杖撞地，輒便成井。

中，瀏陽縣。本漢臨湘地。吴置瀏陽縣，屬長沙郡。晉、宋因之，後省。唐景龍二年析長沙復置，屬潭州。有瀏水〔八〕。

中，湘陰縣。本羅縣地。宋元徽二年分置湘陰縣，屬湘東郡。齊因之。梁置羅州及岳陽郡。陳廢州。隋平陳，郡廢，省湘陰入岳陽縣，置玉州，尋改岳陽爲湘陰縣。開皇十一年州廢，屬岳州。唐因之。皇朝淳化四年來屬〔九〕。故羅縣、羅國，本在襄州宜城之西，楚文王徙羅子居此。秦爲羅縣，屬長沙郡。二漢、晉、宋、齊因之。梁、陳屬岳陽郡。隋平陳，屬岳州。唐武德八年省入湘陰。故城在今縣東北。有湘山、湘水。汨水，出艾縣桓山〔一〇〕，西逕羅縣北，又西逕吴昌縣北。東漢置，曰漢昌。吴更名。隋省入羅〔一一〕。又西逕玉笥山，又西爲屈潭，楚屈原被讒放，遂懷沙自沉於此。又逕汨羅戍南，又西入于湘，春秋所謂羅汭也。有黄陵水，上承大湖，西流入湘，逕二妃廟南，世謂之黄陵廟。秦始皇游至湘山，逢大風，問博士曰：「湘君何神？」博士對曰：「堯女舜妻而葬此。」始皇大怒，使刑徒三千人伐湖山木〔一二〕，赭其山焉。

中，寧鄉縣。吴新陽縣地。晉太康元年改爲新康，屬衡陽郡。宋以後因之。隋平陳，省入益陽縣。唐武德四年復置，七年又省。皇朝太平興國二年析長沙置〔一三〕。有大溈山、青陽山、溈水。

上，衡州。春秋、戰國屬楚。秦屬長沙郡。二漢屬長沙、桂陽二郡。吴置湘東、衡陽二郡。晉、宋、齊、梁、陳皆因之。隋平陳，省二郡，置衡州〔一四〕。大業初州廢，置衡山郡。唐武德四年曰衡州，天寶元年曰衡陽郡。皇朝因之。今縣五。

望，衡陽縣。本酃縣地。漢屬長沙國。東漢屬長沙郡。吴置湘東郡及臨烝縣〔一五〕，東南去酃縣十五里。晉因之，太元二十年省酃入焉。宋、齊、梁、陳因之。隋平陳，置衡州，改臨烝爲衡陽縣〔一六〕。唐因之。亦漢鍾武縣地，屬零陵郡。東漢改爲重安。晉、宋以後屬衡陽郡。隋省入衡陽縣，後復置。唐武德七年又省入。有岣嶁山，即南岳之别名。有湘水、烝水〔一七〕，有合江亭，韓愈詩：「江亭枕湘江，烝水會其左。」有酃湖，周回三里，取水爲酒，極醇美。晉武帝平吴，始薦酃酒於太廟。

中，茶陵縣〔一八〕。漢屬長沙國。東漢屬長沙郡。晉屬湘東郡〔一九〕。宋、齊、梁、陳因之。隋省入湘潭縣。唐武德四年析攸縣復置，屬南雲州。正觀元年又省〔二〇〕，聖曆元年復置來屬〔二一〕。有雲陽山、茶水。漢地理志「茶陵有泥水，西入湘」。水經謂之洣水〔二二〕，即今茶水是也。茶，弋奢反。

中，耒陽縣。二漢屬桂陽郡。晉、宋以後因之。隋平陳，改曰耒陰，屬衡州。唐武德四年復曰耒陽。有侯壘山，耒水出郴縣西北，過耒陽，又北至衡陽入湘。

中下，常寧縣。吴分耒陽置新寧縣〔二三〕。晉屬湘東郡。宋、齊、梁、陳皆因之。隋屬衡州。唐天寶元年改曰常寧。有逍遥山、湘水、宜水。

下，安仁縣。皇朝乾德三年以安仁場置〔二四〕，後析衡陽、衡山二縣地入焉。

中，道州。春秋、戰國屬楚。秦屬長沙郡。漢分屬零陵郡。東漢、晉因之，穆帝分置營陽郡〔二五〕。宋、齊因之。梁改爲永陽郡。隋平陳，郡廢，屬永州。大業初州廢，屬零陵郡。唐武德四年平蕭銑，置營州。五年改爲南營州，正觀八年改爲道州，天寶元年曰江華郡。皇朝因之。今縣四。

緊，營道縣。本漢營浦縣，屬零陵郡。晉置營陽郡。宋、齊因之，而析置營陽縣爲郡治。梁改郡、縣皆曰永陽〔二六〕。隋開皇中郡廢，省營浦入永陽，屬永州。唐武德四年置營州，改永陽爲營道縣。正觀八年改營州爲道州，天寶元年改營道爲弘道縣〔二七〕。皇朝建隆三年復曰營道。有營道山〔二八〕。營水出泠道縣西，流逕九疑山下，又西逕營道，又屈而東北逕營浦〔二九〕，又北流注于湘。亦虞時鼻國之地〔三〇〕。有象祠，唐元和中刺史薛伯高毁之，柳宗元作斥鼻亭神記〔三一〕。

緊，永明縣。本漢營浦縣地。唐既徙置營道於永陽，乃徙置永陽於此，屬道州。正觀八年省，天授二年復置，天寶元年更名。皇朝熙寧五年省爲鎮入營道，元祐二年復置〔三二〕。

緊，江華縣。漢馮乘縣地，屬蒼梧郡。唐武德四年析置江華縣，屬道州。正觀十七年屬永州，上元二年復來屬。文明元年改曰雲漢〔三三〕，神龍元年復故。有吴望山、沲水。

緊，寧遠縣。漢泠道〔三四〕、營道二縣地，並屬零陵郡。東漢及晉皆因之。東晉屬營陽郡。宋、齊因之。梁、陳屬永陽郡。隋省泠道入營道，而徙營道於泠道廢城，屬永州。唐武德四年徙置營道於永陽縣，乃於此地置唐興縣，屬營州〔三五〕，正觀八年屬道州。長壽二年改曰武盛，神龍元年復曰唐興，天寶元年改曰延唐〔三六〕。朱梁改曰延昌。後唐復故。晉天福初曰延喜。皇朝乾德三年改爲寧遠〔三七〕。有九疑山，虞舜所葬。其山九谿相似，故名。有泠水，出此山，北流逕泠道西南，又北流入都溪水。故大曆縣，本漢泠道之舂陵鄉〔三八〕，長沙定王封其子買，是爲舂陵節侯，後省。吴復置，屬零陵郡。東晉屬營陽郡。宋、齊因之。梁、陳屬永陽郡。隋平陳，省入營道。唐大曆二年，析延唐縣置於舂陵故城北十五里，名曰大曆，屬道州。皇朝乾德三年省入寧遠。有舂溪水，即所謂都溪也，西北流入于營水。

中，永州。春秋、戰國屬楚。秦屬長沙郡。漢元鼎六年置零陵郡。東漢、吴、晉、宋〔三九〕、齊、梁、陳因之。隋開皇初郡廢，置永州。大業初州廢，復置零陵郡。唐武德四年平蕭銑，置永州，天寶元年曰零陵郡。皇朝因之。今縣三。

望，零陵縣。本漢泉陵縣，屬零陵郡。東漢爲郡治。晉、宋、齊、梁、陳因之。隋置永州，改泉陵爲零陵縣。唐因之。泉陵故城，在今縣北二里。亦晉應陽縣地，惠帝分觀陽置〔四〇〕，屬零陵郡。宋、齊、梁、陳因之。隋省入零陵縣。應水，東南流入湘。有鼻墟，象之所封也。有萬石山、蕭湘水。縣有香茅，自古貢之，禹貢「荆州菁茅」也。

中，祁陽縣。吴分泉陵置，屬零陵郡。晉、宋、齊、梁、陳因之。隋省入零陵縣。唐武德四年復置，屬永州。亦吴永昌縣地。晉、宋、齊、梁、陳屬零陵郡。隋省入零陵縣，後分入祁陽。有石鷰山，石色紺而狀似鷰，或大或小，若母子。及雷風相薄〔四一〕，則群飛頡頏〔四二〕。有湘水。

中，東安縣。皇朝雍熙元年〔四三〕，以零陵縣之東安場置〔四四〕。

中，郴州。春秋、戰國屬楚。秦屬長沙郡。項羽尊楚懷王爲義帝，都郴。漢高帝二年置桂陽郡。東漢、晉、宋、齊、梁、陳因之〔四五〕。隋開皇中平陳，郡廢，置郴州。大業初州廢，復置桂陽郡。唐武德四年平蕭銑，置郴州，天寶元年曰桂陽郡。皇朝因之。今縣四。

緊，郴縣。義帝所都，項羽使英布害之，縣南有義帝冢。漢屬桂陽郡。東漢以後因之。隋置郴州。唐因之。有靈壽山，古所謂萬歲山也。有石室，室有鍾乳，上悉生靈壽木。下有千秋溪，又有渌水，出縣東侯公山，西北流，而南屈注于耒，謂之程鄉溪。昔置酒官，醖於山下〔四六〕，名曰程酒，獻同酃酒焉。

中，桂陽縣〔四七〕。漢郴縣地。東晉分置汝城縣，屬桂陽郡。宋、齊、梁因之。陳改爲盧陽縣〔四八〕，及置盧陽郡。隋平陳，郡廢，以縣屬郴州。唐天寶元年改爲義昌。後唐改曰郴義。皇朝太平興國元年改爲桂陽。有耒山，耒水所出，西北流逕汝城縣北，又西北逕晉寧縣北，又北過郴縣西，又北過便縣西，又西北過耒陽縣東，又北過酃縣東，又西北至臨烝而右注湘水。

中，宜章縣。隋大業末蕭銑析郴置義章縣，屬郴州。唐因之。皇朝太平興國元年改曰宜章。亦二漢臨武縣地〔四九〕，屬桂陽郡。晉、宋、齊、梁、陳因之。隋、唐屬郴州，後廢。有武溪，南入樂昌。有嵐嶺。

中，永興縣。漢便縣，屬桂陽郡。東漢、吴、晉因之，宋省焉。唐開元十三年置安陵縣〔五〇〕，屬郴州，天寶元年改爲高亭。皇朝熙寧六年改爲永興。有高亭山〔五一〕、安陵山。

中〔五二〕**，邵州**〔五三〕。春秋、戰國屬楚。秦屬長沙郡。二漢屬長沙、零陵二郡。吴寶鼎元年分置邵陵郡〔五四〕。晉、宋、齊、梁、陳因之。隋平陳，郡廢，屬湘州。唐武德四年平蕭銑，置南梁州。正觀十年改爲邵州，天寶元年曰邵陽郡。皇朝因之。今縣二。

望，邵陽縣。漢曰昭陵，屬長沙郡〔五五〕。吴置邵陵郡。晉改縣曰邵陵〔五六〕。宋因之，後省入邵陽郡。邵陽〔五七〕，本昭陽，東漢置，屬零陵郡。晉武帝改焉，屬邵陵郡〔五八〕。宋因之，後併邵陵入，而以邵陽爲郡治。隋郡廢，屬湘州。唐武德四年復置邵陵縣，七年省入邵陽，後置邵州。又吴置高平縣，屬邵陵郡。晉、宋因之，後省入邵陽。有文斤水、邵陵水。

望，新化縣。皇朝收復梅山〔五九〕，以其地置新化縣，屬邵州。有長龍山、濱水。

下，蒔竹縣。皇朝元豐四年以溪洞徽州置蒔竹縣〔六〇〕，屬邵州〔六一〕。有九龍山、蒔竹水。

下，全州。自後唐以前地理與永州同。石晉天福三年〔六二〕，楚王馬希範奏置全州〔六三〕。皇朝因之。今縣二。

望，清湘縣。漢零陵、洮陽二縣地，並屬零陵郡。東漢、晉、宋、齊、梁、陳皆因之。隋省，而置湘源縣〔六四〕，屬永州。唐因之，後改爲湘川。楚又改爲清湘，而置全州。有湘山、宜湘水。漢洮陽故城，在今縣西北。零陵故城，在南。

中，灌陽縣〔六五〕。漢零陵縣地。吴分置觀陽，屬零陵郡。晉、宋、齊、梁、陳皆因之。隋省入湘源縣。大業末，蕭銑復置，屬永州。唐武德七年省，上元二年復置〔六六〕。石晉時來屬。有灌水。

同下州，武岡軍〔六七〕。自五代以前地理與邵州同。皇朝因之〔六八〕。

中，武岡縣。二漢都梁縣地，屬零陵郡。晉武帝分置武岡縣〔六九〕，屬邵陵郡〔七〇〕。宋因之，後省入都梁縣。隋又省都梁入邵陽縣，後復置，曰武攸。唐武德四年改爲武岡，屬南梁州，後屬邵州。皇朝置武岡軍。縣左右二岡對峙，重岨齊秀〔七一〕，間可一里〔七二〕，舊傳東漢伐五溪蠻〔七三〕，蠻保此崗〔七四〕，故曰武岡。亦二漢夫夷縣地〔七五〕，屬零陵郡。吴屬邵陵郡。晉、宋、齊、梁、陳皆因之。隋省入邵陽。唐分屬武岡。故城在縣東北。晉武帝置建興縣，屬邵陽郡。晉、宋因之，後省焉。唐武德四年復置，七年省入武岡。有唐糾山，濱水所出。

同下州，桂陽監。自五代以前地理與郴州同。後置桂陽監。皇朝因之。今縣二。

上，平陽縣。按舊唐史志云：晉分郴置平陽縣。陳廢，蕭銑復置。唐武德七年省，八年復置，屬郴州，然晉、宋二志皆無此縣〔七六〕。五代時廢焉。皇朝天禧元年復置桂陽監〔七七〕，治此。有大湊山〔七八〕、靈星江〔七九〕。

中，藍山縣。本二漢南平縣，屬桂陽郡。晉、宋因之，後省。唐咸亨二年復置〔八〇〕，屬郴州，天寶元年改爲藍山。皇朝景德元年來屬〔八一〕。有藍山。

校注

〔一〕宋會要方域六之二八：「荆湖路，咸平二年分南北路。」

〔二〕通典卷一八三：「宋長沙國，兼置湘州。」

〔三〕宋會要方域六之二八：「〔潭州〕唐武安軍節度，乾德元年降防禦州，端拱元年復武安軍節度，大觀元年陞爲帥府。大觀元年十二月十二日，詔：『潭州居三江五湖之中，地大物衆。亦嘗僭竊；邵州最處極邊，外制溪洞。除邵州已降敕爲望郡，潭州爲帥府，兼湖南路馬步軍總管。』」

〔四〕宋史卷八八「縣十二」，輿地廣記無善化縣。按宋會要方域六之二八：「善化縣，元符元年置。」宋史卷八八：「元符元年，以長沙縣五鄉、湘潭縣兩鄉爲善化縣。」

〔五〕宋會要方域六之二八：「常豐縣，乾（常）〔德〕三年以常豐場置，開寶中廢隸長沙縣。」

〔六〕湘南縣：通典卷一八三作「陽山縣」。

〔七〕浮丘山：隋書卷三一作「浮梁山」。

〔八〕瀏水：九域志卷六作「瀏陽水」。

〔九〕九域志卷六：「乾德元年，以湘陰縣隸岳州。」宋史卷八八：「乾德二年，自鼎州隸岳州。」

〔一〇〕桓山：札記卷上：「宋本是也。周校『桓』作『相』，誤，水經湘水注可證，朱校作『桓』。」

〔一一〕「東漢置」至「隋省入羅」恐有誤。

〔一二〕使刑徒三千人伐湖山木：四庫本「湖」作「湘」，聚珍本無「湖」字。札記卷上：「『徒』，宋本作『徙』，蓋壞字，周校同，今據史記秦始皇本紀訂正。朱校作『徒』，不誤。」又：「『湖』，史記作『湘』。本書二十八卷巴陵縣下云：『君山，即湘山也。』水經注『湖中有君山』，則作『湖』亦通，朱校臆删，非是。宋本『湖』，周校同。」

〔一三〕二年：宋朝事實卷一九作「七年」。

〔一四〕衡州：原作「衡陽」，據四庫本、紀勝卷五五衡州改。

〔一五〕烝：元和志卷二九作「蒸」。下同。

〔一六〕隋志卷三一以爲隋平陳，省臨烝入衡山縣。

〔一七〕烝水：九域志卷六作「蒸水」。

〔一八〕茶陵：漢書、後漢書俱作「荼陵」。下同。

〔一九〕湘東郡：札記卷上：「宋本『郡』。周校云『重修本作鄉』，誤，朱校不誤。」

〔二〇〕元年：元和志卷二九作「九年」。

〔二一〕元年：紀勝卷六三茶陵軍引唐志作「九年」。

〔二二〕洣水：原作「沬水」，札記卷上：「宋本『沬』，蓋『洣』之壞字。水經『洣水出茶陵縣上鄉』，酈注云：地理志謂之『泥水者』也，則當作『洣』字矣。周校作『泳』，誤。朱校同宋本。」今據改。

〔二三〕吴：札記卷上：「宋本闕上半，周校正作『吴』，今據補。朱校作『漢』，誤，沈約志可證。」

〔二四〕三年：紀勝卷五五衡州引國朝會要亦在乾德三年，宋史卷八八作「二年」。

〔二五〕通典卷一八三：「宋齊爲營陽郡。」元和志卷二九吴分零陵郡置營陽郡。紀勝卷五八道州引寰宇記：「吴寶鼎元年分零陵北部爲營陽郡，理營浦。」紀勝又云：「輿地廣記及晉志並以爲是穆始置營陽郡，不同。象之謹按：宋志載晉懷帝永嘉元年分荆州之長沙、零陵、營陽等八郡立湘州，則是懷帝時已有營陽郡矣，非置於穆帝也。恐中間廢而後復置，姑兩存之。」

〔二六〕元和志卷二九以爲隋改爲永陽縣。

〔二七〕天寶元年：元和志卷二九、紀勝卷五八道州引寰宇記卷作「天寶六年」。

〔二八〕營道山：通典卷一八三作「營山」。

〔二九〕營浦：紀勝卷五八道州引輿地廣記亦作「營浦」。札記卷上：「『浦』，宋本作『涌』，蓋壞字，周校同，今據水經注訂正。」

〔三〇〕鼻國：藏園群書題記卷四校宋江州刊淳祐重修本輿地廣記殘卷跋作「庳國」。紀勝卷五八道州風俗形勝門、古迹門引輿地廣記亦作「庳國」。札記卷上：「宋本『鼻』是也，朱校同。孫宣公孟子音義云：史記作『鼻』，其證矣。漢書昌邑哀王髆傳豫章太守廖奏言：舜封象於有鼻。亦作『鼻』。歐此卷零陵縣下云：『有鼻墟，象之所封也。』本王隱晉書，是『鼻』之又一證矣。周校作『庳』，蓋重修時據孟子改。今本史記注引孟子亦作『庳』。」

〔三一〕鼻亭：藏園群書題記卷四校宋江州刊淳祐重修本輿地廣記殘卷跋作「庳亭」。札記卷上：「宋本『鼻』，朱校同，周校作『庳』。周所藏宋刊柳州集道州毀鼻亭記却正作『鼻』，注中孫氏引班書，今已見前。班書顏注云：『有鼻在零陵，今鼻亭是也。』亦正作『鼻』。」

〔三二〕二年：紀勝卷五八道州引國朝會要亦云「元祐二年復置」。宋會要方域六之二九、宋史卷八八作「元年」。

〔三三〕雲漢：唐會要卷七一、新唐書卷四〇作「雲溪」。

〔三四〕泠道：札記卷上：「『泠』，宋本作『冷』，蓋壞字，周校、朱校同。漢志作『泠』，顏注『音零』，今訂正。下『泠水』並同。」

〔三五〕屬：四庫本作「爲」。

〔三六〕天寶：四庫本、聚珍本作「元寶」。札記卷上：「『天』，宋本作『元』，蓋壞字，周校、朱校同，今據元和志、新、舊唐志訂正。」

〔三七〕三年：紀勝卷五八道州引國朝會要作「二年」。

〔三八〕泠道：紀勝卷五八道州引輿地廣記作「營道」。

〔三九〕通典卷一八三：「宋爲零陵國。」

〔四〇〕觀陽：紀勝卷五六永州引輿地廣記作「灌陽」。

〔四一〕及：明一統志卷六五引輿地廣記作「若」。

〔四二〕頏：原作「頑」，據聚珍本及紀勝卷五六永州、明一統志卷六五引輿地廣記改。

〔四三〕紀勝卷五六永州引寰宇記：「太平興國七年陞爲縣。」

〔四四〕紀勝卷五六永州引零陵志：「景德元年，移今治所。」

〔四五〕通典卷一八三、寰宇記卷一一七以爲陳以其地爲桂陽、盧陽二郡。

〔四六〕四庫本「醞」字前有「醴」字。按勝覽卷二五引輿地廣記無「醴」字。

〔四七〕桂陽縣：紀勝卷五七郴州作「桂東縣」。

〔四八〕盧陽：四庫本作「廬陽」。下同。

〔四九〕地：札記卷上：「宋本『地』，周校殘闕。」

〔五〇〕唐開元十三年：元和志卷二九作「隋開皇十三年」。

〔五一〕高亭山：札記卷上：「宋本『高』是也，九域志可證。周校云『重修本作向』，誤。朱校不誤。」

〔五二〕長編卷五：乾德二年冬十月，「有司言十道圖無全、邵二州名及其望。壬戌，詔並爲中州。」

〔五三〕邵州：札記卷上：「宋本『邵』是也，本書卷四可證。周校云『重修本作郡』，誤，朱校不誤。」宋會要方域六之三〇：「邵州，大觀二年陞爲望(縣)〔郡〕。」宋史卷八八：「大觀九年升爲望郡。」按大觀無九年。宋會要方域六之二八亦作「大觀元年陞爲帥府」。

〔五四〕邵陵郡：元和志卷二九作「邵郡」。

〔五五〕長沙郡：元和志卷二九作「長沙國」。

〔五六〕邵陵：元和志卷二九作「邵陽」。

〔五七〕邵陽：原無「邵」字，據四庫本補。

〔五八〕屬：札記卷上：「宋本『屬』是也，晉志可證。周校云『重修本作雁』，誤，朱校不誤。」

〔五九〕九域志卷六置新化縣在「熙寧五年」。紀勝卷五九寶慶府引國朝會要：「熙寧五年，以上梅山地置縣，徭人聽命，願爲王民。紹聖二年，縣遷于白沙，人以爲便。」

〔六〇〕溪洞：原作「洞溪」，據九域志卷六、宋史卷八八乙正。

〔六一〕宋史卷八八：「〔元豐〕八年，建臨口砦。崇寧五年，改砦爲縣，隸武岡軍。」按宋會要方域六之三〇：「蒔竹縣，元溪洞徽州，元豐四年詔以爲蒔竹縣，隸邵州。(熙寧)〔元豐〕四年四月八日，詔河北路轉運副(司)〔使〕賈青相度新建溪洞徽、誠州隸屬湖南、湖北于(河)〔何〕爲便以聞。後青具道里以聞，乃詔誠州治渠陽，隸荊湖北路；徽州爲蒔竹縣，隸荊湖南路邵州。」方域六之三一：「熙寧五年九月十三日，知誠州謝麟言：『奉詔置誠州，未畫地理四至，（盧）〔慮〕邵州蒔竹縣争占誠州新城管分，聞邵州已撥潼村屬新城，潼村距誠州四十里，至蒔竹縣八十里，道路峽險，經九（壘）〔疊〕坡脚、大小盤攔，深山長林，正係湖南至誠州行旅之路。今屬蒔竹，比之誠州，地里已遠。又遥隸邵州，二十二驛，或有冤訟，縣堡不能決，去州既遠，則民無訴。乞〔自〕昌蒲嶺（眷）〔脊〕分水，西屬誠州，東屬邵州蒔竹。』從之。」

〔六二〕三年：紀勝卷六〇全州引寰宇記作「四年」。

〔六三〕馬希範：札記卷上：「『範』，宋本壞作『軓』，據周校訂正，五代史可證，本書亦屢見，朱校不誤。」

〔六四〕紀勝卷六〇全州：「皇朝郡縣志云：隋平陳，廢洮陽、灌陽、零陵三縣置湘源縣。而寰宇記云：晉太康末立湘源縣，未詳。象之謹按：皇朝郡縣志謂隋平陳，廢洮陽、灌陽、零陵三縣置湘源縣，此隋志之文也。而晉志零陵縣下爲縣十一，無所謂湘源縣。而齊志於零陵郡下凡領縣六，第有洮陽、灌陽、零陵三縣，而無湘源縣之文。至隋平陳，始廢洮陽、灌陽、零陵三縣合爲湘源，則湘源非置於晉也。當依隋志及元和志，書曰：隋立湘源縣。」

〔六五〕中灌陽縣：四庫本脱「中」字，「灌」作「觀」。札記卷上：「宋本『中』字模糊，『灌』缺『水』旁，並據周校補，九域志可證。朱校『中』作『望』，『灌』作『觀』，誤。」

〔六六〕二年：紀勝卷六〇全州引唐志作「元年」。

〔六七〕武岡軍：原作「武國軍」，據下文改。

〔六八〕宋會要方域六之三〇：「武岡軍，舊邵州武岡縣，崇寧五年陞爲軍。」

〔六九〕晉武帝：札記卷上：「『武』，周校云『重修本殘闕』。案宋本不闕。」元和志卷二九云：吴寶鼎改曰武岡縣，因武岡爲名。不同。

〔七〇〕邵陵郡：四庫本作「零陵郡」。

〔七一〕峊：紀勝卷六二武岡軍引輿地廣記作「嶂」。

〔七二〕間：紀勝卷六二武岡軍引輿地廣記作「去」。

〔七三〕五溪蠻：紀勝卷六二武岡軍引類要作「武陵蠻」。

〔七四〕蠻：紀勝卷六二武岡軍引輿地廣記作「故」。

〔七五〕夫夷縣：札記卷上：「宋本『夫』是也，兩漢志可證。周校作『末』，誤，朱校不誤。」紀勝卷六二武岡軍引輿地廣記作「夫夷縣」。

〔七六〕舊唐書卷四〇、元和志卷二九皆云：東晉陶侃於今理南置平陽縣，屬平陽郡。至陳，郡、縣俱廢，與輿地廣記所言不同。

〔七七〕元年：九域志卷六亦作「元年」，宋史卷八八、宋會要方域六之三〇、文獻通考卷三一九俱作「三年」。

〔七八〕大湊山：札記卷上：「宋本『湊』是也，九域志文。周校作『奏』，誤，朱校不誤。」

〔七九〕靈星江：九域志卷六作「零星江」。

〔八〇〕咸亨：札記卷上：「『亨』，宋本、周校並作『享』，誤，今據新、舊唐志訂正。時本元和志作『通』，案『咸通』在『元和』後，是亦誤刊明矣，朱校不誤。」

〔八一〕元年：宋會要方域六之三〇亦云「景德元年自郴州來隸」，按宋史卷八八作「景德三年」，不同。

輿地廣記卷第二十七

荆湖北路上〔一〕

次府，江陵府。春秋已來爲楚都。秦昭襄王二十九年置南郡。漢高帝元年改爲臨江郡，五年復故。景帝二年爲臨江國，中元二年復故〔二〕。東漢、晉、宋、齊、梁、陳因之。梁元帝都焉，爲西魏所滅，以封後梁爲蕃國。隋開皇七年併後梁，置江陵總管府。二十年改爲荆州，大業初復置南郡。唐武德四年平蕭銑，置荆州。天寶元年曰江陵郡，後升荆南節度。上元元年置南都及江陵府，尋罷都。五代爲南平王高氏所據。皇朝復之。今縣八。

次赤，江陵縣。故楚郢都之地。戰國時，秦使白起拔郢，分郢置江陵縣，及置南郡，而楚徙都陳。項羽封楚柱國共敖爲臨江王。漢得之，以爲郡。景帝復封子榮爲臨江王，國除，復爲南郡。東漢省郢入江陵。建安中，劉備有之，後入於吴。晉置荆州〔三〕，治此。東晉爲重鎮。宋、齊因之。梁元帝以爲都。西魏使于謹平江陵〔四〕，以封後梁蕭詧。隋置荆州，大業末爲蕭銑所據。唐置江陵郡、江陵府。縣北十里有紀南城，楚文王自丹陽徙此，後遷於郢。平王時，子囊城之，故城在縣東南，有渚宫〔五〕。今郡城晉桓温所築。有龍山、漢江。

次畿，公安縣。本二漢孱陵縣地。建安中左將軍劉備爲荆州牧，自襄陽來鎮油口，使築而居之，時號左公，因名其地曰公安。晉杜預平江南，置江安縣，屬南平郡。宋爲郡治，後改爲公安。陳置荆州。隋屬江陵總管府。唐因之。孱陵鎮，故孱陵縣，二漢屬武陵郡。晉、宋、齊、梁、陳屬南平郡。隋省入公安。有謝山、油水。

次畿，潛江縣。漢江陵縣地，皇朝乾德三年置〔六〕。有漢江。

次畿，監利縣。本漢華容縣地。吴置監利縣，尋省。晉太康四年復置〔七〕，屬南郡。宋孝建元年屬巴陵郡。隋屬沔陽郡〔八〕。唐屬復州。朱梁開平三年來屬。有五花山。

次畿，松滋縣。本漢高城縣地〔九〕，屬南郡。東漢省，而漢松滋縣屬廬江郡。晉屬安豐郡。晉以松滋流民避亂至此，乃僑置縣以治之，屬南郡〔一〇〕。宋屬南河東郡。齊、梁、陳皆因之。隋開皇中郡廢，屬荆州。唐因之〔一一〕。縣西有上明廢城，東晉荆州刺史桓沖以苻秦彊盛，自襄陽退屯於此，其城即沖所築。

次畿，枝江縣。故羅國，楚自宜城西山徙之於此〔一二〕，後又徙之湘陰。二漢爲枝江縣，屬南郡。晉、宋、齊、梁、陳因之。隋屬荆州。唐屬江陵府。上元元年省入長寧縣〔一三〕，大曆六年復置，省長寧入焉。皇朝熙寧六年省入松滋縣，後復置〔一四〕。縣西有津鄉。春秋巴人伐楚，楚子禦之，大敗於津鄉，此其地也。

次畿，石首縣。本二漢華容縣，屬南郡。晉、宋因之，後省。唐武德四年置石首縣，屬荆州，以石首山爲名。

次畿，建寧縣。皇朝乾德三年置，熙寧六年省入石首，元祐元年復置〔一五〕。

緊，鄂州。春秋以來屬楚。秦屬南郡。漢屬江夏郡。東漢因之。吴分置武昌郡。晉、宋屬江夏、武昌二郡，兼置郢州。齊因之。梁分置北新州及上雋郡。隋平陳，三郡俱廢，改置鄂州。大業初復置江夏郡。唐武德四年平蕭銑，復爲鄂州。天寶元年復爲江夏郡，後升武昌軍節度。皇朝因之〔一六〕。今縣七。

緊，江夏縣。本二漢沙羡縣地，屬江夏郡。建安中，荆州牧劉表使黄祖守沙羡，爲孫權所破。吴省之。晉太康元年復置，後屬武昌郡。東晉僑置汝南郡，此爲汝南縣〔一七〕。隋平陳，置鄂州，改縣曰江夏。唐因之。按水經：夏水，本江之别出，自江陵縣東南流，又東過華容縣南，又東至雲杜縣入沔，謂之睹口〔一八〕。冬竭而夏流，故曰夏水。自睹口下沔水〔一九〕，通兼夏口，而南至魯山下，會于江，在今縣西，故得江夏之名。春秋時謂之夏汭，後世謂之「夏口」，亦謂之「魯口」，歷代常爲重鎮。梁武帝自襄陽起兵，進逼郢城，有數百毛人踰堞且泣，因投黄鵠磯，蓋城之精也，明旦城降。有黄鶴山、鸚鵡洲。

望，崇陽縣。唐天寶二年開山洞置唐年縣，屬鄂州。朱梁改爲臨夏。後唐復故名。石晉天福初改爲臨江。皇朝開寶八年改爲崇陽。

上，武昌縣。故楚之東鄂也，楚子熊渠封中子紅爲鄂王。二漢鄂縣，屬江夏郡。吴孫權都之。黄初三年改爲武昌縣〔二〇〕，及置江夏郡。黄龍元年遷都建業〔二一〕，以陸遜輔太子鎮武昌。孫皓亦嘗都此。及東還，使滕牧守之。晉太康元年，改江夏郡曰武昌郡〔二二〕。永平中始置江州，傅綜爲刺史，治此。東晉時庾亮〔二三〕、謝尚亦鎮焉。宋、齊、梁、陳皆爲武昌郡。隋屬鄂州。唐因之。故西陵縣，二漢屬江夏郡。魏屬弋陽郡。晉惠帝分屬西陽國。宋因之。陳省入武昌。有樊山、峥嶸洲，晉劉毅破桓玄於此。

中，蒲圻縣。晉太康元年置〔二四〕，屬長沙郡。宋元嘉十六年屬巴陵郡〔二五〕，孝建元年屬江夏郡。梁置上雋郡。隋平陳，郡廢，屬鄂州〔二六〕。唐因之。有赤壁山，漢末孫權遣周瑜與劉備併力敗曹公于此。有蒲圻湖。

中，咸寧縣。五代時置永安縣，屬鄂州。皇朝景德四年改今名。有鍾臺山、牛鼻潭。

中，通城縣。本崇陽縣地。皇朝熙寧五年升通城鎮爲縣。有九嶺山、鷄鳴山、太平港。

下，嘉魚縣。晉沙陽縣地，屬武昌郡。宋元嘉十六年屬巴陽郡，孝建元年屬江夏郡。梁置沙州，尋廢。隋省沙陽入蒲圻。五代時置嘉魚縣，屬鄂州〔二七〕。有魚嶽山，在大江中。

中，安州。春秋、戰國屬楚。秦屬南郡。漢高帝置江夏郡。東漢、晉因之。宋孝建元年分置安陸郡〔二八〕。齊因之。梁置南司州，尋罷。西魏置安州總管府〔二九〕。隋開皇初郡廢，十四年府廢，大業初復置安陸郡。唐武德四年平王世充，改爲安州，天寶元年復曰安陸郡。後唐升安遠軍節度。皇朝因之〔三〇〕。今縣五。

中，安陸縣。漢屬江夏郡。晉爲郡治。宋置安陸郡。梁置南司州。西魏置安州。隋、唐因之。漢江夏郡故城，在東南。有禹貢陪尾山〔三一〕、石巖山，晉張昌作亂山下，鎮南將軍劉弘擊斬之。有溳水，東南入沔。有雲夢澤，然楚之雲夢跨江南北，非止此而已。

中，雲夢縣。西魏置。隋屬安州。唐因之。皇朝熙寧二年省入安陸，元祐元年復置。按漢地理志：西陵縣爲江夏郡治，而有雲夢官，疑此地是也。

中，應城縣。漢雲杜縣地。西魏置〔三二〕。隋大業初改曰應陽，屬安陸郡。唐武德四年復曰應城，屬安州。元和三年省入雲夢〔三三〕，大和二年復置，天祐二年改曰應陽〔三四〕。後唐復故〔三五〕。有決河水〔三六〕，出大洪山，東流入于溳。有温泉水，出京山東，澤中淵静如鑑，聞人聲，則湯湯奮發，其熱可以燖鷄，東南流注于溳。有蒲騷城，左傳鄖人軍於蒲騷是也。

中，孝感縣。本孝昌縣，宋孝武帝置，屬江夏郡。西魏置岳州及岳山郡〔三七〕，後周並廢〔三八〕。又有澴岳郡，隋開皇初廢〔三九〕，以縣屬安州。唐武德四年置澴州及澴陽縣，八年州廢，省澴陽入孝昌來屬〔四〇〕。元和三年省入雲夢，咸通中復置。後唐改爲孝感〔四一〕。有澴河鎮、九宗山。

中下，應山縣。本東漢平春縣地，屬江夏郡。晉因之。宋屬義陽郡，後省。梁置永陽縣及應州。隋大業初州廢，改永陽爲應山，屬安陸郡。唐屬安州。有大龜山、石龍山、溳水。按水經：溳水出江夏平春縣西南，遇安陸，入于溳。

上，復州。春秋、戰國屬楚。秦屬南郡。二漢屬南、江夏二郡。晉元康元年分置竟陵郡。宋、齊因之。梁又置沔陽郡。後周置復州。隋因之，而郡廢。大業初州廢，復置沔陽郡。唐武德五年改爲復州，天寶元年又曰竟陵郡。石晉天福初改曰景陵郡。皇朝因之，熙寧六年州廢，後復置。今縣三。

緊，景陵縣。楚封大夫鬭辛於此，是爲鄖公。戰國秦使白起攻楚，拔郢，東至竟陵。

二漢屬江夏郡。晉置竟陵郡，後省入霄城。後周復改霄城爲竟陵。隋開皇初州自建興移治此，仁壽三年州仍治建興。正觀七年徙治沔陽。五代時又徙治此。皇朝熙寧六年州廢，屬安州，後復置來屬〔四二〕。有巾水、戍山〔四三〕。晉元熙三年，竟陵郡言巾水、戍山得古銅鍾七枚，藏於相府。有漢水、夏水。

下，沔陽縣。春秋鄖子之國。漢雲杜縣地，屬江夏郡。東漢、晉因之。宋屬竟陵郡，後省。梁置沔陽郡。西魏省州陵、惠懷二縣置縣，曰建興。後周置復州。隋開皇初州移治竟陵，仁壽三年州仍治建興〔四四〕。大業初改建興曰沔陽，州廢，仍置沔陽郡。唐武德中屬復州，正觀七年州徙治此。五代時又徙治景陵。皇朝熙寧七年省入監利〔四五〕，後復置來屬。雲杜城，在縣西北。又有石城，在西南，西臨沔水，因山爲固。晉杜預爲荆州刺史，開陽口達巴陵，徑千餘里，内避長江之險，通零桂之漕，即此。惠帝始置竟陵郡，治此。

下，玉沙縣。皇朝乾德三年以白沙院置，屬江陵府，至道三年來屬。熙寧六年省入監利，元祐元年復置〔四六〕。按唐地理志：郢州富水有白沙山，白沙水所出。而水經言江水過下雋東，得白沙口，謂白沙水，入江處也。然則白沙院之取名，蓋以水所經矣。

上，鼎州。春秋、戰國皆屬楚。秦屬黔中郡。漢屬武陵郡。東漢、晉、宋〔四七〕、齊皆因之。梁置武州，後改曰沅州。隋平陳，郡廢，改州曰朗州〔四八〕。大業初州廢，復置武陵郡。唐武德四年平蕭銑，置朗州，天寶元年復曰武陵郡。皇朝因之，大中祥符五年改曰鼎州〔四九〕。

今縣三。

望，武陵縣。本漢臨沅縣，屬武陵郡。東漢爲郡治。晉、宋、齊、梁、陳皆因之。晉趙欽問潘京曰〔五〇〕：「貴郡何以名武陵？」〔五一〕京云：「鄙郡本名義陵郡，在辰陽縣界，與夷相接，數爲攻敗〔五二〕。」光武移東出，共議易號。傳曰「止戈爲武」，詩稱「高平曰陵」〔五三〕。隋廢郡，置朗州，改臨沅爲武陵縣。唐因之。皇朝改曰鼎州。故漢壽縣，本名「索」，漢爲武陵郡治。東漢陽嘉三年更名，爲荆州刺史治，而郡徙治臨沅。至魏，州徙治江陵。吴改漢壽爲吴壽〔五四〕。晉復故。宋、齊、梁、陳皆因之。隋省入武陵。有武陵山、桂山，上有善卷壇。有沅水、鼎水、枉渚。

望，桃源縣。東漢沅南縣地，建武二十六年置，屬武陵郡。晉、宋、齊、梁、陳皆因之〔五五〕。隋省入武陵。皇朝乾德元年析武陵置桃源縣〔五六〕。有桃源山，晉陶潛桃源記云〔五七〕：太元末〔五八〕，有漁人深入武陵溪，見桃花夾岸，居人衣服皆秦製〔五九〕，自言避秦，隱居數世矣，不知市朝之變〔六〇〕。漁人既出，後再尋之，路迷，終不能至。有沅水。

中，龍陽縣。吴置。晉、宋、齊、梁、陳皆屬武陵郡。隋、唐屬朗州〔六一〕。有龍陽山、零水。有龍陽洲〔六二〕，吴李衡植柑於其上，臨死謂其子曰：「吾洲有木奴千頭，不責衣食，歲絹千疋。」後柑成，果如其言。

上，澧州。春秋、戰國皆屬楚。秦屬黔中郡。二漢屬武陵郡。吴孫休永安六年分置天門郡。晉、宋以後因之。隋平陳，郡廢，置松州，尋改爲澧州。大業初，置澧陽郡。唐武德四年平蕭銑，置澧州，天寶元年曰澧陽郡。皇朝因之。今縣四。

望，澧陽縣。晉太康四年置，屬天門郡。宋因之，後省焉。隋復置，及置澧州。大業初，置澧陽郡。唐爲澧州。有大浮山、崇山，昔舜放驩兜於此。有澧水、涔水，涔東南流入澧。

中下，安鄉縣。東漢作唐縣地〔六三〕，後置安鄉縣。隋屬澧州。唐因之。作唐縣，東漢分孱陵置，屬武陵郡。晉置南平郡。宋、齊、梁、陳皆因之。隋開皇中郡廢，改作唐爲孱陵，屬澧州。唐正觀元年省入安鄉。亦漢壽縣地。有澧水、澹水。按水經注：澧水東逕安南縣南，澹水注之。水上承澧水，於作唐東逕其縣北，又東注于澧，謂之澹口龍〔六四〕，王仲宣詩所謂「悠悠澹澧」是也。

中下，石門縣。漢零陽縣地。吴時武陵充縣松梁山有石洞開，廣數十丈，其高似弩，仰射不至，名曰天門，孫休以爲佳祥〔六五〕，置天門郡於此。晉、宋、齊、梁、陳皆因之。隋開皇中郡廢，置石門縣，屬澧州。唐因之。有層山，水經注所謂「澧水東歷層步山」是也。有漊水、澬水，水東注澧水〔六六〕，謂之澬口。

下，慈利縣。二漢零陽縣〔六七〕，屬武陵郡〔六八〕。晉、宋屬天門郡，後省。隋開皇中復置，屬澧州，十八年改曰慈利。唐因之。亦漊中縣地，吴置。晉、宋屬天門郡，後省。亦崇義縣地，後周置衡州。隋開皇中置縣，十八年改州曰崇州。大業初州廢，屬澧陽郡。唐屬澧州，麟德元年省入慈利。有九度山、澧水。

中，峽州。春秋、戰國屬楚。秦、二漢屬南郡。魏武平荆州，分置臨江郡。劉備改爲宜都郡。吴、晉、宋、齊、梁皆因之，兼置宜州。西魏改曰拓州。後周改曰硤州。隋開皇七年郡廢，大業初州廢，置夷陵郡。唐武德二年復爲硤州〔六九〕，天寶元年曰夷陵郡。皇朝因之。今縣四。

中，夷陵縣。夷山在西北，縣以爲名。秦令白起伐楚，三戰而燒夷陵，即此。二漢屬南郡。建安十五年，劉備以屬宜都郡。吴黄武元年改曰西陵〔七〇〕，以爲重鎮，郡城陸抗所築也。晉太康元年復故名。宋、齊、梁、陳皆因之。隋置夷陵郡。唐置硤州。巴山寨〔七一〕，本巴山縣，隋分長陽置〔七二〕，屬清江郡，後省。唐武德四年復置，屬睦州。八年屬東松州，正觀元年屬硤州〔七三〕，天寶八載省入長陽。五代時復置。皇朝開寶八年省入夷陵。有西陵山、虎牙山，石壁色紅〔七四〕，間有白文，類牙形焉。有黄牛硤，南岸高崖間有石〔七五〕，如人牽牛狀，人黑牛黄，此巖既高，加以江湍紆迴，行者謡曰：「朝發黄牛，暮宿黄牛。三朝三暮，黄牛如故。」

中，宜都縣。二漢夷道縣地，屬南郡。劉備置宜都郡。晉、宋、齊、梁皆因之，又析夷道置宜昌縣。隋開皇七年郡廢，宜昌屬江陵府。大業初，夷道屬夷陵郡。唐武德二年改宜昌爲宜都，以宜都及夷道置江州，六年曰東松州。正觀元年州廢〔七六〕，省夷道入宜都來屬。有荆門山，上合下開，通徹山南，有門象焉。大江東歷荆門、虎牙二山之間，荆門在南，虎牙在北，爲楚之西塞，故郭璞江賦曰「虎牙桀起以屹崒，荆門闕竦而盤薄。圓淵九回以高騰，溢流雷呴而電激」也。東漢建武中岑彭擊荆門，破公孫述將任滿、田戎於此。有勾將山、夷水，自施州東北流至縣北注大江，即清江水也。

中下，長陽縣〔七七〕。本佷山。漢屬武陵郡。東漢屬南郡。晉屬宜都郡，太康元年改爲興山，後復故。宋因之，後改爲長陽〔七八〕。隋屬江陵府。唐武德四年置睦州，八年州廢，屬東松州，正觀元年州廢來屬〔七九〕。故鹽水縣，後周置，及立亭州資田郡〔八〇〕。隋開皇初郡廢，大業初改州爲庸州，又廢爲清江郡，後郡徙而縣省。唐武德四年復置，屬睦州〔八一〕，八年省入長陽。昔巴蠻廩君乘土船從夷水下至鹽陽，射殺神女，又下及夷城而居之，蓋此地也。有佷山，出藥草恒山〔八二〕，世以銀爲音。有長陽溪，出射堂村東六、七里，谷中有石穴，清泉濆流三十許步，復入穴，其水重源顯發，北流注于夷水。

中下，遠安縣。本東晉沮陽縣地〔八三〕。義熙初，分置高安縣及汶陽郡。後周改縣曰遠安。隋開皇七年郡廢，屬峽州。唐因之。有沮水，東南流逕當陽枝江縣入于江，謂之沮口。

校注

〔一〕札記卷上：「一二兩葉宋本、舊鈔本並闕，用周臨重修本補，朱校云『原闕』。」按宋會要方域六之三二：「宣和三年四月二十日，荆湖北路分爲荆南路、鼎澧路指揮更不施行，並依舊例。」又：「宣和三年四月二十日，詔：『五溪郡縣，闢自先朝，中更棄地，雖已興復，然經元祐之變，徭賊屢肆跳梁。蓋緣荆南鈐轄司去邊稍遠，難以彈壓。先朝有意經畫，其事未就。朕紹述先猷，敢忘繼志？可分荆湖北路荆南府、歸、峽、安、復州、荆門軍、漢陽軍爲荆南路，帶兵馬都鈐轄，治荆南府。分鼎、澧、岳、鄂、辰、沅、靖州爲鼎澧路，帶兵馬都鈐轄，治鼎州。』」

〔二〕中元：原無「元」字，據漢書卷五補。

〔三〕晉置荆州：原本「晉」下空二字，據通典卷一七七補。札記卷上：「『晉』下『州』上周校本闕，案此蓋『置荆』二字，歐約通典文。」

〔四〕于謹：札記卷上：「周校闕『于』字，『謹』闕右旁。案此本通典，今據以訂補。」

〔五〕渚宫：札記卷上：「『渚』，周校作『諸』，誤，今依寰宇記訂正。左傳文十年：『王在渚宫。』」

〔六〕紀勝卷六四江陵府上引國朝會要：「乾德三年，升安遠鎮爲潛江縣。」宋史卷八八：「乾德三年，升白伏巡爲縣。」

〔七〕四年：元和志卷二一、寰宇記卷一四六引荆州圖副作「五年」。

〔八〕紀勝卷六四江陵府上：「元和郡縣志云：開皇三年屬復州。隋志復州沔陽郡下有監利縣，則是隋已屬復州。蓋隋時復州曰沔陽郡，屬沔陽郡即是復州。非自唐始屬復州也。寰宇記分沔陽與復州爲二處，殊不知隋之沔陽郡即復州也。元和郡縣志云：開皇三年屬復州。當以元和志爲據，非自唐始屬復州也。」

〔九〕高城縣：漢書卷二八、後漢書志第二二無高城縣，有宜城縣，疑誤。

〔一〇〕南郡：寰宇記卷一四六作「河東郡」。紀勝卷六四江陵府上：「舊唐志云：松滋本屬廬江郡。晉以松滋流民避亂至此，乃僑置松滋縣以治之，屬南郡。隋志云：江左舊置河東郡，平陳郡廢，而不載置河東郡年月。寰宇記引晉太康地志云：咸康三年，以松滋流户在荆土者立松滋縣，以隸河東郡，即此邑也。則是咸康時已屬河東郡矣。宋、齊、梁、陳因之。隋復屬南郡。」

〔一一〕紀勝卷六四江陵府上：「唐、五代屬江陵府。」

〔一二〕史記卷四〇：楚文王自丹陽徙都于此，亦曰丹陽。

〔一三〕上元元年省入長寧縣：舊唐書卷三九：「〔上元〕二年置長寧縣於郭内，與江陵並治。其年省枝江縣入長寧。」寰宇記卷一四六：「上元元年析枝江置長寧縣。」新唐書卷四〇：「上元元年析江陵置長寧縣。二年，省枝江入長寧。」

〔一四〕宋會要方域六之三二：「枝江縣，熙寧六年廢爲鎮，隸松滋縣，元祐元年復。」

〔一五〕宋會要方域一二之一五：「石首縣建寧鎮，乾德三年以漢華容縣地置縣，熙寧六年復爲鎮。」宋史卷八八：「乾德三年，升白舊巡爲縣，并置萬庾縣，萬庾尋廢。」紀勝卷六四江陵府上：「圖經云：崇寧五年復省，以其地入石首、監利、華容三縣。」

〔一六〕宋會要方域五之六：「鄂州，唐武昌軍節度，後唐改武清軍，太平興國三年復爲武昌軍。」宋史卷八八：「至道二年始改〔武昌軍節度〕。」

〔一七〕此：元和志卷二七作「後改」。

〔一八〕睹口：通鑑地理通釋卷一二同，合校水經注作「堵口」，云趙一清「堵」改「睹」，堵口是睹口之誤。晉書卷三七：「〔甘〕卓軍次睹口。」通鑑卷九二：甘卓「軍於豬口」。胡注：「即睹口也。」

〔一九〕睹口：原作「賭口」，據上文及通鑑地理通釋卷一二引輿地廣記改。

〔二〇〕三年：通鑑卷六九作「二年」。

〔二一〕元年：元和志卷二七作「九年」。

〔二二〕紀勝卷八一壽昌軍：「吳志云：甘露初，析江夏置武昌郡。而輿地廣記云：晉太康元年改江夏郡曰武昌郡。按吳志及元和郡縣志武昌郡置於吳大帝明甚，而輿地廣記則以爲置於晉之太康，不同。象之謹按：元和郡縣志安州載南、北二朝兩置江夏郡，吳之江夏郡理武昌，魏、晉江夏郡俱理安陸。晉太康中，既平吳，意者遂併吳所置江夏郡於武昌郡，非初置武昌郡也。輿地廣記所書非是，今不取。」

〔二三〕庾亮：通典卷一八三作「庾翼」。

〔二四〕此宋志文。而寰宇記卷一一二云：吳黃武二年於沙羨縣地置蒲圻縣。元和志卷二七、舊唐書卷四〇亦云：本漢沙羨縣地，吳大帝分立。

〔二五〕十六年：寰宇記卷一一二作「七年」。

〔二六〕紀勝卷六六鄂州：「寰宇記云：蒲圻縣，宋屬長沙，隋割隸鄂州。然宋志、齊志蒲圻已隸江夏郡，不應至隋始屬鄂州也。」

〔二七〕九域志卷六：「〔熙寧〕六年廢復州，析地益嘉魚。」

〔二八〕宋孝建元年分置安陸郡：元和志卷二七：「宋武帝分江夏置安陸郡。」寰宇記卷一三二安州下：「晉咸和中分置安陸郡。」又安陸縣下：「宋孝武帝孝建元年分江夏置安陸郡。」前後不同。

〔二九〕元和志卷二七云：後魏大統十六年，改江夏郡爲安州。

〔三〇〕宋會要方域五之六：「德安府，舊安州，唐安遠軍節度。晉降爲防禦州，後復爲安遠軍。周又降爲防禦。建隆元年復爲安遠軍節度。」九域志卷六、紀勝卷七七德安府云：天聖元年隸京西路，慶曆二年還本路。宋會要方域六之三三：「宣和元年陞爲德安府。」

〔三一〕禹貢：四庫本作「禹漢」。札記卷上：「『貢』，宋本『漢』，誤，周校同。今訂正。本書例如此，蓋本水經、禹貢山水澤地所在，朱校不誤。」

〔三二〕此歐氏據隋志文。按元和志卷二七、舊唐書卷四〇云：宋分安陸縣置應城縣。紀勝卷七七德安府：「象之謹按：舊唐書志云：宋置應城縣，隋大業改爲應陽，唐武德四年復爲應城，非置於西魏也。」

〔三三〕元和：四庫本作「元祐」。札記卷上：「『和』，宋本作『祐』，據周校訂正，此唐志文，朱校不誤。」

〔三四〕改：四庫本作「復」。按紀勝卷七七德安府引輿地廣記作「改」。

〔三五〕宋會要方域六之三三：「應城縣，淳化元年徙舊縣置治所。」

〔三六〕決河水：四庫本、聚珍本作「没河水」，九域志卷六作「汥河水」。

〔三七〕寰宇記卷一三二：「西魏置楚州，後周改爲岳州及爲岳陽郡。」

〔三八〕寰宇記卷一三二：「隋廢之。」

〔三九〕聚珍本「初」字後有「州」字。

〔四〇〕孝昌：札記卷上：「宋本『昌』是也，唐志可證。周校「澴」涉上而誤，朱校不誤。」

〔四一〕宋會要方域六之三三：「吉陽縣，開寶二年廢爲鎮，隸孝感縣。」

〔四二〕宋會要方域六之三三：「景陵縣，舊名敬陵，建隆三年改。熙寧六年廢復州，以縣來隸。」又：「復州，景陵郡，防禦，領三縣。建隆三年改（晉）〔敬〕陵縣爲景陵，至道三年以江陵府玉沙縣來隸……熙寧六年州廢，以景陵縣隸安州，省玉沙縣入江陵府監利縣，元祐元年復。」

〔四三〕巾水戍山：寰宇記卷一四四：「巾戍山。水經云：『竟陵郡有巾戊山，晉獲銅鐘七枚于此。』」九域志卷六亦作「巾戍山」。下同。

〔四四〕三年：四庫本、聚珍本作「二年」。

〔四五〕九域志卷一〇、宋會要方域六之三三、宋史卷八八皆云：寶元二年省沔陽縣入玉沙。

〔四六〕宋會要方域一二之一五：「監利縣玉沙鎮，乾德三年以江陵府白沙院置玉沙鎮，至道三年隸復州。熙寧六年復州廢，以縣爲鎮。」

〔四七〕宋：原作「末」，據四庫本改。

〔四八〕朗州：札記卷上：「宋本『朗』缺筆，是也。大中祥符五年詔：『不得斥犯。』詳通鑑長編。周校、朱校並不缺筆。下同。」

〔四九〕宋會要方域五之六：「常德府，唐朗州，周武平軍節度。建隆四年降爲團練州，大中祥符五年改鼎州，後爲永安軍額。以犯陵名，崇寧元年改爲靖康軍，政和七年陞爲常慶軍節度。」紀勝卷六八常德府、宋史卷八八作乾德二年降爲團練州，又云政和七年陞爲常德軍，不同。

〔五〇〕趙欽：後漢書志第二二劉昭注引先賢傳作「趙厥」。又晉書卷九〇作「趙廞」，通鑑同。

〔五一〕貴郡：札記卷上：「宋本『郡』是也，武陵先賢傳文。續漢志注、水經延江水注引並同。周校作『州』，誤，朱校不誤。」

〔五二〕攻：原作「所」，據藏園群書題記卷四校宋江州刊淳祐重修本輿地廣記殘卷跋改。札記卷上：「宋本『所』是也。酈注『敗』作『破』，『所』則正同。周校作『攻』。案劉昭注引云：『爲所攻破。』」

〔五三〕後漢書志第二二劉昭注引先賢傳：「傳云：止戈爲武，高平曰陵。」

〔五四〕吴壽：四庫本、聚珍本作「長壽」。札記卷上：「宋本『吴』，周校同，是也，沈志可證。朱校作『長』，誤。」按紀勝卷六八常德府引輿地廣記作「吴」。

〔五五〕宋：札記卷上：「宋本『宋』。周校作『末』，蓋壞字。」

〔五六〕元年：宋會要方域六之三四：「鼎州桃源縣，乾德二年析武陵縣地置。」

〔五七〕桃源記云：紀勝卷六八常德府引輿地廣記作「避秦記云」，又四庫本「云」作「晉」。札記卷上：「宋本『云』，周校同，是也。朱校作『晉』，誤。」

〔五八〕太元：紀勝卷六八常德府引輿地廣記作「太康」。

〔五九〕衣服：四庫本作「衣冠」。札記卷上：「『服』，宋本略可辨識，周校正作『服』。朱校作『冠』，誤。」

〔六〇〕市朝：四庫本及紀勝卷六八常德府引輿地廣記作「朝市」。

〔六一〕紀勝卷六八常德府：「皇朝郡縣志云：大觀中改爲辰陽縣，紹興元年復舊。」

〔六二〕洲：四庫本、聚珍本作「州」。按舊唐書卷四〇：「隋縣，取洲名。」紀勝卷六八常德府引輿地廣記亦作「洲」，當以「洲」字爲是。

〔六三〕作唐縣：通典卷一八三作「漢壽縣」。

〔六四〕龍：聚珍本作「瀧」。

〔六五〕佳祥：聚珍本作「嘉祥」。

〔六六〕水東：四庫本無「水」字。

〔六七〕零陽：原作「零陵」，據通典卷一八三改。紀勝卷七〇澧州引元和志：「縣在零水之北，故曰陵陽。」

〔六八〕按漢書、後漢書，零陵縣屬零陵郡。

〔六九〕二年：舊唐書卷三九及紀勝卷七三峽州引夷陵志作「三年」。又「硤州」，紀勝卷七三峽州：「象之按通鑑唐紀武德三年，以許紹爲峽州刺史，已從『山』矣。而元和郡縣志云：周武帝以州居三峽之口，因改名峽州，則在周已從『山』矣，不應至唐始改。然舊唐書志峽州盡作『硤』，至引貞觀年間更改縣名亦盡從『石』作『硤』，而乾元元年改郡爲州亦從『硤』，當考。」按通典卷一八三、寰宇記卷一四七皆作「峽州」。

〔七〇〕紀勝卷七三峽州引元和志：「蜀先主改夷陵爲西陵縣。」

〔七一〕巴山寨：原作「巴山塞」，據九域志卷六改。九域志并云：「開寶八年省巴山縣爲寨。」而宋會要方域八之二一：「巴山寨，在峽州，景德元年置。」不同。

〔七二〕隋分長陽置：舊唐書卷三九：「隋分佷山縣置巴山縣。」

〔七三〕元年：寰宇記卷一四七作「八年」。

〔七四〕紅：寰宇記卷一四七作「黄」。

〔七五〕石：原作「色」，據四庫本及通典卷一八三、寰宇記卷一四七改。

〔七六〕元年：寰宇記卷一四七作「八年」。

〔七七〕長陽：隋書卷三一、宋史卷八八作「長楊」。

〔七八〕紀勝卷七三峽州引元和志：「隋開皇八年改爲長陽縣。」

〔七九〕元年：寰宇記卷一四七作「八年」。

〔八〇〕資田郡：原作「資曰郡」，據隋書卷三一改。四庫本亦作「資曰郡」。札記卷上：「宋本『曰』，壞字。案隋志當作『田』，周校作『臼』，朱校同宋本。」

〔八一〕屬：四庫本作「爲」。

〔八二〕恒山：聚珍本作「佷山」。札記卷上：「宋本『恒山』，舊鈔本同，是也，此本漢地理志注，歐蓋約水經夷水注文。廣雅釋草云：『恒山，蜀黍也。』高郵王先生念孫疏證云：『葉曰恒山，苗曰蜀黍，其實一物也。』案此即孟康所云藥草矣。周校作『佷』，誤，朱校誤同。」

〔八三〕舊唐書卷三九、紀勝卷七三峽州引元和志云：本漢之臨沮縣地。

輿地廣記卷第二十八

荆湖北路下

下，岳州。古三苗國地。春秋、戰國屬楚〔一〕。秦屬長沙郡。二漢因之。晉元康元年置建昌郡，咸康元年省。宋元嘉十六年置巴陵郡。齊、梁、陳皆因之，梁兼置巴州。隋平陳，郡廢，改州爲岳州。大業初改曰羅州，復置巴陵郡。唐武德四年平蕭銑，置巴州，六年改爲岳州，天寶元年曰巴陵郡。皇朝因之〔二〕。今縣五。

上，巴陵縣。二漢下雋縣地。吴爲巴丘邸閣〔三〕。晉太康元年置巴陵縣〔四〕，屬長沙郡。宋置巴陵郡。梁置巴州。隋改爲岳州〔五〕。唐因之。吴使魯肅、萬彧、東晉使陶侃皆守巴陵，以爲重鎮。有大江、洞庭湖，有資水〔六〕、沅水、澧水、湘水，同注洞庭，北會大江，名之五渚。戰國策云：秦與荆戰，大破之，取洞庭五渚，謂此也〔七〕。湖水圓廣五百餘里，日月若出没於其中〔八〕。有君山、艑山。君山即湘山也〔九〕，以湘君之所游處〔一〇〕，因曰君山。有石穴，與太湖之苞山潛通〔一一〕，故太湖亦有洞庭山。君山東北對艑山，兩山相次去數十里〔一二〕，回峙相望，孤影若浮。有青草湖。

望，華容縣。漢孱陵縣地。晉武帝時置安南縣〔一三〕，屬安平郡。宋因之。隋開皇十八年改曰華容，屬岳州。唐因之，垂拱二年更名容城，神龍元年復故〔一四〕。有方臺山、赤亭湖，近湖有赤亭城，梁元帝使胡僧祐、陸法和等據赤亭，擊破侯景軍，擒其將任約，即此。

上，平江縣。本漢昌縣地，東漢置。吴曰吴昌。晉、宋因之，屬長沙郡。隋平陳，省入羅。唐省羅入湘陰，神龍三年分湘陰置昌江縣，屬岳州。後唐改曰平江。有汨水，西至湘陰入湘。有盧水。

中〔一五〕，臨湘縣。本巴陵縣之王朝場。皇朝淳化四年升爲王朝縣〔一六〕，至道二年改爲臨湘〔一七〕。有陵城山〔一八〕、大江。

中，沅江縣。漢益陽縣地。梁置樂山郡及樂山縣〔一九〕。隋平陳，郡廢，改縣曰安樂〔二〇〕，屬岳州，十八年改曰沅江。唐因之，乾寧中改曰橋江。五代時屬朗州。皇朝乾德元年復曰沅江來屬〔二一〕。有楓山、沅水。

下〔二二〕，歸州。春秋爲夔子國。楚人滅之，及戰國皆屬楚。秦屬南郡。二漢因之。吴永安三年置建平郡。晉亦爲建平郡〔二三〕。宋因之。後周置秭歸郡〔二四〕。隋開皇初郡廢，屬信州，大業初屬巴東郡。唐武德二年分夔州置歸州〔二五〕，天寶元年曰巴東郡〔二六〕。皇朝因之。今縣三。

下，秭歸縣。故夔子國，其先熊摯，本楚之嫡嗣，以疾不立，而封於夔。春秋時夔子不祀祝融與鬻熊，曰：「我先君有疾，鬼神弗赦，而自竄於夔，我是以失楚，又何祀焉？」楚人滅之。二漢爲秭歸縣，屬南郡。晉、宋屬建平郡。其地險固，孫皓末，晉將王濬自蜀沿江伐吴，吴守將吾彦表謂皓曰：增建平兵，若建平不下，晉師終不敢過。皓不從。即秭歸縣界。後周置秭歸郡。隋郡廢，屬信州。唐置歸州。縣東南有丹陽城，周成王封楚子熊繹，始居於此，後徙都枝江，亦曰丹陽縣。北百餘里有楚大夫屈原故宅，名曰樂平里。原既被流放，忽然暫歸，有賢姊曰女須亦歸，喻令自寬，離騷所謂「女須之嬋媛兮〔二七〕，申申其詈予也〔二八〕」。袁山松以爲秭歸之名始於此。而酈道元引樂緯云〔二九〕：「昔歸典聲律。」宋忠注云：「歸，即夔也。」則知古人通音同字，不必因屈原也。有空舲峽、大江。

下，巴東縣。漢巫縣地〔三〇〕。宋有歸鄉縣，屬建平郡，初在秭歸之東，後徙置於此。梁置信陵郡。後周郡廢，改歸鄉曰樂鄉。隋開皇末又改曰巴東，屬信州。唐武德二年來屬。有石門山，在大江北岸，洞達東西。劉備爲陸遜所破走，逕北門，追者甚急，踰山越險，僅乃得免，遂發憤而薨。

下，興山縣。吴置，屬建平郡。晉因之。宋省焉。唐武德三年析秭歸復置，屬歸州〔三一〕。皇朝熙寧五年省入秭歸，後復置〔三二〕。有古夔子城。有昭君村，漢宫女王嬙，此鄉人也。

下，辰州。古蠻夷地。春秋、戰國屬楚。秦昭襄王三十年取楚巫、黔及江南地置黔中郡。漢高帝二年改爲義陵郡〔三三〕，在辰陽縣界，與蠻夷相接，數爲所攻破。光武時，郡治東徙臨沅，遂改爲武陵郡，而以此地屬焉。晉、宋、齊因之，後置沅陵郡。隋平陳，郡廢，置辰州。大業初州廢，復沅陵郡。唐武德四年平蕭銑，置辰州，天寶元年曰盧溪郡。皇朝因之。今縣四。

中，沅陵縣。二漢、晉、宋、齊皆屬武陵郡，後置沅陵郡。隋置辰州。唐因之〔三四〕。縣東有壺頭山，高一百里，圓廣三百里。東漢馬援征蠻，從壺頭進軍，遇瘴没於此。有小西山、沅水、西溪〔三五〕，其水東南注于沅，謂之西口。

中下，溆浦縣。本漢義陵縣，屬武陵郡。東漢省之。唐武德五年〔三六〕，分辰溪置溆浦縣〔三七〕，屬辰州。有溆溪，其水出鄜梁山，西北注于沅，楚詞所謂「入溆浦余邅迴兮，迷不知吾之所如」，即此水也，最爲沃壤，特宜稻焉。其城則劉備所築。

下，辰溪縣。二漢辰陽縣，屬武陵郡。晉省之。宋復置，屬武陵。隋平陳，改曰辰溪，屬充州。大業初州廢，屬沅陵郡。唐屬辰州。有五城山、辰溪。縣治舊在辰水之北，楚詞所謂「夕宿辰陽」是也。

下，盧溪縣。本沅陵縣地。唐武德三年析置盧溪縣〔三八〕，屬辰州。有武山，武溪所出，東南流注于沅水，源石上有盤瓠跡猶存〔三九〕。盤瓠者〔四〇〕，高辛氏之狗，御犬戎吴將軍頭致於闕下〔四一〕，帝妻以少女。盤瓠負女入南山上石室中，生六男六女，自相夫妻，後遂滋蔓，今五溪蠻夷即其種也。

下，沅州。古蠻夷地。春秋、戰國皆屬楚。秦屬黔中郡。二漢、晉、宋屬武陵郡。梁、陳屬沅陵郡。隋屬辰州。唐正觀八年，以辰州之龍標縣置巫州，天授二年曰沅州〔四二〕。開元十三年，以「沅」、「原」聲相近，復曰巫州。天寶二年曰潭陽郡〔四三〕，大曆五年改爲敘州。唐衰，没于溪洞。皇朝熙寧七年收復，置沅州〔四四〕，兼得錦、奬二州之地〔四五〕。今縣三。

下，盧陽縣。本漢無陽縣地，屬武陵郡。東漢省之。晉、宋爲舞陽，後省。梁置龍標縣，屬沅陵郡。隋屬辰州。唐析龍標置潭陽縣〔四六〕，屬敘州。皇朝熙寧七年以其地置盧陽縣，爲沅州治焉。鎮江鋪，本龍標縣地，唐置敘州，熙寧五年以其地置寨，元豐三年廢爲鋪。龍門鋪，本龍門縣地，唐垂拱四年析麻陽置，屬辰州，尋省，熙寧七年以其地置鋪。奬州鋪，唐奬州地也。

下，麻陽縣。唐武德三年分沅陵、辰溪置，屬辰州。熙寧七年來屬。唐招諭縣，垂拱三年置〔四七〕，屬錦州，後省。皇朝太平興國七年析麻陽復置，屬辰州。熙寧七年來屬〔四八〕，八年省入麻陽〔四九〕。故錦州寨〔五〇〕，唐錦州地也〔五一〕。有辰山、辰溪。

下，黔陽縣。本鐔城縣地。二漢及晉屬武陵郡。宋省焉。唐正觀八年置朗溪縣，屬敘州，後置黔江城〔五二〕。皇朝元豐三年升爲黔陽縣〔五三〕。有紫霄山、七寶山、沅水、舞水〔五四〕。

下〔五五〕，靖州。古蠻夷地。唐爲溪洞誠州〔五六〕。皇朝熙寧九年收復〔五七〕，仍置〔五八〕。元祐二年廢爲渠陽軍，三年廢爲寨，屬沅州。紹聖中復置誠州〔五九〕，崇寧二年改爲靖州。今縣三。

下，永平縣。本沅州貫保寨地。皇朝元豐六年置渠陽縣〔六〇〕，爲誠州治〔六一〕，崇寧二年改爲永平〔六二〕。有勝山、渠河。

下〔六三〕，會同縣。本三江〔六四〕，崇寧二年改名。

下〔六五〕，通道縣。本羅蒙〔六六〕，崇寧二年改名。

同下州，漢陽軍。春秋屬鄖。後及戰國屬楚。秦屬南郡。二漢屬江夏郡。晉、宋、齊因之。梁屬沔陽郡。後周屬復州。隋屬沔州，州廢，屬沔陽郡〔六七〕。唐武德四年平朱粲，置沔州。建中二年州廢，四年復置〔六八〕。寶曆二年州又廢，屬鄂州。周置漢陽軍。皇朝因之，熙寧四年軍廢，屬鄂州，元祐元年復置。今縣二。

望，漢陽縣。本安陸縣地。二漢及晉屬江夏郡。東晉置沌陽縣。宋因之，後省。隋開皇十七年置漢津縣，屬復州，大業初改曰漢陽〔六九〕。唐屬沔州，州廢，屬鄂州。周置漢陽軍。皇朝因之〔七〇〕。有魯山、大江、漢水、沌水、灄水，漢入江處謂之沔口。漢末，魏及吴人皆以爲重鎮，禹貢漢水，至于大别，南入于江。今縣蓋古大别之地也。

下，漢川縣。本安陸縣地。梁置梁安郡。西魏改曰魏安郡，尋改曰汊川郡。隋開皇初郡廢。唐武德四年析漢陽置汊川縣，屬沔州。州廢，屬鄂州。周屬安州。皇朝太平興國二年改曰漢川，屬漢陽軍〔七一〕。亦周、隋甑山縣地。

同下州，荆門軍。五代以前地理與江陵府同。皇朝開寶五年置荆門軍〔七二〕，熙寧六年廢〔七三〕，元祐元年復置〔七四〕。今縣二。

中，長林縣。本編縣地。二漢、晉、宋皆屬南郡，後廢焉，而置長林、長寧二縣。隋開皇十一年省長林入長寧，十八年改長寧曰長林，屬江陵府。唐武德四年，於縣東北置基州及章山縣。七年州廢，以章山隸郢州。郢州廢，來屬。八年省入長林，正元二十一年析置荆門縣，後省。皇朝置荆門軍，軍廢，屬江陵府，後復置，皆爲軍治〔七五〕。有章山，禹貢所謂「内方」也。有漢水、漳水、漕水。

下，當陽縣。二漢、晉、宋、齊、梁屬南郡〔七六〕。後周置平州，屬梁蕃。隋開皇七年改爲玉州，九年州廢，屬江陵府。梁又置安居縣，十八年改曰昭丘。大業初改曰荆臺，尋省入當陽。唐武德四年復置平州，六年改曰玉州。八年州廢，屬荆州。皇朝置荆門軍，初治此，後徙治長林。軍廢，屬江陵府〔七七〕。後復置，來屬〔七八〕。二漢臨沮縣，屬南郡。晉屬襄陽郡〔七九〕，宋復屬南郡，後省。唐武德四年析當陽復置，屬平州，八年省入當陽縣〔八〇〕。有緑林山，在縣東，即所謂「當陽長阪」也。曹公追劉備〔八一〕，而張飛横矛拒之於此。有麥城。關羽保麥城〔八二〕，詐降而遁焉〔八三〕，爲潘璋所斬。有沮水、漳水，皆東南流入于江，而麥城在二水間〔八四〕，王粲於此登樓而賦之曰「夾清漳之通浦，倚曲沮之長洲」是也〔八五〕。

荆湖北路化外州

下，錦州。歷代地理與辰州同。唐垂拱二年，析辰州麻陽縣地及開山洞置錦州，天寶元年曰盧陽郡〔八六〕。統縣五。

中下，盧陽縣。

中下，渭陽縣。

中下，招諭縣。今省入沅州麻陽〔八七〕。

中下，常豐縣。本萬安縣，天寶元年更名。

中下，洛浦縣。天授二年析辰州之大鄉置，屬溪州，後來屬。

下，獎州。歷代地理與辰州同。唐天授二年〔八八〕，析沅州之夜郎、渭溪二縣置舞州。開元十三年以「舞」、「武」聲相近，更名鶴州〔八九〕，二十年曰業州，天寶元年曰龍溪郡〔九〇〕，大曆五年改爲獎州。統縣三。

中下，峨山縣。本夜郎，天寶元年更名。

中下，渭溪縣。天授二年析夜郎置〔九一〕。

中下，梓薑縣。本屬充州，天寶三年廢爲羈縻州〔九二〕，以縣來屬。

下，溪州。歷代地理與辰州同。唐天授二年析辰州之大鄉置，天寶元年曰靈溪郡。

統縣二。

上，大鄉縣。漢沅陵、零陽二縣地〔九三〕，屬武陵郡。梁置大鄉縣，屬沅陵郡。隋屬辰州。唐置溪州，以五溪相會此地，故以爲名。

中下，三亭縣。正觀九年析大鄉置。有黔山、大酉山。

校　注

〔一〕紀勝卷六九岳州引圖經：「春秋麇子、羅子之國。」

〔二〕宋會要方域五之六：「岳陽軍，舊岳州，宣和元年陞爲岳陽軍節度。」紀勝卷六九岳州引圖經：「政和五年，州民李舜臣以英宗潛邸，乞陞額。知州孫勰備申，獲旨陞爲岳陽軍。」指掌圖以爲宣和二年，豈申在政和，陞改在宣和耶？今兩存之。」

〔三〕元和志卷二七：「吴初巴丘置大屯戍，使魯肅守之，後改爲巴陵縣。」

〔四〕紀勝卷六九岳州引吴録亦云「晉分長沙爲巴陵等縣」，元和志卷二七、舊唐書卷四〇以爲吴立巴陵縣，不同。

〔五〕舊唐書卷四〇：「隋改爲巴州。」

〔六〕資水：紀勝卷六九岳州引輿地廣記作「濱水」。

〔七〕也：四庫本、聚珍本作「地」。

〔八〕中：四庫本、聚珍本作「地」，王右丞集箋注卷八引輿地廣記作「中」。札記卷上：「『中』是也，宋本略可辨識，此用水經湘水注文。周校作『土』，蓋壞字。朱校作『地』，誤。」
〔九〕君山：四庫本作「巴」，聚珍本作「巴山」。
〔一〇〕游：四庫本、聚珍本作「迹」。
〔一一〕苞山：聚珍本作「包山」。
〔一二〕十：四庫本作「千」。札記卷上：「宋本『十』是也。此亦水經注文。周校作『千』，誤，朱校亦誤。」
〔一三〕元和志卷二七：「吴分置南安縣。」
〔一四〕宋會要方域六之三二：「華（池）〔容〕縣，太平興國七年自岳州來隸。」
〔一五〕中：札記卷上：「宋本『中』是也，九域志可證。周校闕，朱校不闕。」
〔一六〕四年：九域志卷六、宋會要方域六之三五作「五年」，宋史卷八八作「元年」。
〔一七〕二年：紀勝卷六九岳州引國朝會要亦作「二年」，宋會要方域六之三四作「三年」。
〔一八〕陵城山：九域志卷六作「城陵山」。
〔一九〕樂山縣：隋書卷三一作「藥山縣」。通典卷一八三、元和志卷二七作「重華縣」。
〔二〇〕安樂：紀勝卷六八常德府引舊唐書作「樂安」。
〔二一〕宋會要方域六之三四：「沅江縣，舊名橋江，隸鼎州，乾德二年改今名，來隸。」宋史卷八八以爲乾道二年改名。按紀勝卷六八常德府：「舊經云：元符二年撥隸鼎州。」

〔二二〕下：九域志卷六作「上」。

〔二三〕紀勝卷七四歸州：「然吴之建平郡治秭歸，晉之建平郡治巫縣，此吴、晉二郡之不同也。」

〔二四〕紀勝卷七四歸州引輿地廣記：「宋屬荆州。南齊屬巴州。梁屬信州。後周置秭歸郡。」

〔二五〕歸州：四庫本脱「州」字。

〔二六〕元年：原作「九年」，據舊唐書卷三九、寰宇記卷一四八改。

〔二七〕嬋媛：聚珍本作「嬋娟」。

〔二八〕罵予：四庫本、聚珍本「罵」作「詈」。札記卷上：「宋本『予』，周校作『子』，誤，朱校不誤。」

〔二九〕樂緯：札記卷上：「宋本『緯』是也。上云酈引，見江水注。周校作『煒』，誤，朱校不誤。」

〔三〇〕巫縣：原作「巫陽縣」，據漢書卷二八上、後漢書志第二二、通典卷一八三、舊唐書卷三八、寰宇記卷一四八改。

〔三一〕宋史卷八八：「開寶八年移治昭君院，端拱二年又徙香溪北。」

〔三二〕宋會要方域六之三五：「興(仁)〔山〕縣，熙〔寧〕五年廢爲鎮，隸秭歸縣，元祐元年復。」紀勝卷七四歸州引國朝會要作「元祐五年復」。

〔三三〕紀勝卷七五辰州：「輿地廣記云：漢高帝二年改義陵郡，光武始改武陵郡。按西漢志有武陵郡而無義陵郡。東漢郡國志秦昭王置黔中郡，高帝五年更名。先賢傳曰：晉代太守趙厥問主簿潘京曰：『貴郡何以名武陵？』京曰：「鄙郡本名義陵，在辰陽縣界，與夷相接，爲所攻破。光武時移東出。』亦無高帝改義陵之文，不知輿地廣記何所依據，今削去『義陵』二字。又晉志亦云：漢高帝改黔中，爲武陵郡，無義陵之文。西漢志止有義陵縣。然輿地廣記以爲高帝二年更名武陵郡，元和志以爲高帝五年更名武陵郡，亦不同。象之謹按：高帝二年，漢祖方定關中，與項王戰爭，豈暇改易黔中郡縣之名？若曰五年更名，則是漢定天下之後，尚庶幾耳。」

〔三四〕宋會要方域一二之一六：「辰州〔沅〕陵縣落鶴鎮，熙寧五年廢縣置。」

〔三五〕西溪：四庫本作「西水」。

〔三六〕五年：元和志卷三〇作「四年」。

〔三七〕四庫本「置」前有「地」字。

〔三八〕三年：原作「五年」，據四庫本、聚珍本及舊唐書卷四〇改。紀勝卷七五辰州：「元和郡縣志云：本漢沅陵縣地。梁天監十年置盧州，蕭銑於此置盧溪縣，以南溪爲名。唐志云：武德三年析盧溪置，不同。象之謹按：唐武德四年平蕭銑，則三年置縣尚在蕭銑有國之時也。」

〔三九〕盤瓠：原作「磐瓠」，據下文改。下同。紀勝卷七五辰州作「槃瓠」。

〔四〇〕盤瓠：紀勝卷七五辰州引輿地廣記作「磐瓠」。札記卷上：「宋本『盤』是也，此約水經沅水注文。周校作『磐』，誤，朱校亦誤，上云『磐瓠跡』。酈亦作『盤』。下同。」

〔四一〕聚珍本「頭」字之前有「之」字。

〔四二〕二年：通典卷一八三、寰宇記卷一二二作「三年」。

〔四三〕二年：寰宇記卷一二二、紀勝卷七一沅州作「元年」。

〔四四〕九域志卷六：「熙寧七年收復溪峒黔、衡、古、顯、叙、峽、中勝、富、嬴、繡、允、雲、洽、俄、獎、晃、波、宜十〔七〕〔八〕州，即唐叙、錦、獎州地置州。」

〔四五〕宋會要方域六之三六：「沅州，熙寧七年以唐叙、錦、獎三州地置。」

〔四六〕析：札記卷上：「宋本『析』，周校作『折』，誤。此唐志文。」

〔四七〕三年：舊唐書卷四〇、新唐書卷四一作「二年」。

〔四八〕宋會要方域六之三六：「麻陽縣，熙寧七年自辰州來隸，八年省錦州寨地入焉。」

〔四九〕宋會要方域六之三六：「元祐元年，廢隸沅州麻陽縣。」

〔五〇〕故錦州寨：札記卷上：「宋本『寨』，壞字，據周校訂正。九域志『故』作『廢』，餘同，朱校不誤。」

〔五一〕宋史卷八八：「〔熙寧〕八年，併錦州砦人户及廢招諭縣入麻陽，爲一縣。」

〔五二〕紀勝卷七一沅州引圖經：「熙寧收復，爲黔江城。」

〔五三〕三年：紀勝卷七一沅州引國朝會要作「二年」。

〔五四〕舞水：九域志卷六作「潕水」。

〔五五〕宋會要方域六之三六：「靖州，大觀元年陞爲望郡。」

〔五六〕紀勝卷七二靖州：「元和志及寰宇記溪洞並無誠州，誠州之名起於五代末。」

〔五七〕熙寧九年：紀勝卷七二靖州引圖經作「元豐三年」。

〔五八〕九域志卷六：「熙寧九年收復，元豐四年仍舊置。」

〔五九〕紹聖中：宋史卷八八作「元祐五年」。

〔六〇〕六年：九域志卷六亦作「六年」，宋史卷八八作「五年」。按宋會要方域六之三一：「（熙寧）〔元豐〕五年七月三日，前湖北路鈐轄、轉運司乞移渠陽縣治，所以安集誠州户口，兼治貫保、小由等民户，從之。」當以「五年」爲是。紀勝卷七二靖州作「五年」，并云：「六年，移縣額於城下爲倚郭。」

〔六一〕宋史卷八八：「元祐二年，廢爲渠陽軍。三年，廢軍爲砦，屬沅州。元祐五年，復以渠陽砦爲誠州。」

〔六二〕宋會要方域六之三六：「渠陽縣。舊渠陽寨，元豐五年陞爲縣，元祐六年省爲寨，崇寧二年復。」

〔六三〕下：原無，據聚珍本及宋史卷八八補。

〔六四〕此歐氏據四朝國史地理志之文。紀勝卷七二靖州：「昔在狼江寨之上，崇寧二年立爲三江縣。」

〔六五〕下：原無，據聚珍本及宋史卷八八補。

〔六六〕此歐氏據四朝國史地理志之文。紀勝卷七二靖州：「元豐六年，通路廣西，得故城基，蓋唐之置舊縣基，莫知其名，命爲多星堡。」又引國朝會要：「以羅政縣改。」

〔六七〕沔陽郡：聚珍本作「河陽郡」。

〔六八〕紀勝卷七九漢陽軍引寰宇記以爲廢於建中，復於元和。

〔六九〕大業：札記卷上：「宋本『大』，周校誤『太』，此本隋志。」

〔七〇〕宋會要方域六之三三：「漢陽縣，熙寧四年廢漢陽軍爲縣來隸。」方域六之三六：「元祐元年復。」

〔七一〕宋會要方域一二之一五：「鄂州漢陽縣漢川鎮，舊漢川縣，太平興國二年改。熙寧四年廢漢陽軍，以縣爲鎮。」方域六之三六：「元祐元年復。」

〔七二〕九域志卷一〇：「開寶五年，即江陵府荆門鎮建軍。」

〔七三〕紀勝卷七八荆門軍引輿地廣記以爲「在元祐元年」，又引圖經：「元豐間奏廢軍爲縣，隸江陵。」

〔七四〕元年：宋史卷八八作「三年」。按宋會要方域六之三七：「荆門軍，開寶五年即江陵府長林縣建軍，以長林、當陽二縣來隸。熙寧五年軍廢，二縣復隸江陵府。熙寧六年廢爲長林縣，隸江陵府，元祐三年復爲軍。」紀勝卷七八荆門軍引皇朝郡縣志亦云：「元祐三年，知荆南唐義問請復爲軍，從之。」當以元祐三年爲是。

〔七五〕宋會要方域六之三三：「長林縣，開寶五年隸荆門軍。熙寧六年軍廢，復來隸。」紀勝卷七八荆門軍：「皇朝開寶五年，割襄州故樂鄉縣合爲一縣來屬，仍徙軍治於此。」

〔七六〕南郡：寰宇記卷一四六作「南陽郡」。

〔七七〕宋會要方域六之三三：「當陽縣，開寶五年隸荆門軍，熙寧六年〔軍〕廢復來隸。」

〔七八〕紀勝卷七八荆門軍引國朝會要：「元祐中復隸荆門。」

〔七九〕「郡」下至「宋」二字：札記卷上：「周校闕，宋本不闕。」

〔八〇〕省入當陽：札記卷上：「宋本『省入』，新、舊唐志可證。周校缺，朱校不缺。」

〔八一〕劉備：札記卷上：「周校缺。宋本不缺。」

〔八二〕關羽：四庫本作「關侯」。

〔八三〕「焉」下至「爲潘璋」三字：札記卷上：「『焉爲』，周校缺，宋本不缺。」

〔八四〕水間：札記卷上：「周校缺，宋本不缺。」

〔八五〕洲：札記卷上：「『洲』是也。周校缺，宋本不缺，水經漳水注文。」

〔八六〕曰盧陽郡：四庫本「曰」作「改爲」，「盧陽郡」後有「乾元元年，復曰錦州」八字。

〔八七〕今省入沅州：四庫本「今」作「本」。又「沅州」，原作「沆州」，據四庫本、聚珍本及上文改。

〔八八〕天授二年：元和志卷三〇、舊唐書卷四〇、寰宇記卷一二二、新唐書卷四一作「長安四年」。

〔八九〕鶴州：寰宇記卷一二二作「業州」。

〔九〇〕龍溪郡：舊唐書卷四〇作「龍標郡」。

〔九一〕元和志卷三〇作「聖曆元年析峨山縣置」。

〔九二〕天寶三年：四庫本、聚珍本作「天寶二年」，元和志卷三〇作「建中四年」。

〔九三〕零陽：元和志卷三〇作「遷陵」。

輿地廣記卷第二十九

成都府路上〔一〕

次府，成都府。自三代以前爲蜀國，其君曰蠶叢，曰伯雍〔二〕，曰魚鳧，曰杜宇，曰開明，相繼王之。周武王伐商，蜀人從焉，牧誓所謂「庸、蜀」是也。秦惠王時，巴蜀相攻，惠王乃使張儀、司馬錯等伐蜀〔三〕，取之，置蜀郡。西漢因之。蜀王本治廣都樊鄉，儀既平蜀，乃自赤里街移治於少城。儀所築也，謂之龜城。至昭王時，李冰爲蜀守，穿二江行成都中，以灌溉土田，蜀由此爲沃野。蜀人始未知學，漢景帝時，文翁爲蜀守，乃立學官〔四〕，教民以經術文藝，於是蜀之學者比齊魯焉。武帝置益州以統之。王莽敗公孫述，據蜀，光武遣吴漢討平之，亦爲蜀郡。東漢末劉焉爲益州牧，始自廣漢之雒移治於成都。其子璋爲劉備所取，據其地。魏咸熙中，遣鄧艾伐取之。晉武帝改爲成都國，尋復置蜀郡，兼爲益州刺史治。惠帝之末，李特僭號於蜀，後桓温滅之，其地復爲晉有。安帝時，譙縱又竊據之，爲朱齡石所滅。宋及齊、梁皆因晉舊。後周令尉遲迥克而有之〔五〕，州郡復因梁焉。隋開皇初郡廢，大業初復置。唐武德初改爲益州，天寶元年又改爲蜀郡。十五載明皇幸蜀，駐蹕成都。至德二年駕迴秦京，乃改蜀郡爲成都府，又分爲劍南西川節度。唐末王建據之，而滅於後唐，孟知祥又據之。皇朝乾德三年王師克蜀，太平興國六年降爲益州，端拱元年復升成都府、劍南西川。淳化五年復爲益州，嘉祐四年復升爲府〔六〕，六年復爲劍南西川〔七〕。今縣九。

次赤，成都縣。在府西，古蜀國也。秦既平蜀，張儀築成都，以象咸陽，爲蜀郡治。西漢因之。漢末，又爲益州刺史治焉。晉〔八〕、宋、齊、梁、陳皆因之。唐爲成都府治。成都舊謂之「錦官城」，言官之所織錦也，亦猶合浦之「珠官」云，又或名之曰「錦里城」。北有升僊橋，蜀人司馬相如將入長安，題其柱曰：「不乘高車駟馬，不過汝下〔九〕。」後奉使歸蜀，果如志焉。李冰沿水造橋〔一〇〕，上應七星，曰沖理橋，曰市橋，曰江橋，曰萬里橋，曰笮橋，曰永平橋，曰長升橋。吴漢伐公孫述，光武謂漢曰：「安軍宜在七星間。」蓋謂是也。沲江鎮，以沲水之所經爲名。禹貢言：「岷山導江，東別爲沲。」而爾雅亦言「江有沱」，凡江之別出者皆曰沱，非獨此有之。故禹治水於荆州之域，亦曰浮于江、沱、潛、漢也。武擔山〔一一〕，蜀王紀云：武都山精化爲女子〔一二〕，蜀王納以爲妃。妃死，王憐之，令五丁力士擔土於成都爲冢，以葬妃，故曰武擔。今山上有石照存焉〔一三〕。

次赤，華陽縣。在府東〔一四〕。本成都縣地。唐正觀十七年析置蜀縣〔一五〕，乾元元年更名華陽。昔人論蜀之繁富曰：「地稱天府，原號華陽。」故晉常璩作蜀書〔一六〕，謂之華陽國志〔一七〕，縣之得名實本諸此。府學有石室，漢蜀守文翁興學，後人作石室以奉祠之〔一八〕。

次畿，新都縣。漢舊縣也，故城在今縣東，屬廣漢郡。晉置新都郡於雒，而以縣屬焉。隋開皇十八年，改新都縣曰興樂，大業初省興樂入成都。唐武德二年復置新都縣，屬益州。

次畿，郫縣。漢舊縣也，故城在今縣北，屬蜀郡。晉、宋、齊、梁、周、隋皆因之。唐屬益州。蜀王杜宇號曰望帝，都郫，有墓在焉。犀浦鎮，本成都縣地。唐垂拱二年析置犀浦縣，屬益州。秦時李冰作石犀五，以厭水精，穿石犀渠於南江，命之曰犀牛里，縣取此以爲名耳，不在其地也。皇朝熙寧五年省爲鎮入郫縣。

次畿，雙流縣。本漢廣都縣，後置寧蜀郡。後周郡廢，屬蜀郡。隋仁壽元年以太子名廣，故改曰雙流。唐屬益州。秦時李冰穿二江行成都中，故左思蜀都賦云「帶二江之雙流」。按外江在今羅城之南笮橋下，內江在今子城之南衆安橋下，自唐乾符中高駢築羅城〔一九〕，遂作縻棗堰，轉內江水從城北流，又屈而南，與外江水合，故今子城之南不復成江。然則二江雙流，未嘗歷此縣之境，特取蜀中事而名之耳。

次畿，温江縣。本郫縣地。西魏析置温江縣。隋開皇初省入郫，仁壽初復置萬春縣，大業初又省。唐武德三年復置萬春縣，屬益州，正觀元年更名温江。有新源水，開元二十三年，長史章仇兼瓊因蜀王秀故渠益開通之，以漕西山竹木。

次畿，新繁縣。漢曰繁縣，屬蜀郡。晉因之。唐爲新繁，屬益州。

次畿，廣都縣。本漢舊縣地。隋既改廣都曰雙流，唐龍朔二年又析雙流置廣都縣〔二〇〕，屬益州〔二一〕。

次畿，靈泉縣。本漢成都縣地。唐久視元年析蜀縣置東陽縣〔二二〕，屬益州，天寶元年更名靈池。皇朝天聖四年改曰靈泉。

上，眉州。秦屬蜀郡。漢屬犍爲郡。晉、宋皆因之。齊置齊通郡。梁及後周皆因之。隋開皇初，廢齊通入眉山郡。唐武德二年析嘉州置眉州，天寶元年改爲通義郡，後復爲眉州。皇朝因之〔二三〕。統縣四。

望，眉山縣。本漢武陽縣地，後分置齊通縣，爲齊通郡治。梁及後周皆因之。隋開皇初郡廢，改齊通曰廣通，仁壽元年改爲通義。唐置眉州。皇朝太平興國元年改爲眉山〔二四〕。按西魏置眉州，隋置眉山郡，皆在今嘉州，其後州、縣之名遷於此耳。

望，彭山縣。本漢武陽縣，屬犍爲郡。東漢爲郡治焉。晉因之，後郡遷于僰道，乃改武陽爲犍爲縣，置江州。西魏改縣曰隆山，以縣有鼎鼻山，地形隆起故也。後周省州，置隆山郡。隋開皇初屬陵州〔二五〕。唐正觀元年省隆山入通義，二年復置來屬。先天元年改爲彭山〔二六〕，取彭女山爲名。有彭亡聚，相傳彭祖亡於此。後漢岑彭伐公孫述，次其地，惡之，會夜不及徙營，果爲述刺客所殺。黄龍鎮，在赤水口，漢末黄龍見于武陽赤水，劉先主以爲受命之祥。

望，丹稜縣。南齊置齊樂縣〔二七〕。後周因之〔二八〕。隋開皇初改曰丹稜，屬嘉州。唐武德二年來屬。

望〔二九〕，青神縣。本漢南安縣地。後周置青神縣及青神郡。隋開皇初郡廢，屬嘉州。唐武德二年來屬。舊治思濛水口，八年移於今治。昔蠶叢氏衣青衣，以勸農桑，縣蓋取此爲名。

緊〔三〇〕**，蜀州**。秦、二漢屬蜀郡。晉永和中，桓温平蜀，置晉原郡。宋、齊屬晉康郡。後周廢。隋屬蜀郡。唐垂拱二年析置蜀州，天寶元年曰唐安郡。皇朝因之。今縣四。

望，晉原縣〔三一〕。本漢江原縣，屬蜀郡。李雄據蜀，置江原郡〔三二〕。桓温克之，置晉原郡，縣爲多融。後周郡廢，改縣爲晉原。隋屬蜀郡。唐垂拱二年置蜀州。

望，新津縣。本漢武陽縣地。後周置新津縣，以爲犍爲郡治焉。隋開皇初郡廢，屬蜀郡。唐垂拱二年來屬。有天社山。通濟堰，自邛江口引渠南下，百二十里至眉州，西南入江，溉田千六百頃，唐開元二十八年採訪使章仇兼瓊開。

望，江原縣。本漢江原縣地。後魏置僰道縣〔三三〕。大業初省入新津。唐武德二年復置唐隆縣〔三四〕，屬益州，垂拱二年來屬。長壽二年改曰武隆，神龍元年復曰唐隆。先天元年更名唐安，後又曰唐興。皇朝開寶四年改唐興曰江原。

望，永康縣。本青城縣之横渠鎮。孟蜀廣政中置永康縣，屬蜀州。有天國山。

緊〔三五〕，彭州。秦、二漢及晉屬蜀郡。桓温平蜀，置寧蜀郡。梁置東益州。西魏置天水郡。後周州廢〔三六〕，置九隴郡。隋開皇初郡廢，仁壽初置濛州。大業初州廢，屬蜀郡。唐武德三年復置濛州，正觀三年又廢。垂拱二年置彭州，以天彭山爲名。漢湔氐道有天彭山，兩山相對，其形如闕，謂之天彭門，亦曰天彭闕，江水逕其間，今在茂州，特取其名耳。天寶元年曰濛陽郡。皇朝因之。今縣三。

望，九隴縣。本漢繁縣地。晉置晉壽縣。後周改爲九隴〔三七〕，及置九隴郡。隋屬蜀郡。唐置彭州〔三八〕。武后時，益州長史劉易從決唐昌沱江，鑿川派流，合堋口琅岐水溉九隴、唐昌田，民爲立祠。有九隴山。

望，崇寧縣。唐儀鳳二年析九隴、導江、郫縣置唐昌縣，屬益州，垂拱二年來屬。長壽二年改爲周昌〔三九〕，神龍初復故名。皇朝開寶四年改爲永昌，崇寧中改爲崇寧〔四〇〕。

望，濛陽縣。唐儀鳳二年析九隴、什邡〔四一〕、雒縣置，屬益州，垂拱二年來屬〔四二〕。有彌濛水。

上，綿州。秦屬蜀郡。漢屬廣漢郡。晉、宋、齊屬梓潼郡，後置巴西郡。西魏兼置潼州。隋開皇初郡廢，改潼州曰綿州，以綿水爲名。大業初州廢，置金山郡。唐武德元年復爲綿州，天寶元年曰巴西郡。皇朝因之。今縣八。

望，巴西縣。本漢涪縣，屬廣漢郡。後漢伐公孫述，裨將臧宫進破涪城斬公孫恢，即此。西魏改涪曰巴西〔四三〕。隋置金山郡。唐置綿州。有涪水。

望，彰明縣。本漢涪縣地，後置漢昌縣。西魏改爲昌隆。隋屬金山郡。唐屬綿州，先天元年改曰昌明。後唐改曰彰明。有涪水，有唐李白碑。白之先世嘗流巂州，其後内移，白生於此縣〔四四〕。

緊，魏城縣。本漢涪縣地。西魏置。隋屬金山郡。唐屬綿州。

緊，羅江縣。本漢涪縣地，後置孱亭縣〔四五〕。西魏改爲萬安，及置萬安郡。隋開皇初郡廢，屬金山郡。唐屬綿州，天寶元年改爲羅江。按水經注潺水出潺山，水源有金銀，歷潺亭而下，注涪水。今羅江，即古之潺亭，則羅江水亦古所謂潺水歟。有羅璝化江，因以爲名。

上，神泉縣。本漢涪縣地，後置西充國。隋開皇十六年改曰神泉〔四六〕，以縣西有泉能愈疾故也，屬金山郡。唐屬綿州〔四七〕。有綿水。

上，龍安縣。本金山縣，後周置。隋屬金山郡。唐屬綿州，武德三年更名龍安〔四八〕。有龍安山，西北有松嶺關。西昌鎮，本益昌縣，隋開皇四年省入金山〔四九〕。唐永淳元年復置西昌縣，屬綿州。皇朝熙寧五年省爲鎮入龍安〔五〇〕。

中，鹽泉縣。唐武德三年析魏城置〔五一〕，屬綿州。有梓潼水。

下〔五二〕，石泉縣。本漢廣柔縣地〔五三〕，屬蜀郡。隋爲汶山縣地，屬汶山郡。唐正觀八年析置石泉縣，屬茂州。皇朝熙寧九年來屬〔五四〕。有石紐山，禹之所生也。華陽國志云：夷人營其地，方百里不敢居牧，畏禹神靈也。

上，漢州。秦屬蜀郡。漢屬廣漢郡。東漢爲郡治，兼爲益州刺史治焉。晉置新都郡。宋、齊爲廣漢、晉熙二郡〔五五〕。隋開皇初郡廢，屬蜀郡。唐垂拱二年分置漢州，天寶元年爲德陽郡。皇朝因之。今縣四。

上，雒縣。漢屬廣漢郡。東漢爲益州刺史治，至劉焉乃徙治成都。晉置新都郡。宋、齊爲廣漢郡。隋屬蜀郡。唐置漢州。洛水出章山南，逕雒縣，因取名焉。劉備自涪攻雒，龐士元中流矢死於此。有嚴君平卜臺。

望，什邡縣〔五六〕。漢屬廣漢郡，高帝封雍齒爲侯國。晉屬新都郡。後周置，曰方寧〔五七〕。隋省之。唐武德二年析雒縣復置什邡〔五八〕，屬漢州〔五九〕。有洛通山，即古章山也，洛水所出。

望，綿竹縣。漢屬廣漢郡。故城在縣東。晉屬新都郡，後置晉熙郡。隋開皇初郡廢，爲晉熙縣。十八年改曰孝水，大業三年復曰綿竹〔六〇〕。唐武德三年屬濛州，正觀二年州廢，屬益州，垂拱二年來屬。有紫巖山〔六一〕，綿水所出。孝泉鎮，東漢姜詩所居。詩至孝，母好飲江水，嗜魚膾，舍側忽有涌泉〔六二〕，常出雙鯉。

望，德陽縣。本綿竹縣地。東漢析置，屬廣漢郡。晉因之。後周廢焉。唐武德三年分雒縣復置，屬益州，垂拱二年來屬。魏將鄧艾自江油出綿竹〔六三〕，破蜀將諸葛瞻於此，因築京觀。有鹿頭關，唐高崇文破劉闢守兵於此。有劍閣道三十里，至險。

上〔六四〕，**嘉州**。秦屬蜀郡。二漢屬犍爲郡。晉、宋、齊、梁皆因之。西魏置眉州，取峨眉山爲名〔六五〕。後周改曰青州，取青衣水爲名〔六六〕。後又改曰嘉州，取漢嘉郡爲名。隋大業初置眉山郡。唐武德元年復曰嘉州〔六七〕，天寶元年曰犍爲郡。皇朝因之。今縣五。

上，龍游縣。本漢南安縣，初屬蜀郡。故鄧通在文帝、景帝時，而其傳云蜀郡南安人也。武帝平夜郎，置犍爲郡，乃以南安爲之屬縣焉。東漢以後皆因之。後周置峨眉縣〔六八〕。隋開皇九年改曰青衣。隋軍伐陳，有龍見于江，引舟而進，十年改曰龍游〔六九〕。唐屬嘉州。自西魏以來置眉州、青州、嘉州、眉山郡，皆治此〔七〇〕。漢之青衣，本屬蜀郡，其地於今爲雅之盧山、名山。公孫述據蜀，青衣不賓，光武嘉之，陽嘉二年改曰漢嘉。劉先主因置漢嘉郡，領漢嘉、徙陽、嚴道、旄牛四縣，實今之雅州盧山、名山地也。青衣水出盧山徼外，東南流逕嚴道、洪雅、夾江，至龍游而與岷江合。龍游居青衣水口，有青水山、青衣津，故前世於是置青州、嘉州，不知龍游乃南安故地，非青衣、漢嘉本土也。唐顔師古注漢書彭越傳、杜佑述通典，嘉州事皆以龍游爲青衣，蓋失之矣〔七一〕。平羌鎮，本漢南安縣地。後周置平羌縣及平羌郡。隋開皇初郡廢，屬眉山郡。皇朝熙寧五年省入龍游。有熊耳峽，諸葛忠武鑿山開道，蓋今湖瀼峽云。

上，洪雅縣。後周洪雅鎮。隋開皇十三年置縣，屬眉山郡。唐武德元年置犍州〔七二〕，正觀元年州廢屬眉州。開元七年置義州，并以獠户置南安〔七三〕、平鄉二縣。八年州廢，省二縣，以洪雅屬眉州。皇朝淳化四年來屬。

中，夾江縣。本漢南安縣地。隋開皇三年析龍游、平羌置〔七四〕，屬眉山郡。唐屬嘉州。舊治涇上〔七五〕，武德元年移於今治。

中，峨眉縣。本漢南安縣地〔七六〕。隋開皇十三年置〔七七〕，屬眉山郡。唐屬嘉州。有峨眉山、大渡河。綏山鎮，隋招致生獠，於滎樂城置綏山縣，取旁山以爲名。唐屬嘉州。皇朝乾德四年省入峨眉〔七八〕。

下，犍爲縣。本武陽縣，後周置。隋開皇初改曰犍爲，屬戎州。唐上元元年來屬〔七九〕，其後遂以嘉州爲犍爲郡〔八〇〕。按漢武帝開夜郎，置犍爲郡，因山立名。初治鄨縣，其地蓋在今瀘南徼外〔八一〕，後徙治僰道，今戎州是也。東漢及晉徙治武陽，今眉州彭山是也〔八二〕。始雖因平夜郎以置犍爲，然郡之北境，大半本巴蜀舊縣〔八三〕，如南安、武陽、牛鞞、資中、江陽、僰道是也。而漢史地理志夜郎縣乃屬牂柯郡，則知今嘉州非夜郎故地〔八四〕。夜郎，蓋於今爲珍、播等州。人徒見嘉州號犍爲郡及領犍爲縣〔八五〕，遂以爲本夜郎國。杜佑述通典亦承誤焉。郡之東山有大石雙峙，説者以爲唐蒙開夜郎〔八六〕，立此石闕以表之，抑又妄矣〔八七〕。

上，邛州。秦屬蜀郡。二漢及晉皆因之。宋、齊屬晉康郡〔八八〕。梁置邛州〔八九〕。西魏因之，及置臨邛郡〔九〇〕。隋開皇初郡廢，大業初州廢，屬臨邛郡。唐武德元年置邛州，天寶元年曰臨邛郡。今縣六。

望，臨邛縣。漢、晉屬蜀郡。西魏置臨邛郡。隋開皇初郡廢。唐顯慶二年，邛州自依政徙治焉。漢司馬相如酤酒，令文君當壚〔九一〕，相如滌器於市中，即此。臨溪鎮，本臨邛縣地。西魏分置臨溪縣。隋省之。唐復置，屬邛州。皇朝熙寧五年省入臨邛。

望，依政縣。本臨邛縣地。梁置邛州。西魏因之，及置依政縣。隋大業初州廢。唐初邛州治此，後徙治臨邛。

望，安仁縣。唐武德三年析臨邛、依政置〔九二〕，屬邛州。正觀十七年省，咸亨元年復置。有斜江水。

望，大邑縣。唐咸亨二年析益州之晉原置，屬邛州。有鶴鳴山，後漢張道陵隱居于此，著作符書。有斜江水。

上，蒲江縣。本臨邛縣地。西魏置廣定縣及蒲原郡。隋開皇初郡廢，仁壽初改廣定曰蒲江，屬臨邛郡。唐曰蒲江，屬邛州。有蒲江水。

中，火井縣。本臨邛縣地。後周置火井鎮。隋末升爲縣。唐屬邛州〔九三〕。有火井，舊説云：欲出其火，先以家火投之，須臾隆隆如雷聲，爛然通天，光曜十里。左思蜀都賦云〔九四〕：「火井沉熒於幽泉，高焰飛煽於天垂。」今無復見矣。有邛池，李膺記曰：臨邛老姥得水蛇，飼之，漸長丈餘。後姥爲令所殺，蛇見夢於令曰：「我當報仇！」是夜，四十里俱陷爲湖。按陷池在邛都，今爲化外嶲州，非臨邛也。

校注

〔一〕宋會要方域七之一：「成都府路，乾德三年（併）〔平〕兩川併爲西川路，開寶四年分峽路，咸平四年分益、梓、利、夔四路，嘉祐四年以益州路爲成都府路。」

〔二〕伯雍：寰宇記卷七二作「柏灌」。

〔三〕元和志卷三一作「五丁伐蜀」。

〔四〕學官：四庫本作「學宫」。

〔五〕尉遲迥克而有之：「尉遲迥」原作「尉遲迴」，據梁書、後周書、通鑑諸書改。又「克而有之」，聚珍本作「伐取之」。

〔六〕四年：宋史卷八九作「五年」。

〔七〕宋會要方域五之六、七之一：「唐成都府、劍南西川節度，太平興國六年降爲益州，端拱元年復成都府、劍南西川節度。淳化五年降爲益州，嘉祐六年復爲劍南西川節度。」

〔八〕晉：聚珍本脱。

〔九〕下：札記卷下：「宋本『下』是也，此用水經江水注文，元和志同。周校作『上』，誤，朱校不誤。」

〔一〇〕李冰：札記卷下：「『冰』，宋本壞作『水』，據周校訂正，此水經注文，朱校不誤。」

〔一一〕武擔山：原作「武檐山」，據元和志卷三一改。下同。

〔一二〕武都山：四庫本作「武擔山」。

〔一三〕石照：聚珍本作「石鏡」。

〔一四〕四庫本「府」字後有「城」字。

〔一五〕正觀十七年：通典卷一七六以爲貞元中析置蜀縣，寰宇記卷七二作「貞觀十年」。

〔一六〕常璩：原作「常據」，據四庫本、聚珍本改。

〔一七〕謂：原作「誦」，據四庫本、聚珍本改。

〔一八〕後人作石室以奉祠之：四庫本「後」作「校」，聚珍本「祠」作「祀」。

〔一九〕築：四庫本作「作」。

〔二〇〕二年：元和志卷三一、寰宇記卷七二作「三年」。

〔二一〕宋會要方域七之一：「廣都縣，熙寧五年廢陵州，以貴平、籍縣地益入焉。」

〔二二〕久視：四庫本作「貞觀」。
〔二三〕宋會要方域七之一：「眉州，至道二年陞防禦。」
〔二四〕元年：四庫本作「二年」。
〔二五〕陵州：元和志卷三二作「益州」。
〔二六〕先天元年：寰宇記卷七四作「貞觀二十年」。
〔二七〕齊樂縣：元和志卷三二作「齊樂郡」。
〔二八〕後周因之：元和志卷三二作後周置齊樂縣。
〔二九〕望：九域志卷七、宋史卷八八作「緊」。
〔三〇〕緊：四庫本作「望」。按九域志卷七、宋史卷八九作「緊」。
〔三一〕晉原：宋史卷八八作「晉源」。
〔三二〕江原郡：元和志卷三一作「漢原郡」。
〔三三〕僰道縣：札記卷下：「『道』，宋本作『通』，蓋形近而誤。周校、朱校並同，今訂正，此本寰宇記。」
〔三四〕二年：元和志卷三一、寰宇記卷七五作「元年」。
〔三五〕緊：四庫本作「望」。按九域志卷七、宋史卷八九作「緊」。
〔三六〕後周：元和志卷三一作「後魏」。
〔三七〕後周：元和志卷三一作「後魏」。

〔三八〕宋會要方域七之一：「堋口縣，熙寧二年置，四年廢爲鎮，隸九隴縣。」方域一二之一六：「彭州九隴縣堋口鎮，熙寧三年以九隴縣堋口鎮爲縣。」

〔三九〕二年：寰宇記卷七三作「三年」。

〔四〇〕宋史卷八九作「崇寧元年改」。

〔四一〕什邡：札記卷下：「宋本『什邡』，周校『汁方』。案漢志同周。此自用唐志文。周校誤，朱校不誤。」

〔四二〕二年：舊唐書卷四一作「三年」。

〔四三〕元和志卷三三：「後魏改爲巴中縣，隋開皇元年避廟諱，改爲巴西縣。」寰宇記卷八三：「西魏分涪縣別置巴中縣，隋改涪縣曰巴西，而以巴中縣省入。」

〔四四〕容齋續筆卷八：「予案當塗所刊太白集，其首載新墓碑，宣、歙、池等州觀察使范傳正撰，凡千五百餘字，但云：『自國朝已來，編於屬籍，神龍初，自碎葉還廣漢，因僑爲郡人。』……歐陽忞輿地廣記云：『彰明有李白碑，白生於此縣』蓋亦傳説之誤，當以范碑爲正。」

〔四五〕孱亭縣：四庫本作「潺亭縣」。

〔四六〕十六年：隋書卷二九、元和志卷三三、寰宇記卷八三作「六年」。

〔四七〕宋會要方域七之三：「安昌縣、神泉縣，政和七年自綿州來隸〔石泉軍〕。宣和三年以知軍爲軍使，依舊還隸焉。」

〔四八〕三年：寰宇記卷八三作「元年」。

〔四九〕四年：元和志卷三三作「三年」。

〔五〇〕宋會要方域一二之一六：「綿州龍安縣西昌鎮，熙寧三年廢縣置。」紀勝卷一五二石泉軍：「國朝政和七年隸石泉軍。圖經云：宣和二年改曰安昌，紹興元年改今名。」

〔五一〕三年：寰宇記卷八三作「二年」。

〔五二〕下：四庫本作「中」。按九域志卷七作「下」。紀勝卷一五二石泉軍引輿地廣記：「石泉軍，同下州。」

〔五三〕廣柔縣：元和志卷三二作「汶江縣」。

〔五四〕宋會要方域七之一：「重和元年十二月七日，詔改石泉縣爲軍，以永康、龍安、神泉隸焉。知軍及寨堡官吏，委知成都府孫羲叟辟置聞奏。七年二月六日，詔成都府路石泉縣依舊爲軍，差武臣知軍。」方域七之三：「石泉軍，政和七年以縣陞爲軍。宣和二年以知軍爲軍使。宣和七年復爲軍。」紀勝卷一五二石泉軍：「政和八年置石泉軍，以縣爲名。」

〔五五〕通典卷一七六以爲宋、齊爲廣漢郡。

〔五六〕什邡：漢書卷二八上作「汁方」。札記卷下：「宋本『什邡』是也，寰宇記、九域志可證。周校作『汁方』，誤。下同。」

〔五七〕方寧：元和志卷三一、寰宇記卷七三作「方亭」。

〔五八〕二年：元和志卷三一作「三年」。

〔五九〕元和志卷三一：「垂拱二年割入漢州。」

〔六〇〕三年：隋書卷二九、元和志卷三一作「二年」。

〔六一〕札記卷下：「宋本『巖』是也，此句與下句並漢志文，九域志同。周校作『嚴』，誤。」

〔六二〕涌泉：四庫本、聚珍本作「酒泉」。札記卷下：「『涌』，宋本作『酒』，蓋形近而訛，周校、朱校同，今訂正，此用范史列女傳文。」

〔六三〕江油：原作「油江」，據叢書集成本乙正。

〔六四〕九域志卷七：「皇朝乾德元年爲上州。」

〔六五〕寰宇記卷七四云：後魏道武於此立眉州，尋改青州，末年分平羌等縣立嘉州。按紀勝卷一四六嘉定府：「象之謹按：魏道武在晉時立國於代北，足跡未嘗至蜀，豈能於蜀遥立郡縣？其説不可據，今不取。」

〔六六〕元和志卷三一云：梁武帝時，「武陵王蕭紀開通外徼，立青州，遥取漢青衣縣以爲名也」。

〔六七〕元年：元和志卷三一作「二年」。

〔六八〕元和志卷三一：「隋開皇三年改爲峨眉縣。」寰宇記卷七四云後周置平羌縣。

〔六九〕十年：元和志卷三一、寰宇記卷七四作「十三年」。

〔七〇〕宋會要方域七之一：「嘉祥縣，舊龍遊縣，宣和元年改。」又：「龍遊縣，宣和元年改爲嘉祥，紹興元年依舊。」

〔七一〕失：札記卷下：「宋本誤『矣』，形近，據周校訂正。」

〔七二〕元年：舊唐書卷四一作「九年」。

〔七三〕并：四庫本作「半」。札記卷下：「宋本壞作『羊』，據周校訂正，此唐志文，朱校不誤。」紀勝卷一四六嘉定府引輿地廣記亦作「并」。

〔七四〕三年：元和志卷三一作「十三年」，寰宇記卷七四作「十二年」。

〔七五〕涇上：寰宇記卷七四作「溼上」。

〔七六〕南安縣：原作「南縣」，據元和志卷三一改。

〔七七〕十三年：寰宇記卷七四作「九年」。

〔七八〕宋會要方域一二之一六：「嘉州峨眉縣綏山鎮、羅（國）〔目〕鎮……並乾德四年廢縣置。」

〔七九〕元年：元和志卷三一作「二年」。

〔八〇〕宋會要方域七之一：「犍爲縣，大中祥符四年徙治懲非鎮。」

〔八一〕紀勝卷一四六嘉定府：「輿地廣記云：『犍爲郡初置（鱉）〔鼈〕縣，蓋在今瀘州南徼之外。』以象之考之，兩漢志及晉志夜郎（鱉）〔鼈〕縣皆屬牂柯郡，而沈約宋志夜郎屬夜郎郡，（鱉）〔鼈〕縣屬平蠻郡，皆晉永嘉中所置，屬于寧州，則夜郎（鱉）〔鼈〕縣非嘉定也。」

〔八二〕紀勝卷一四六嘉定府：「輿地廣記又云：後周徙治新津，最後徙治南安，即今之龍游。蓋犍爲之地爲夷所侵，則徙入內地以避之，則夜郎故邑乃今南徼之外羈縻等州耳。」

〔八三〕四庫本「大半」前有「本」字，聚珍本有「亦」字。

〔八四〕地：原作「也」，據四庫本、聚珍本、紀勝卷一四六嘉定府引輿地廣記及藏園群書題記卷四校宋江州刊淳祐重修本輿地廣記殘卷跋改。

〔八五〕徙：四庫本作「徙」。札記卷下：「宋本『徙』是也，周校作『徙』，誤，朱校不誤。」按紀勝卷一四六嘉定府引輿地廣記作「徙」。

〔八六〕唐蒙：札記卷下：「『蒙』，宋壞作『家』，據周校訂正，事見史記、漢書，朱校不誤。」

〔八七〕宋會要方域一二之一六：「犍爲（鎮）〔縣〕玉津鎮，並乾德四年廢縣置。」

〔八八〕元和志卷三一以爲宋、齊「總屬益州」。

〔八九〕梁：通典卷一七六作「西魏」。

〔九〇〕通典卷一七六以爲後周置臨邛郡。

〔九一〕令文君當壚：聚珍本「壚」作「爐」。札記卷下：「宋本『文』。周校云『重修本又』，誤，朱校不誤。」

〔九二〕三年：元和志卷三一作「二年」。

〔九三〕宋會要方域七之一：「邛州火井縣，開寶三年徙治平樂鎮。」宋史卷八九：「至道三年復舊。」

〔九四〕左思：札記卷下：「宋本『左』，周校云『重修本誤至』，朱校不誤。」

輿地廣記卷第三十

成都府路下

上〔一〕，黎州。漢屬蜀、越嶲二郡〔二〕。晉時李特據蜀，置漢源郡。後周置黎州。隋仁壽初置登州〔三〕，大業初州廢。唐武德元年復置〔四〕，九年又廢。大足元年置黎州，神龍三年州廢，開元四年復置〔五〕，天寶元年曰洪源郡，後曰漢源郡。今縣一。

下，漢源縣。本嚴道縣地。李特置漢源郡。桓温平蜀，廢之。隋大業初置漢源縣〔六〕，屬臨邛郡。唐武德四年置登州〔七〕，九年州廢，屬雅州，正觀二年屬嶲州〔八〕，永徽三年復故。大足元年置黎州〔九〕，取古沉黎郡爲名。有邛崍九折坂，漢王陽爲益州刺史，行部至此，嘆曰：「奉先人遺體，奈何數乘此險？」後王尊爲刺史，至坂，叱其馭曰：「驅之！王陽爲孝子，王尊爲忠臣。」漢源鎮，本縣所治，後徙治於州郭，而以故縣爲鎮。通望鎮，本陽山縣。唐武德元年析嶲州之臺登置，屬登州〔一〇〕。九年州廢，屬雅州。正觀二年屬嶲州，大足元年屬黎州，天寶元年改曰通望。皇朝慶曆七年省入漢源〔一一〕。故飛越縣，唐儀鳳二年析漢源置〔一二〕，以飛越山爲名，初屬雅州，後屬黎州。五代之際，省入漢源。按沉黎郡，本莋都地。漢武帝開之，置郡，既而罷之。李特據蜀，復置沉黎郡。桓温平蜀，廢。宋、齊以來復置。後周置黎州及沉黎郡，尋並廢。隋開皇初置沉黎縣，仁壽初置登州。大業初州廢，後縣亦省。其地在今化外巂州之域，所謂古沉黎城是也。

上〔一三〕，雅州。秦屬蜀郡。西漢因之。東漢爲蜀郡屬國。劉備置漢嘉郡〔一四〕。晉因之。永嘉後亂離，此地蕪廢。西魏開生獠，置蒙山郡。隋初郡廢，置雅州。煬帝初州廢，置臨邛郡。唐復曰雅州，天寶元年曰盧山郡。今縣五。

中，嚴道縣。漢屬蜀郡。漢制：縣有蠻夷曰道。晉屬漢嘉郡。西魏置始陽縣及蒙山郡。隋開皇初郡廢，十三年改始陽曰蒙山，尋置雅州。大業初置臨邛郡，改蒙山縣曰嚴道〔一五〕。唐復曰雅州。有蔡山，禹貢所謂「蔡、蒙旅平」是也，今曰周公山〔一六〕。始陽鎮，本漢徙縣，屬蜀郡。晉曰徙陽，屬漢嘉郡。西魏曰始陽。唐以爲鎮。

上，盧山縣〔一七〕。本漢青衣縣地，屬蜀郡。隋置盧山鎮，仁壽末升爲縣，屬臨邛郡。唐屬雅州，儀鳳二年析置大渡縣，長安二年省〔一八〕。靈關寨〔一九〕，本漢靈關道，屬越巂郡，後廢。唐初置靈關縣，武德六年省〔二〇〕。晉左思蜀都賦云「廓靈關而爲門」，謂此也。

中，名山縣。本漢青衣縣地。西魏置蒙山縣。隋開皇十三年改始陽曰蒙山，而改蒙山曰名山，屬臨邛郡。唐屬雅州。漢彭越徙蜀青衣，蓋在此也。有禹貢蒙山。

中，百丈縣〔二二〕。唐武德中置百丈鎮，正觀八年升爲縣，屬雅州〔二三〕。有百丈山。

中下〔二三〕，榮經縣。本嚴道縣地。晉屬漢嘉郡。唐武德三年置榮經縣〔二四〕，屬雅州。有邛崍山，漢淮南厲王徙嚴道邛郵，即此。有故銅山，漢文帝賜鄧通嚴道銅山，得自鑄錢，蓋此山也。

上〔二五〕，茂州。本冉駹國。漢武帝開其地，置文山郡。尋罷，屬蜀郡。東漢靈帝時復置汶山郡〔二六〕。晉、宋、齊皆因之。梁置繩州及北部郡。後周改繩州曰汶州。隋初郡廢，改汶州爲蜀州，尋改曰會州。大業初州廢，復置汶山郡。唐武德元年復曰會州〔二七〕，四年曰南會州〔二八〕。正觀八年更名茂州，取茂濕山爲名〔二九〕，天寶元年曰通化郡。今縣二。

下，汶山縣。本漢汶江、湔氐二縣地〔三〇〕，文山郡治焉。故城在今縣北二里。郡罷，屬蜀郡，後復置汶山郡及汶山縣。晉因之。宋曰廣陽縣。梁置北部郡。開皇初郡廢，屬會州，仁壽元年復改廣陽曰汶山。唐置茂州。禹貢岷山，在西北，俗謂之鐵豹嶺，禹之導江，發跡於此。河圖括地象曰：「岷山之精，上爲井絡〔三一〕。帝以會昌，神以建福。」故泉流深遠，爲四瀆之首。

下，汶川縣。本漢綿虒、廣柔二縣地，初屬汶山郡，尋屬蜀郡。晉屬汶山郡。後周置汶川縣及汶山郡〔三三〕。隋開皇初郡廢，屬會州。唐屬茂州。皇朝熙寧九年，即縣治置威戎軍使。有玉壘山，與導江相連，湔水所出。

下，簡州。秦屬蜀郡。漢屬犍爲郡〔三三〕。東漢及晉皆因之。宋、齊屬蜀郡〔三四〕。西魏置資州及武康郡。後周移州治資中〔三五〕。隋置簡州〔三六〕，以賴簡池爲名。煬帝初州廢，併其地入蜀郡。唐武德三年復置簡州，天寶元年曰陽安郡。今縣二。

上，陽安縣。本漢牛鞞縣，屬犍爲郡。東漢及晉皆因之。西魏改牛鞞爲陽安，置武康郡。隋開皇初郡廢。仁壽初置簡州，大業初州廢。唐復置〔三七〕。

中，平泉縣。本漢牛鞞縣地。西魏置婆閏縣。隋開皇十八年更名〔三八〕，屬蜀郡。唐屬簡州。貴平鎮，本漢廣都縣地。西魏置貴平縣及和仁郡。隋開皇初郡廢，屬陵州。唐因之。皇朝熙寧五年省入平泉〔三九〕。

下，威州。蓋古冉駹國。漢武帝開之，屬文山郡。蜀劉禪時，姜維、馬忠等討汶山叛羌，即此地也。唐武德七年白狗羌降附〔四〇〕，乃於姜維故城置維州，領金山〔四一〕、定廉二縣。正觀元年羌叛，州、縣俱罷。二年復立維州，移治於姜維城東。麟德二年自羈縻州爲正州，天寶元年曰維川郡，廣德元年没吐蕃〔四二〕。初吐蕃已陷河西、隴右，更欲圖蜀川，累攻維州不下，乃以婦人嫁維州門者，二十年中生二子。及蕃兵攻城，二子内應，城遂陷。吐蕃得之，號無憂城。韋皋在蜀，收復不克。大和中，守將悉怛謀以州歸唐，李德裕受之，而爲牛僧孺所沮，復棄其地。大中三年，杜悰鎮蜀〔四三〕，吐蕃亂離，首領内附，乃復屬西川。皇朝景祐三年，以京遞發濰州斷獄文書誤至維州，因改曰威州，謂唐置此州，以威制羌戎故也。

今縣二。

下，保寧縣。本薛城。隋初蜀師討叛羌，以其地置薛城戍，大業末没於羌。唐武德元年置維州〔四四〕，正觀二年自姜維故城徙州治此〔四五〕，及置薛城縣，後改曰保寧。有沱水，自羈縻悉州流出，東逕保寧，又東逕春祺〔四六〕，又東逕通化，又東逕嘉會，又東至汶州，與大江合。

下，通化縣。本漢廣柔縣地〔四七〕。隋開皇初置金川縣〔四八〕，仁壽初改曰通化〔四九〕，屬汶山郡，後廢焉。唐咸亨二年以生羌户置小封縣，後復改曰通化，屬茂州，後屬維州。皇朝天聖元年改曰金川，景祐四年復舊。治平三年，即縣治置通化軍使，縣在保、霸二州之間〔五〇〕。

下〔五一〕，**祺州**。唐開元二十八年，以維州之定廉縣置奉州及雲山郡。天寶八年徙治天保軍〔五二〕，更郡名曰天保郡，廣德元年没吐蕃。乾元元年，嗣歸誠王董嘉俊以州來歸，更州名保州，以嘉俊爲刺史，又更曰古州，其後復曰保州。領縣四。曰定廉，本隋定廉鎮，後没於羌。武德七年招白狗羌置〔五三〕；曰歸順，曰雲山，皆天寶八年析定廉置；曰安居，没蕃後〔五四〕，縣皆廢，唯首領董氏世襲刺史，羈縻於威州。皇朝政和四年刺史董氏入朝，以其地置祺州〔五五〕。今縣一。

下〔五六〕，春祺縣。本定廉縣地。皇朝政和四年置〔五七〕。

亨州。漢爲廣柔縣地，屬蜀郡。晉屬汶山郡。唐天寶元年招附生羌，置霸州及静戎郡。領縣四：曰安信，曰牙利，曰保寧，曰歸化。廣德元年没吐蕃後，縣皆廢。首領董氏歸附，世襲刺史，羈縻於威州。皇朝政和四年刺史董氏入朝，以其地置亨州〔五八〕。今縣一。

下〔五九〕，嘉會縣。本信安縣地。皇朝政和四年置〔六〇〕舊保、霸二州，在威州之裏，名爲羈縻，而據吾腹脅，不與它等，雖受爵命，而猶以蕃夷自待，恭順之心未能純壹，往往多幸生羌擾攘，藉己與之和好，因挾以自重，而邀厚賞。近緣二酋挈籍自獻，於是有詔令建築郡邑，置吏以治之，無亡矢遺鏃之費，而土爲王土，民爲王民，自茂如威，不涉異域，有久逸永寧之道焉。

同下州，永康軍。自秦至隋屬蜀郡。唐屬彭、蜀二州。皇朝乾德四年置永康軍〔六一〕，治導江之灌口鎮。熙寧五年軍廢，元祐初復置〔六二〕。今縣二。

望，導江縣。本漢郫、綿虒二縣地，屬蜀郡。蜀置都安縣，屬汶山郡。後周改都安曰汶山。隋改廣陽曰汶山，在茂州郭下，而此縣廢。舊治灌口，唐武德元年以其地置盤龍縣，尋更名曰導江，移於今治，屬益州，三年屬濛州。正觀元年州廢，屬益州，後改曰灌寧〔六三〕。垂拱二年屬彭州，開元中復爲導江。皇朝乾德四年來屬，而以灌口爲軍治。熙寧五年軍廢，復屬彭州〔六四〕，元祐初來屬〔六五〕。有玉壘山，與汶州相連，左思蜀都賦所謂「包玉壘而爲宇」是也。有蠶崖關，以扼西山之走集。秦時蜀守李冰作大堰於江，以溉諸縣，作三石人於白沙郵立水中〔六六〕，刻字爲約曰〔六七〕：「水竭不至足，盛不没腰。」是以蜀人不知饑饉，沃野千里，世號陸海。有廣濟王廟，所以祠冰也〔六八〕。

望，青城縣。本漢江源縣地，後置齊基郡。後周郡廢，改曰清城縣。隋屬蜀郡。唐垂拱二年屬蜀州，開元十八年去水作青城。皇朝乾德四年來屬。熙寧五年軍廢，復屬蜀州，元祐初來屬〔六九〕。有青城山。

同下州，仙井監。秦屬蜀郡。二漢屬犍爲郡〔七〇〕。晉及宋、齊皆因之。梁置懷仁郡。後周置陵州〔七一〕，取陵井爲名。隋置隆山郡。唐武德元年復爲陵州，天寶元年曰仁壽郡。皇朝熙寧五年廢爲陵井監，政和三年改爲仙井〔七二〕。今縣二。

望，仁壽縣。漢武陽縣地。晉置西城戍，以爲鹽井之防。梁置懷仁郡。西魏改西城戍置普寧縣。隋開皇初郡廢，十八年改普寧爲仁壽縣，大業初置隆山郡。唐爲陵州〔七三〕。有陵井，東漢張道陵所開。有毒龍藏井中，及鹽神玉女十二爲祟，天師以道力驅出毒龍〔七四〕，禁玉女於井下，然後人獲鹹泉之利。皇朝不欲斥天師名，故改陵井爲仙井。有天師廟，今爲至道觀。有玉女祠，今號靈真夫人〔七五〕。

中下，井研縣。漢武陽縣地。東漢置西陽郡〔七六〕。西魏置蒲亭縣。隋改爲井研〔七七〕，屬隆山郡。唐屬陵州。始建鎮，隋開皇十一年置縣〔七八〕，隸隆山郡〔七九〕。唐屬陵州。皇朝咸平四年省入井研。

成都府路化外州

下都督府，松州。本諸羌之地。後周置扶州及龍涸郡。隋隸同昌〔八〇〕、汶山二郡。唐武德元年置松州，以地産甘松爲名，天寶元年曰交川郡〔八一〕。東至扶州，南至翼州，西北接吐蕃。領縣四〔八二〕。

下，嘉誠縣。後魏時白水羌豪舒治據此地〔八三〕。其子舒彭遣使朝貢，乃封爲甘松縣子，始置甘松縣。魏亂，又絶。後周復招慰之，天和六年置扶州，領龍涸郡。隋開皇三年郡廢〔八四〕，而州徙治于同昌，改甘松縣爲嘉誠〔八五〕，屬同昌郡。唐置松州。有甘松嶺，江水之所發源也。

下，交川縣。隋開皇初置，屬汶山郡。唐武德元年來屬。

下，平唐縣。唐垂拱元年析交川及當州之通軌〔八六〕、翼針置，屬當州，天寶元年來屬。

下，鹽泉縣。

下，當州。本諸羌之地。後周置覃州及覃川〔八七〕、榮鄉二郡。隋開皇初郡廢，四年州廢，屬汶山郡。唐正觀二十一年析松州置當州，以地産當歸爲名，天寶元年曰江源郡。東至翼州，南至翼水縣，東北至松州，西北接生羌。領縣三。

中下，通軌縣。後周置。隋屬汶山郡。唐屬松州。正觀中，羌酋董和那蓬固守松州有功，於是析松州之通軌置當州〔八八〕，以和那蓬爲刺史，後其子屈寧襲焉。

下，利和縣。顯慶二年析通軌置。

下，谷和縣〔八九〕。文明元年開生羌置。

下，悉州。本生羌之地。後周置廣年、左封二郡。隋開皇初並廢，屬汶山郡。唐顯慶元年析當州置悉州〔九〇〕，以悉唐川爲名，天寶元年曰歸誠郡。東南至翼州，西北至當州。領縣二。

中，左封縣。本廣年〔九一〕，後周置。隋仁壽初改曰左封〔九二〕，屬汶山郡。唐武德元年屬翼州，正觀二十一年屬當州。顯慶元年，生羌首領董係北射内附〔九三〕，乃以左封置悉州，并置悉唐、識臼二縣〔九四〕，治悉唐，以係北射爲刺史。咸亨二年徙治左封，而以悉唐置静州。

下，歸誠縣。垂拱二年析左封置〔九五〕。

下，静州。本諸羌之地。唐置悉州，後州徙焉。儀鳳二年置南和州，天授二年改爲静州〔九六〕，天寶元年曰静川郡。東至悉州，南至威州，西至平戎城，北至當州。領縣三。

中，悉唐縣。唐顯慶元年置，爲悉州治焉。咸亨元年悉州徙治左封，而以悉唐置翼州都督府。儀鳳元年翼州還治翼針，乃於悉唐置南和州，後改曰静州。

中，静居縣。有静川，州、縣所以取名也。

下，清道縣。

下，恭州。本諸羌之地。唐爲廣平縣，屬静州。開元二十四年分置恭州，天寶元年曰恭化郡。東至柘州，南至威州，北至吐蕃白崖鎮〔九七〕。領縣三。

下，和集縣。本廣平縣，屬静州。開元二十四年置恭州，天寶元年改曰和集。

下，博恭縣。開元二十四年析廣平置。

下，烈山縣。開元二十四年析廣平置。

下，柘州〔九八〕。本諸羌之地。唐顯慶三年開置〔九九〕，天寶元年曰蓬山郡。東至静州，南至威州，北至恭州松嶺鎮。領縣二〔一〇〇〕。

下，柘縣。

下，喬珠縣。

下，翼州。本漢蠶陵縣地，屬文山郡。郡廢，屬蜀郡。晉復屬汶山郡。後周置翼針縣及翼針郡。隋開皇初郡廢，屬會州，後屬汶山郡。唐武德元年析置翼州，天寶元年曰臨翼郡。東至石泉縣，南至茂州，西至悉州，北至松州。領縣三。

下，衛山縣。本翼針，天寶元年更名。

下，翼水縣。後周置，曰龍求，及置清江郡。隋開皇初郡廢，改縣曰清江，十八年又改曰翼水。漢蠶陵縣故城，在今縣西。

下，峨和縣。

下，真州。本隋翼水縣地。唐屬翼州，天寶五載析置昭德郡，乾元元年改曰真州。領縣四。

中下，真符縣。天寶五載〔一〇一〕，析雞川、昭德二縣置，以爲州治。

中下，雞川縣〔一〇二〕。先天元年析翼水縣開生獠置，屬悉州。天寶元年屬翼州，五載來屬。

下，昭德縣。本識臼縣〔一〇三〕，顯慶元年開生獠置，屬悉州。天寶元年屬翼州，改曰昭德，五載來屬。

中下，昭遠縣。

下，乾州。本諸羌之地。唐大曆三年開西山置。領縣二。

下，招武縣〔一〇四〕。

下，寧遠縣。

下，姚州。本南夷，故滇池國。漢武帝開之，置益州郡。東漢分益州置永昌郡。蜀劉氏分永昌置建寧郡，又分永昌、建寧置雲南郡。晉及宋、齊皆因之，兼置寧州。西魏、周、隋不能遠有。唐武德四年，安撫大使李英奏置姚州於漢之雲南故地，以此州内人多姚姓〔一〇五〕，因以爲名。麟德元年，徙州治於弄棟川雲南郡。後南詔蠻閤羅鳳舉攻殺雲南太守張虔陀，自是姚州没於南詔。自嶲州南至西瀘〔一〇六〕，經陽蓬、鹿谷、菁口、會川，四百五十里至瀘州。乃南渡瀘水，經哀州、微州，三百五十里至姚州，州西距南詔羊苴咩城三百里。領縣三。

下，姚城縣。故漢弄棟縣地。

下，瀘南縣。本長城，垂拱元年置，天寶初更名。

下，長明縣。

中都督府，嶲州。本南夷，故邛都國。漢武帝開之，置越嶲郡〔一〇七〕。東漢、晉、宋皆因之。後周置嚴州。隋開皇六年改曰西寧州〔一〇八〕，十八年又改曰嶲州〔一〇九〕。大業初復置越嶲郡。唐武德元年改曰嶲州。至德二載没吐蕃，正元十三年節度使韋皋以兵收復之〔一一〇〕。本治越嶲縣，大和五年爲蠻寇所破，六年李德裕徙州治臺登縣。南至姚州，北至黎州。領縣九。

中，臺登縣。漢屬越嶲郡，有孫水，司馬相如檄文所謂「梁孫源」是也。晉因之。一名白沙江，後周置白沙郡。隋開皇初郡廢，屬越嶲郡。唐爲郡治。

中，越嶲縣。本漢邛都縣地〔一一一〕，爲越嶲郡治焉，後置越嶲縣。

中，邛部縣〔一一二〕。本漢蘭縣，屬越嶲郡〔一一三〕。後周置邛部縣及邛部郡〔一一四〕。隋開皇初郡廢來屬。

中，蘇祈縣〔一一五〕。本漢蘇示縣〔一一六〕，屬越嶲郡。後周平南夷，於故城復置，及置亮善郡。隋開皇初郡廢，來屬。

中，西瀘縣。本邛都縣地。梁置可泉縣及宣化郡。隋開皇初郡廢，來屬。唐天寶元年，改可泉曰西瀘。

中，昆明縣。本漢定莋縣，屬越巂郡。後周置定莋鎮。唐武德二年改爲昆明縣。昆明在巂之西南，今羈縻南寧州諸爨所居是也。

中，和集縣。唐正觀八年置。

中，昌明縣。唐正觀二十二年開松外蠻，置牢州及松外、尋聲、林開三縣。永徽三年州廢，省三縣入昌明。

中，會川縣。本邛都縣〔一一七〕。唐上元二年徙治會川，因更名。有瀘津關，瀘水出曲羅，東下三百里始曰瀘水。兩峰有殺氣，暑月舊不行，故諸葛亮表言「五月渡瀘，深入不毛」也。其水下合繩水、若水、孫水、淹水，逕馬湖〔一一八〕，總曰馬湖江，東北至叙州與岷江合。

校　注

〔一〕九域志卷七：「皇朝乾德元年爲上州。」

〔二〕通典卷一七六、元和志卷三二、寰宇記卷七七以爲漢屬沉黎郡。

〔三〕登州：四庫本、聚珍本作「金州」。

〔四〕元和志卷三二：「武德元年罷鎮爲南登州。」

〔五〕四年：元和志卷三二、寰宇記卷七七作「三年」。

〔六〕元和志卷三二、寰宇記卷七七置漢源縣在「仁壽四年」。

〔七〕四年：新唐書卷四二作「元年」。

〔八〕二年：元和志卷三二作「三年」。

〔九〕元和志卷三二：「開元三年分屬黎州。」

〔一〇〕登州：元和志卷三二作「嶲州」。

〔一一〕七年：宋史卷八九作「六年」。

〔一二〕二年：舊唐書卷四一、寰宇記卷七七作「四年」。

〔一三〕九域志卷七：「皇朝乾德元年爲上州。」宋會要方域七之二：「乾德二年爲上州。」

〔一四〕通典卷一七六以爲晉初置漢嘉郡。

〔一五〕元和志卷三二：「改始陽曰嚴道縣。」

〔一六〕禹貢錐指卷九：「閻百詩云：蔡山，班志、酈注並闕。唐孔穎達、司馬貞並言不知所在。而宋政和中歐陽忞出，曰蔡山在嚴道縣，可信乎？及遍考隋、唐地理志、元和志、通典、寰宇記、九域志，嚴道無所謂蔡山也。」

〔一七〕盧山縣：原作「盧江縣」，據聚珍本及隋書卷二九、舊唐書卷四一、新唐書卷四二、紀勝卷一四七雅州改。

〔一八〕長安：札記卷下：「宋本『長』是也，此唐志文。周校作『是』，誤，朱校不誤。」

〔一九〕靈關寨：札記卷下：「宋本『關』是也，下文『靈關道』、『靈關縣』及蜀都賦皆其證。周校作『開』，與九域志同，誤，朱校不誤。」

〔二〇〕六年：紀勝卷一四七雅州引輿地廣記作「二年」。

〔二一〕百丈縣：札記卷下：「『丈』，宋本壞作『文』，據周校訂正。元和志云：『城東有百丈穴，故以爲名。』其證矣，朱校不誤。」

〔二二〕宋會要方域七之二：「雅州百丈縣，熙寧五年廢爲鎮，隸名山縣，今復爲縣。」宋史卷八九：「元祐二年復。」

〔二三〕中下：四庫本作「中上」。

〔二四〕三年：寰宇記卷七七作「二年」。

〔二五〕九域志卷七：「皇朝乾德元年爲上州。」紀勝卷一四九茂州引國朝會要在乾德三年。

〔二六〕靈帝：紀勝卷一四九茂州引東漢志作「安帝」。

〔二七〕元年：紀勝卷一四九茂州引舊唐志作「三年」。

〔二八〕四年：元和志卷三二作「三年」。

〔二九〕茂濕山：元和志卷三二作「茂滋山」。

〔三〇〕湔氐二縣：「二縣」原作「三縣」，據紀勝卷一四九茂州、詩集傳名物鈔卷一引輿地廣記改。札記卷下：「宋本『氐』是也。周校作『氏』，誤，朱校不誤。『三縣』當作『二縣』。」

〔三一〕井絡：札記卷下：「『絡』，宋本壞作『終』，據周校訂正，引見水經江水注，朱校不誤。」

〔三二〕元和志卷三二：「梁於此置汶川縣。」

〔三三〕漢屬犍爲郡：四庫本「屬」作「爲」。按通典卷一七五以爲漢屬犍爲、廣漢二郡，寰宇記卷七六以爲漢屬益州。

〔三四〕通典卷一七五云：宋、齊屬蜀、廣漢二郡。

〔三五〕通典卷一七五、寰宇記卷七六及紀勝卷一四五簡州引簡池志云：後周明帝移資州於資陽縣。

〔三六〕舊唐書卷四一云：後魏置陽安縣，又分陽安、平泉、資陽三縣置簡州。

〔三七〕紀勝卷一四五簡州引輿地廣記：「隋仁壽三年於此置簡州，大業二年省入蜀郡。武德三年置簡州，縣隸焉。」

〔三八〕十八：聚珍本作「十一」。

〔三九〕九域志卷七：熙寧五年，「以貴平、籍縣爲鎮入廣都」。紀勝卷一五〇隆州引國朝會要：「熙寧五年改州爲監，縣廢爲鎮，附井研縣。至乾道六年復爲縣，隸隆州。」

〔四〇〕七年：元和志卷三二作「四年」。紀勝卷一四八威州：「象之謹按：通鑑武德七年十二月丙申，以白狗等羌地置維、恭二州。當從通鑑。」

〔四一〕金山：舊唐書卷四一、新唐書卷四二、紀勝卷一四八威州作「金川」。

〔四二〕廣德元年：元和志卷三二作「乾元元年」。按紀勝卷一四八威州：「舊唐志云：肅宗上元之後，河西、隴右州縣皆陷吐蕃。贊普更欲圖蜀川，累急攻維州不下，乃以婦人嫁維州門子者，二十年中生二子。及吐蕃兵攻城，二子内應，城遂陷。吐蕃得之，號無憂城。則是吐蕃經營於肅宗上元之時，至代宗廣德年間始得維州之城也。而通鑑於代宗廣德二年書曰吐蕃陷松、維、保州。今當以通鑑年月爲正。茂州圖經云：廣德二年吐蕃取隴右，西川節度高適出兵西山，牽制無功，遂亡松、維二州，亦載於廣德二年。」

〔四三〕杜悰：紀勝卷一四八威州作「杜琮」。

〔四四〕元年：舊唐書卷四一、新唐書卷四二、紀勝卷一四八威州作「七年」。

〔四五〕自：聚珍本作「曰」。

〔四六〕春祺：原作「祺春」，下文有「春祺縣」，據改。

〔四七〕地：聚珍本作「屬」。

〔四八〕金川縣：札記卷下：「宋本『川』是也，此本隋志。周校云『重修本作州』，誤，朱校不誤。」

〔四九〕元和志卷三二：「〔開皇〕十八年改爲通化。」

〔五〇〕宋史卷八九：「通化軍，熙寧間所建，在保、霸二州之間。政和三年董舜咨納土，因舊名重築軍城。宣和三年省軍使爲監押，隸威州。」

〔五一〕下：原無，據聚珍本補。

〔五二〕天保軍：札記卷下：「『天』，宋本壞作『大』，據周校訂正，此唐志文。」

〔五三〕白狗羌：札記卷下：「宋本『白』誤『自』，據周校訂正，元和志、唐志可證。」

〔五四〕蕃：聚珍本作「吐蕃」。

〔五五〕宋會要方域七之二：「祺州，舊元保州，政和四年董舜咨納土建，宣和三年廢爲城。」

〔五六〕下：原無，據聚珍本補。

〔五七〕宋會要方域七之二：「春祺縣，政和四年建，宣和三年廢爲城。」

〔五八〕宋會要方域七之二：「亨州，舊霸州，政和四年招納，改今名。」

〔五九〕下：原無，據聚珍本補。

〔六〇〕宋會要方域七之二：「嘉會縣，政和四年賜今名。政和四年五月十七日，知成都府龐恭孫奏乞：『據知霸州董彦博狀，乞將本州管内地土獻納，伏乞改賜嘉名。仍乞爲軍事、下州，置倚郭一縣，亦乞賜名。』詔名亨州，倚郭縣賜名嘉會縣。」宋史卷八九：「宣和三年廢州，以縣爲砦，隸威州。」

〔六一〕乾德四年：宋會要方域七之三、宋史卷八八置永康軍在「太平興國三年」。按寰宇記卷七三：「皇朝乾德三年平蜀，四年改爲永安軍，仍割蜀州之青城、彭州之導江隸焉。太平興國三年改爲永康軍。」宋會要方域七之三：「唐於彭州導江縣灌口鎮建鎮静軍，開寶四年改永安軍，以蜀州青城、彭州導江二縣來隸。太平興國三年改永康軍，熙寧五年廢軍爲寨，以蜀州青城縣、彭州導江縣還舊隸。七年廢寨，九年復即導江縣置永康軍使。」又方域七之一：「蜀州青城縣，乾德四年隸永康軍。」方域七之一：「彭州導江縣，乾德四年隸永康軍。」可知「開寶四年」當爲「乾德四年」之誤。宋史卷八八：「乾德四年，改爲永安軍……太平興國三年改爲永康軍。」紀勝卷一五一永康軍引輿地廣記，且云：乾德四年，「國朝平蜀，改爲永安軍，治導江之灌口鎮」。

〔六二〕元祐初：紀勝卷一五一永康軍引輿地廣記作「元祐元年」。又：「象之謹按：通義志云：張商英爲臺官，請廢軍爲寨，下其議，呂陶陳七不可之説。後夷入寇，列郡大震，陶因繳奏前議。熙寧九年，復置軍。是爲寨之後復爲軍。國朝會要置軍亦在熙甯之九年，而云仍隸彭州。及元祐元年始以導江縣來屬。既有屬縣，則是專爲永康軍，而非以軍使隸彭州也，如此則國朝會要與輿地廣記所書兩不相妨。」

〔六三〕元和志卷三一：「武德元年於灌口置盤龍縣，尋改爲灌寧縣，二年又改爲導江縣。」

〔六四〕九域志卷七：熙寧九年，「復即導江縣治置永康軍使」。

〔六五〕宋會要方域一二之一六：「導江縣導江鎮，〔熙寧〕七年徙導江縣治永康軍，以舊縣置。」

〔六六〕立：四庫本作「立立」。聚珍本「立」字前有「豎」字。

〔六七〕曰：原作「口」，據聚珍本改。

〔六八〕冰：原作「水」，據四庫本、聚珍本改。

〔六九〕宋史卷八九：「不知何年復來隸。」

〔七〇〕通典卷一七五：「二漢屬犍爲、蜀二郡之地。」元和志卷三三：「漢即犍爲郡之武陽縣之東境也。」紀勝卷一五〇隆州：「是通典以爲隆州跨犍爲、蜀二郡之境。而元和志以爲隆州專屬蜀郡之武陽縣，二者不同。象之謹按：元和志陵州領縣五，而仁壽、籍縣、建始、井研四邑皆以爲武陽縣地，而貴平一縣則以爲廣都縣地。漢志武陽縣屬犍爲，而廣都屬蜀郡，則是隆州五邑分據犍爲、蜀二郡之地明矣。華陽國志云：分巴割蜀，以成犍、廣。則犍爲之置，乃漢武割蜀郡地以益犍爲。而隆州五邑，又在漢武割置犍爲、蜀二郡之交，則當屬犍爲、蜀二郡。今從通典及華陽國志。」

〔七一〕隋書卷二九及通典卷一七五云西魏置陵州。紀勝卷一五〇隆州：「象之謹按：後周書陸騰傳魏恭帝三年，隆州木籠獠反，詔騰討之。是魏恭帝時已有隆州，非置於後周也。今從隋志及後周書。」

〔七二〕政和三年：紀勝卷一五〇隆州引寰宇記：「大觀四年，詔以陵爲高士之名，當隱其稱，乃改爲仙井監。」宋會要方域七之三：「至道二年陞團練，宣和四年改仙井監。」宋史卷八九陞團練在「至道三年」。

〔七三〕陵州：四庫本作「隆州」。

〔七四〕毒龍：紀勝卷一五〇隆州引輿地廣記作「海龍」。

〔七五〕靈真：紀勝卷一五〇隆州引輿地廣記作「鹽真」。

〔七六〕東漢：舊唐書卷四一作「東晉」，寰宇記卷八五：「東晉置西江陽郡」。

〔七七〕紀勝卷一五〇隆州引隆山志：「後周宣政元年置井研縣，屬陵州，年月不同。」

〔七八〕開皇十一年：寰宇記卷八五作「大業五年」。

〔七九〕隆山郡：原作「陰山郡」，據隋書卷二九、紀勝卷一五〇隆州引輿地廣記及上文改。

〔八〇〕同昌：寰宇記卷八一作「唐昌」。
〔八一〕交川郡：聚珍本作「交州郡」。
〔八二〕四：札記卷下：「宋本缺，據周校補，朱校同。」
〔八三〕豪舒治：「豪」，魏書卷一〇一、寰宇記卷八一作「像」，舊唐書卷四一作「象」。四庫本脱「舒」字。
〔八四〕三年：四庫本、聚珍本作「二年」。
〔八五〕嘉誠：原作「嘉城」，據上文改。
〔八六〕交川：四庫本作「交州」。
〔八七〕覃川：四庫本及寰宇記卷八一作「覃州」。
〔八八〕析：札記卷下：「宋本『析』作『祈』，形近而誤，據周校訂正，唐志可證。」
〔八九〕谷和：四庫本及舊唐書卷四一作「谷利」。
〔九〇〕元年：寰宇記卷八一作「三年」，但又於「左封縣」下作「元年」，前後互異。
〔九一〕廣年：元和志卷三二：「周天和元年於此置廣平縣。」
〔九二〕元和志卷三二：「隋開皇十八年改爲左封。」
〔九三〕内附：原作「内付」，據四庫本改，聚珍本作「内侍」。
〔九四〕識臼：聚珍本作「識曰」。札記卷下：「宋本『臼』是也，元和志識臼縣下云：『地名識臼，因之爲名。』寰宇記州下作『識舊』。周校、朱校並作『曰』，與唐志誤同。」

〔九五〕二年：元和志卷三二作「三年」。

〔九六〕二年：元和志卷三二作「元年」。

〔九七〕白崖鎮：札記卷下：「宋本『白』是也，此用通典文，『鎮』下省去『七十里』三字。周校作『日』，誤。」

〔九八〕柘：寰宇記卷八〇作「拓」。下同。

〔九九〕元和志卷三二：「儀鳳二年置。」寰宇記卷八〇：「唐永徽年開置。」

〔一〇〇〕領：原無，據四庫本補。

〔一〇一〕五載：札記卷下：「宋本『載』是也，此唐志文，上文『真州』下亦一證，天寶三載改『年』爲『載』，至肅宗乾元方復爲『年』。周校作『年』，誤，朱校不誤。」

〔一〇二〕雞川縣：札記卷下：「宋本『川』是也，元和志、唐志可證。周校作『州』，誤，朱校不誤。」

〔一〇三〕識臼縣：聚珍本作「識曰縣」。札記卷下：「宋本『臼』是也，説見前。周校作『曰』，誤同唐志。」

〔一〇四〕招武縣：聚珍本作「昭武縣」。

〔一〇五〕州：原作「川」，據聚珍本改。

〔一〇六〕至西：四庫本作「西至」。

〔一〇七〕越巂郡：札記卷下：「宋本『巂』是也，漢志越巂郡注：應劭曰：『有巂水，言越此水以章休盛也。』師古曰：『巂音先蘂反。』周校爲誤，朱校不誤。」

〔一〇八〕六年：寰宇記卷八〇作「四年」。

〔一〇九〕十八年：寰宇記卷八〇作「十一年」。

〔一一〇〕十三年：寰宇記卷八〇作「十二年」。

〔一一一〕邛都縣：四庫本、聚珍本作「中都縣」。

〔一一二〕邛部縣：聚珍本作「邛都縣」。下同。

〔一一三〕越嶲郡：舊唐書卷四一作「沈黎郡」。

〔一一四〕後周置邛部縣及邛部郡：札記卷下：「宋本是也，隋志可證。周校下『邛』字作『中』，朱校上下兩『部』字作『都』，並誤。」

〔一一五〕蘇祈：四庫本作「蘇夷」，聚珍本作「蘇初」，隋書卷二九作「蘇祗」，舊唐書卷四一作「蘇夷」。札記卷下：「『祈』，宋本略可辨識，寰宇記正作『祈』，是也。周校作『初』，誤右旁；朱校作『初』，并誤左旁。下文『蘇示』亦當作『示』，班志注：師古曰：『示』讀曰『祇』，隋志作『祇』。」

〔一一六〕蘇示縣：四庫本作「蘇夷縣」。

〔一一七〕本邛都縣：札記卷下：「宋本『邛』是也，唐志文。周校作『中』，誤。」

〔一一八〕逕馬湖：札記卷下：「宋本『逕』作『逕』，壞字，今據水經若水注訂補。周校作『遥』，誤，朱校不誤。」

輿地廣記卷第三十一

梓州路〔一〕

緊，梓州。春秋、戰國爲蜀地。秦屬蜀郡。二漢、晉、宋、齊屬廣漢郡〔二〕。梁末置新州〔三〕。西魏置昌城郡。隋開皇初郡廢，後改新州爲梓州。大業初州廢，置新城郡〔四〕。唐武德元年曰梓州，天寶元年曰梓潼郡，乾元後升爲劍南東川節度。皇朝乾德四年改静戎軍〔五〕，太平興國三年改安静軍〔六〕，端拱二年復故〔七〕。今縣九。

望，郪縣。二漢屬廣漢郡。晉省之，置五城縣。梁置新州。西魏改五城曰昌城，置昌城郡。隋改新州曰梓州。大業初置新城郡，改昌城曰郪。唐置梓州。其城左帶涪水，右挾中江，居水陸之衝要。漢郪縣故城，在西南。有牛頭山、宜君山、涪水、中江、郪江。

望，中江縣。晉五城縣地〔八〕。後周置玄武郡〔九〕，東有二山如龜蛇，因以名焉。隋開皇初郡廢，改曰玄武〔一〇〕。仁壽初置凱州，大業初州廢，屬蜀郡。唐武德三年來屬〔一一〕。皇朝大中祥符五年改爲中江。有天柱山、中江。

望，涪城縣。漢涪縣地。東晉置始平郡。西魏改郡爲涪城。後周又改曰安城。隋開皇初郡廢，置安城縣。十六年改爲涪城，屬金山郡。唐大曆十三年來屬。有涪江。

緊，射洪縣。漢郪縣地。西魏置射江縣〔一二〕，婁縷灘東六里有射江〔一三〕，因以爲名。後周改曰射洪〔一四〕。隋屬梓州。唐因之。有白崖山、涪水、梓潼水、射江。

緊，鹽亭縣。漢廣漢縣地。梁置鹽亭縣〔一五〕。西魏置鹽亭郡。隋開皇初郡廢，屬梓州〔一六〕。唐因之。有負戴山。

中〔一七〕，通泉縣。漢廣漢縣地，後置涌泉縣及西宕渠郡。西魏改郡曰涌泉。隋開皇初郡廢，改縣曰通泉，屬梓州。唐因之。廣漢縣，二漢屬廣漢郡。晉爲郡治。宋徙郡治雒。元魏改縣曰廣魏，後改曰光漢。隋開皇初，省入通泉。有涌泉山〔一八〕、涪水。

中，飛烏縣。漢郪縣地。隋開皇中置飛烏鎮，因升爲縣，因山爲名。唐因之。有哥郎山、郪江。

中，銅山縣。漢郪縣地。其南可象山〔一九〕，西北私鎔山，皆有銅。唐正觀二十三年置鑄錢官，調露元年罷，而析郪、飛烏置銅山縣。有飛烏山、會軍堂山〔二〇〕、郪江。

中下，東關縣。蜀置招葺院〔二一〕。皇朝乾德四年以其地置東關縣。有鼓樓山、楊桃溪。

安泰尉司。本永泰縣。唐武德四年析鹽亭及劍州之普安〔二二〕、閬州之西水置。皇朝熙寧五年省爲鎮，入鹽亭，十年復置永泰尉司，後改曰安泰〔二三〕。

中都督府〔二四〕，**遂州**。春秋、戰國爲蜀地。秦屬蜀郡。二漢及晉屬廣漢郡。東晉桓温平蜀，於德陽界東南置遂寧郡〔二五〕。宋因之。齊、梁置東遂寧〔二六〕。後周置遂州，改郡曰石山〔二七〕。隋開皇初郡廢，大業初州廢，置遂寧郡。唐武德元年曰遂州，天寶初曰遂寧郡。皇朝因之〔二八〕。今縣五。

望，小溪縣。漢廣漢縣地。東晉置遂寧郡。齊、梁置東遂寧，置小溪縣〔二九〕。西魏改縣曰方義。後周置遂州，改郡曰石山。隋復爲遂寧郡。唐復爲遂州。皇朝太平興國元年復改縣曰小溪〔三〇〕。有銅盤山〔三一〕、涪江。

望，蓬溪縣。本唐興縣，唐永淳元年析方義置〔三二〕。長壽二年曰武豐，神龍元年復故名。景龍二年析置唐安縣，先天二年省，天寶元年改唐興曰蓬溪。有賓王山、蓬溪。

緊，長江縣。本巴興縣，東晉置。西魏改曰長江。隋、唐因之。有明月山、鳳凰川、涪江。

緊，青石縣。本晉興縣，東晉平蜀置，屬巴西郡〔三三〕。西魏改曰始興，後又曰青石〔三四〕。隋、唐因之〔三五〕。有青山〔三六〕，出青石，可以爲磬。有涪江。

中，遂寧縣。唐景龍元年以故廣漢縣地置〔三七〕。有梵雲山、大安溪。

中，果州。春秋、戰國爲巴子地。秦屬巴郡。二漢因之。晉屬巴西郡。宋置南宕渠郡〔三八〕。齊、梁、後周因之〔三九〕。隋開皇初郡廢，屬隆州〔四〇〕，大業初屬巴西郡。唐武德四年置果州，天寶元年曰南充郡。皇朝因之〔四一〕。今縣三。

望，南充縣。本二漢安漢縣，屬巴郡。晉屬巴西郡。宋屬南宕渠郡。隋開皇十八年改縣曰南充〔四二〕。唐置果州。流溪鎮，唐開耀元年析南充置流溪縣。皇朝熙寧六年省入南充。有果山、嘉陵江。

望，西充縣。唐武德四年析南充置。有西充山、西溪水。

上，相如縣。漢安漢縣地。梁置梓潼郡。西魏廢郡，置相如縣〔四三〕。縣南二十里有司馬相如故宅，因以名焉。隋屬巴西郡〔四四〕。唐武德四年來屬。有琴臺鎮〔四五〕、龍角山、嘉陵江。

上，資州〔四六〕。春秋、戰國爲蜀地。秦屬蜀郡。二漢屬犍爲郡。晉、宋、齊因之。後周自今陽安徙資州治此，及置資中郡。隋開皇初郡廢，大業初州廢，置資陽郡。唐武德元年改爲資州，天寶元年曰資陽郡。皇朝因之。今縣四。

緊，盤石縣。本二漢資中縣，屬犍爲郡。晉、宋、齊因之。後周徙資州治此，及置資中郡，而改資中縣爲盤石。隋置資陽郡。唐爲資州。月山、丹山、銀山三鎮皆故縣，隋義寧二年同置〔四七〕，屬資陽郡。唐屬資州。皇朝乾德五年並省入盤石。有盤石山、中江。

緊，資陽縣。後周析資中置。隋屬資陽郡。唐屬資州。有獨秀山、資水。

中下，龍水縣。漢資中縣地。隋義寧二年置，屬資陽郡。唐屬資州〔四八〕。有龍水。

下，内江縣。漢資中縣地。後周於中江水濱置漢安戍〔四九〕，遂改爲中江縣。隋改曰内江，屬資陽郡。唐屬資州〔五〇〕。有中江、資水。

上，普州。春秋、戰國爲巴、蜀之境。秦屬巴、蜀二郡〔五一〕。二漢屬巴、犍爲二郡。晉李雄亂，後爲羌夷所據。至梁乃招撫之，置普慈郡。後周置普州〔五二〕。隋開皇初郡廢，大業初州廢，屬資陽郡。唐武德三年置普州〔五三〕，天寶元年曰安岳郡。皇朝因之。今縣三。

中下，安岳縣。漢墊江縣地，屬巴郡。後周置安岳縣，及置普州。隋大業初州廢。唐復置。普康鎮，本永康縣，後周置，屬普慈郡。隋屬普州，開皇十八年改曰隆康，大業初屬資陽郡。唐屬普州，先天元年改曰普康。皇朝乾德五年省入安岳〔五四〕。有安岳山、岳陽溪。

下，安居縣。漢牛鞞縣地，屬犍爲郡。後周置柔剛縣及安居郡。隋開皇初郡廢，屬普州。十八年改爲安居縣〔五五〕，大業初屬資陽郡。唐屬普州。崇龕鎮，本隆龕縣，唐武德三年置，先天元年改曰崇龕。皇朝乾德五年省入安居。有柔剛山、崇龕山〔五六〕、安居水。

下，樂至縣。漢資中縣地，屬犍爲郡。唐武德三年置。普慈鎮，本梁置普慈郡及多業縣〔五七〕。後周因之。隋開皇初郡廢，十三年改縣爲普慈，屬普州，大業初屬資陽郡。唐屬普州。皇朝乾德五年省入樂至。有婆娑山、樂至池。

上〔五八〕，**昌州**。春秋、戰國爲巴、蜀之境。秦屬巴、蜀二郡。二漢及晉屬巴、犍爲二郡。隋屬資陽、瀘川、涪陵三郡〔五九〕。唐屬資、普、瀘、合四州，乾元二年析置昌州〔六〇〕。大曆六年州、縣廢〔六一〕，其地各還故屬。十年復置，後曰昌元郡。皇朝因之。今縣三。

上，大足縣。本合州巴川縣地，唐置，屬昌州。光啓元年州徙治焉〔六二〕，及以普州普康縣地置靜南縣，屬昌州，後省入。有牛鬬山、大足川〔六三〕。

上，昌元縣。本資州内江縣地。唐置，爲昌州治。光啓元年，州徙治大足〔六四〕。有葛仙山、賴波溪〔六五〕。

上，永川縣。本瀘州瀘川縣地。唐置，屬昌州。亦得渝州壁山縣地〔六六〕。有綾錦山、僰侯溪。

上〔六七〕，**叙州**。春秋、戰國爲僰侯國〔六八〕。秦屬蜀郡。漢置犍爲郡。東漢、晉、宋、齊皆因之。梁兼置戎州及六同郡。後周因之。隋開皇初郡廢，大業初州廢，置犍爲郡。唐武德元年復曰戎州，天寶元年曰南溪郡。皇朝政和四年改名。今縣二。

上〔六九〕，宜賓縣。本僰侯國。秦曰僰道。漢置犍爲郡，初治鄨縣，後徙治此。東漢又徙武陽，而以僰道爲屬縣。梁置戎州。隋置犍爲郡。唐復置戎州。初治南溪，正觀中徙治僰道，長慶中復治南溪。皇朝又治僰道，政和四年改縣曰宜賓。故僰道縣，在馬湖江會，漢武帝使縣令開西南夷，勞費無成，使者唐蒙斬之，乃鑿石開道，以通南中，今石門是也。宜賓鎮，本郁鄢縣，隋末置，屬戎州。唐天寶元年改爲義賓。皇朝太平興國元年改曰宜賓〔七〇〕，熙寧四年省〔七一〕。故開邊縣，漢僰道縣地。隋開皇六年置，屬戎州。唐正觀四年屬南通州，八年來屬。皇朝乾德五年省入僰道。故歸順縣，唐聖曆二年分郁鄢縣置，以處生獠。乾德五年省入僰道。有黄泉山、大江、馬湖江。馬湖之上源曰若水，出旄牛徼外東南流〔七二〕，鮮水注之；又東南逕大莋，與繩水合；又南逕邛都；又南逕會無，孫水注之；又南逕遂久，蜻蛉水注之；又南逕三絳〔七三〕，淹水注之，又與母血水合；又東逕姑復，涂水注之；又東逕馬湖，爲馬湖水；又東北至朱提，與瀘水合。而瀘水上流有蘭倉水，出博南東，北流會類水、禁水，北注瀘津，自朱提以下，通爲瀘水；又東北至僰道，入于大江。

中，南溪縣。漢僰道縣地。梁置南廣縣及六同郡。隋開皇初郡廢，仁壽初改縣曰南溪，屬戎州。唐因之〔七四〕。有平蓋山、大江、馬湖江。漢志云：「南廣有汾關山，符黑水所出，北至僰道入江。」即今南廣溪也。梁以此縣爲南廣，蓋取其名耳。

上〔七五〕，瀘州。春秋、戰國爲巴地。秦屬巴郡。二漢屬犍爲郡。蜀章武元年立江陽郡〔七六〕。晉、宋、齊、梁因之，梁兼立瀘州〔七七〕。後周因之。隋開皇初郡廢，大業初州廢，爲瀘川郡。唐武德元年曰瀘州，天寶元年曰瀘川郡。皇朝因之〔七八〕。今縣三。

中，瀘川縣。本江陽縣。二漢屬犍爲郡。蜀屬江陽郡。晉爲江陽郡治焉〔七九〕。梁立瀘州。隋開皇初郡廢，大業初立瀘川郡〔八〇〕，改縣曰瀘川。唐因之，爲瀘州治。有大江、内江。内江上源曰洛水，縣據江、洛會〔八一〕，枕帶雙流。

中，江安縣。本漢安縣，東漢置〔八二〕，屬犍爲郡。蜀爲江陽郡治。晉、宋、齊、梁、後周皆因之。隋屬瀘州，開皇十八年改曰江安。唐因之。故綿水縣〔八三〕，漢江陽縣地。梁置〔八四〕，屬江陽郡。隋屬瀘州。唐因之。皇朝乾德五年省入江安。有方山、大江、綿溪。

中，合江縣。本漢符縣地，屬犍爲郡。武帝使唐蒙將萬人從巴符關入夜郎〔八五〕，即此。東漢曰符節。晉復曰符，屬江陽郡，後置安樂縣。後周改爲合江〔八六〕。隋屬瀘州。唐因之。有安樂山、安樂溪，漢志南廣有大涉水，北至符入江，即此水也。縣在安樂水會。

中，合州。春秋、戰國爲巴地。秦屬巴郡。二漢、晉因之。宋置東宕渠郡。齊、梁因之。西魏改爲墊江郡，兼置合州。後周因之。隋開皇初郡廢，改州曰涪州。大業初州廢，爲涪陵郡。唐武德元年曰合州，天寶元年曰巴川郡。皇朝因之。今縣五。

中，石照縣。本墊江縣。二漢、晉屬巴郡。東晉寧康二年，桓石虔破苻堅將姚萇於墊江〔八七〕，即此。宋、齊、梁爲東宕渠郡。西魏改郡爲墊江，縣曰石鏡，及置合州。隋爲涪州、涪陵郡。唐爲合州。皇朝乾德三年改縣曰石照。有銅梁山、嘉陵江。

中，漢初縣。梁置新興郡。西魏改郡曰清居，而置漢初縣。隋開皇初郡廢，屬合州。唐因之。有江陵山〔八八〕、嘉陵江。

中，巴川縣。唐開元二十三年析石鏡、銅梁置〔八九〕，屬合州。有小安溪、巴川。

中下，赤水縣。隋開皇八年析石鏡置，屬合州。唐因之〔九〇〕。有朝霞山、赤水。

中下，銅梁縣。唐長安三年置〔九一〕，屬合州。有銅梁山、悦池。

下，榮州。春秋、戰國爲蜀地。秦屬蜀郡〔九二〕。二漢、晉、宋立南安郡〔九三〕，後廢。隋屬資陽郡。唐武德元年立榮州，天寶元年曰和義郡。皇朝因之。今縣四。

中下，榮德縣。本旭川〔九四〕，唐正觀元年析大牢置，屬榮州。永徽二年，州自大牢徙於此。皇朝治平四年改爲榮德〔九五〕。公井鎮，後周置。唐武德元年改爲縣，而立榮州治此，正觀元年州徙大牢。皇朝熙寧四年省入榮德。有榮德山、大牢溪。

中，威遠縣。隋開皇初以威遠戍置資州〔九六〕。唐武德元年來屬。正觀元年析置婆日、至如二縣，二年以瀘州之隆越入焉〔九七〕。故和義縣，隋末置，屬瀘州〔九八〕，正觀八年來屬。皇朝乾德五年省入焉〔九九〕。有鐵山、中江。

中下，資官縣。隋末置〔一〇〇〕，屬嘉州。唐武德六年來屬。有白崖山、濉斯水。

中下，應靈縣〔一〇一〕。本大牢，隋開皇十三年置，屬資州。唐武德元年來屬，六年州自公井徙治於此，永徽二年徙治旭川〔一〇二〕。景龍二年省雲州及羅水、雲川、胡連三縣入焉〔一〇三〕，天寶元年更名。有應靈山、應靈水。

下，渠州。春秋、戰國爲巴地。秦、二漢屬巴郡。晉初屬巴西郡，惠帝分置宕渠郡。

宋、齊屬巴渠郡。梁立渠州〔一〇四〕。西魏立流江郡〔一〇五〕。後周因之。隋開皇初郡廢，大業初州廢，爲宕渠郡。唐武德元年曰渠州，天寶元年曰流江郡〔一〇六〕。皇朝因之。今縣三。

緊，流江縣。本宕渠。二漢屬巴郡。蜀屬巴西郡。晉惠帝立宕渠郡，後廢。梁立渠州〔一〇七〕。西魏立流江郡〔一〇八〕，及置流江縣。隋曰宕渠郡。唐曰渠州。故大竹縣，唐久視元年分宕渠置，屬蓬州，至德二年來屬。寶曆元年省入潾山〔一〇九〕，後復置。皇朝景祐二年省入焉〔一一〇〕。有宕渠山、流江、古賨城。流江，即渝水也，夾水上下，皆賨民所居。漢高祖入關，從定三秦〔一一一〕，其人勇健，好歌舞，帝愛習之，所謂「巴渝舞」是也。

下，鄰水縣〔一一二〕。梁置鄰水縣，及立鄰州。西魏立鄰山郡。隋開皇初郡廢，屬渠州。唐武德元年屬鄰州〔一一三〕，三年來屬〔一一四〕。寶曆元年省入鄰山，後復置〔一一五〕。有鄰水。

下，潾山縣。唐武德元年析潾水置〔一一六〕，及立潾州，八年州廢來屬〔一一七〕。有潾山、涅水〔一一八〕。

同下州，懷安軍。春秋、戰國爲蜀地。秦屬蜀郡。二漢屬廣漢郡。晉屬新都郡〔一一九〕。西魏立金淵郡。後周郡廢。隋屬蜀郡。唐屬簡州。皇朝乾德五年立懷安軍〔一二〇〕。今縣二。

望，金水縣。漢新都縣地。東晉朱齡石於東山置金淵戍〔一二二〕。西魏置金淵縣〔一二三〕，及立郡焉〔一二三〕。隋屬蜀郡。唐武德元年避高祖名，改曰金水。皇朝立懷安軍。有金臺山〔一二四〕、中江。

望，金堂縣。唐咸亨三年析雒、新都置〔一二五〕，屬益州，垂拱二年屬漢州。皇朝乾德五年來屬。有金堂山〔一二六〕、中江。

同下州，廣安軍。春秋、戰國爲巴地。秦、二漢屬巴郡。晉屬巴西郡，後屬宕渠郡。宋、齊屬巴渠郡。西魏流江、宕渠、墊江三郡。隋屬宕渠、巴西、涪陵三郡。唐屬渠、果、合三州。皇朝開寶二年置廣安軍〔一二七〕。今縣三。

中，渠江縣。本始安縣，宋置〔一二八〕，屬巴郡。西魏屬流江郡。隋開皇十八年改曰賨城，屬宕渠郡。匕夷謂貨布曰賨〔一二九〕，故謂之賨人。唐武德元年曰始安，屬渠州，天寶元年改曰渠江〔一三〇〕。皇朝開寶二年來屬〔一三一〕。有富靈山、渠江。

緊，岳池縣。萬歲通天二年析南充、相如置，屬果州。皇朝開寶二年來屬〔一三二〕。有安岳山〔一三三〕、岳池水〔一三四〕。

中，新明縣。唐武德三年析石鏡置〔一三五〕，屬合州。皇朝開寶二年來屬〔一三六〕。有龍池山、嘉陵江。

長寧軍。蓋漢犍爲郡之漢陽縣地〔一三七〕，唐置羈縻長寧等十州，隸瀘州都督府〔一三八〕。皇朝置淯井監，屬瀘州。熙寧八年，夷人獻納十州地以屬焉〔一三九〕，政和四年改置長寧軍〔一四〇〕。

富順監〔一四一〕。自齊、梁以前地理與瀘州同〔一四二〕。後周置富世縣〔一四三〕，以富世鹽井爲名〔一四四〕，及立洛源郡。隋開皇初郡廢，屬瀘州。唐正觀二十三年改縣曰富義〔一四五〕。皇朝乾德四年以其地置富義監〔一四六〕，太平興國元年改曰富順。治平元年置富順縣〔一四七〕，熙寧元年省〔一四八〕。

校注

〔一〕宋會要方域七之三：「潼川府路，舊梓州路，重和元年陞爲潼川府路。」

〔二〕通典卷一七六：「二漢屬廣漢、巴西二郡地。」

〔三〕末：四庫本作「宋」，聚珍本作「采」，蘇詩補注卷三〇引輿地廣記作「末」。舊唐書卷四一以爲梁武陵王蕭紀於郪縣置新州。紀勝卷一五四潼川府引皇朝郡縣志以爲天監中置新州。「象之按：天監乃梁武帝初年。元和郡縣志云：梁武陵王蕭紀置新州。使新州果置於梁武天監初年，則武陵王紀尚未入蜀，不應遥置州郡，與皇朝郡縣志年月不類。隋志云梁末置新州，當從隋志。」

〔四〕元和志卷三三云宋於此置新城郡，而無年月。紀勝卷一五四潼川府：「至皇朝郡縣志，遂增益云宋元嘉九年割廣漢郡於此置新城郡。象之謹按：宋志無立新城郡之文，而隋志新城郡亦不言因宋舊郡名，是新城郡乃立於隋耳，非立於宋也。」

〔五〕四年：紀勝卷一五四潼川府引國朝會要亦在乾德四年。按宋會要方域七之四、宋史卷八九作「三年」。

〔六〕太平興國三年：紀勝卷一五四潼川府引國朝會要亦云太平興國三年。按宋會要方域五之六：「乾德三年改安静軍。」

〔七〕端拱二年：紀勝卷一五四潼川府：「圖經在元豐三年。」按宋會要方域五之六、七之四：「端拱二年復劍南東川節度，元豐三年閏九月復詔稱劍南東川。」宋史卷八九：「端拱二年爲東川，元豐三年復加『劍南』二字。」宋會要方域五之六：「重和元年十一月賜名潼川府。」

〔八〕元和志卷三三：「本蜀先主所立五城縣也，屬廣漢郡。」

〔九〕元和志卷三三：「後魏平蜀，立玄武郡，以縣屬焉。」

〔一〇〕紀勝卷一五四潼川府引舊唐書：「晉改爲(元)〔玄〕武。」

〔一一〕武德三年：寰宇記卷八二作「貞觀元年」。

〔一二〕射江縣：元和志卷三三作「射洪縣」。

〔一三〕婁縷灘：寰宇記卷八二作郪僂灘。

〔一四〕元和志卷三三：「後魏分置射洪縣。」

〔一五〕紀勝卷一五四潼川府引輿地廣記：「梁大同元年，於此置鹽亭縣。」按元和志卷三三云後魏恭帝改爲鹽亭縣，隋書卷二九云西魏置鹽亭郡。王象之以爲「寰宇記載李膺志止云梁大同於此置鹽亭，却無『縣』字。隋志止云：西魏置鹽亭郡，有高渠縣併入焉，亦無『縣』字，當考。」

〔一六〕宋會要方域一二之一六：「梓州鹽亭縣永泰鎮，熙寧五年廢縣置。」

〔一七〕中：九域志卷七、紀勝卷一五四潼川府、宋史卷八九作「上」。

〔一八〕元和志卷三三作「通泉山」。

〔一九〕可象山：聚珍本作「有象山」，寰宇記卷八二作「可蒙山」。札記卷下：「宋本『可象』，周校同，是也，此唐志文。朱校『可』作『有』，寰宇記『象』作『蒙』，並誤。」

〔二〇〕會軍堂山：紀勝卷一五四潼川府作「會軍山」。

〔二一〕十國春秋卷一一一注：「案輿地廣記蜀置招葺院於鹽亭。文獻通考作招葺縣，疑誤。又有謂蜀明德初析鹽亭置東關縣者。案宋乾德四年改靜戎軍置東關縣，非孟蜀所置也。」

〔二二〕普安：原作「黄安」，據元和志卷三三改。

〔二三〕紀勝卷一五四潼川府引國朝會要：「建中靖國初，以犯哲宗陵名，改安泰。」

〔二四〕中：原無，據聚珍本補。

〔二五〕晉書卷一四云隆安二年立晉熙、遂寧、晉寧三郡，不同。

〔二六〕齊梁置：原作「齊梁曰」，據札記卷下及通典卷一七六改。四庫本作「唐爲」，聚珍本作「唐東遂寧」。札記卷下：「宋本『置』是也，此通典文。周校作『曰』，誤。朱校『齊梁置』三字作『唐爲』二字。」按紀勝卷一五五遂寧府：「寰宇記云：宋泰始五年置東遂寧郡，是東遂寧郡置於宋也。隋志云：齊、梁於小溪縣置東遂寧郡。通典云：齊梁置東遂寧郡。舊唐書志云：齊梁於遂寧郡上加「東」字，是東遂寧郡置於齊、梁也。以一郡之因革而有宋、齊、梁三朝之異，使若果置於宋，則沈約宋書何以不載？使其果置於梁，則不應更於梁字上更加「齊」字。考之齊志，已省東遂寧郡。今從齊志。」故王象之以爲「齊曰東遂寧郡，梁因之。」

〔二七〕通典卷一七六及寰宇記卷八七云後周置興西郡，不同。

〔二八〕宋會要方域五之七：「遂寧府，舊遂州、遂寧郡、武信軍節度，政和五年陞爲遂寧府，武信軍節度依舊。」宋史卷八九：「宣和五年，升大藩。」

〔二九〕元和志卷三三云晉穆帝永和十一年置小溪縣。

〔三〇〕元年：寰宇記卷八七作「二年」。

〔三一〕銅盤山：四庫本、聚珍本作「銅山盤山」，按紀勝卷一五四遂寧府引輿地廣記作「銅盤山」。

〔三二〕永淳元年：寰宇記卷八七作「開元二年」。

〔三三〕巴西郡：元和志卷三三作「巴郡」。

〔三四〕通典卷一七六、元和志卷三三、舊唐書卷四一以爲隋改爲青石。

〔三五〕宋會要方域七之五：「青石縣，熙寧六年廢隸遂寧縣，七年復。」

〔三六〕青山：寰宇記卷八七作「青石山」。

〔三七〕元和志卷三三：「景龍二年割青石縣置。」

〔三八〕寰宇記卷八六以爲後魏置南宕渠郡。紀勝卷一五六順慶府：「類要云：西魏平蜀，於今州北三十七里石苟壩置南宕渠郡，不同。象之謹以沈約宋志考之，雖有南宕渠郡，而所領三縣，曰宕渠，曰漢興，曰宣漢，大率非今果州所領之縣。惟巴西郡所領有南充、西充、漢安三邑。而南齊志巴西郡尚領南充、西充、安漢三邑，而齊志南宕渠郡自領宕渠、漢安、宣漢、宋康四縣，則與今果州諸縣了不相干。第今果州在安漢縣境，而南宕渠郡下有漢安縣，故相亂耳。然漢安縣，即今江安縣也，晉志及沈約宋志於江陽郡下並有漢安縣。隋志於瀘川郡下書曰江安，舊曰漢安，開皇十八年改曰江安。即今之瀘州外邑。又齊志南宕渠及江陽郡所領四邑皆曰宕渠、漢安、宣漢、宋康。意者南宕渠郡改江陽郡耳，不然何所領四邑之同也？齊志宕渠有東、西、南、北（五）〔四〕郡，而果州乃在故宕渠之西，不應曰南宕渠郡。自元和志誤添一『南』字，名實始相亂。隋志南充縣下注云：『舊曰安漢，置宕渠郡。』初無『南』字也，當從隋志。」

〔三九〕寰宇記卷八六云宋亦因之。

〔四〇〕屬隆州：紀勝卷一五六順慶府：「元和郡縣志在開皇三年，屬閬州。而輿地廣記及圖經以爲開皇初郡廢，屬隆州。有閬州、隆州之異。按閬苑志以爲隋置隆州，唐以元宗諱隆基，改曰閬州，則元和郡縣志所書閬州事乃避元宗諱追書，今當作隆州。」

〔四一〕宋會要方域五之六：「果州，僞蜀永寧軍節度，乾德三年降爲團練。」

〔四二〕十八年：紀勝卷一五六順慶府引元和志作「十年」。

〔四三〕寰宇記卷八六云：梁天監六年置，兼立梓潼郡。

〔四四〕紀勝卷一五六順慶府引元和志以爲周閔帝省縣，與此不同。

〔四五〕琴臺鎮：札記卷下：「『琴』，宋本壞作『琴』，據周校訂正，此九域志『八鎮』之一，寰宇記云『相如琴臺』。」

〔四六〕資州：四庫本作「賀州」。札記卷下：「宋本『資』誤作『賀』，形近，周校同，今訂正，寰宇記、九域志可證，朱校不誤。」

〔四七〕舊唐書卷四一、新唐書卷四二皆云貞觀四年置丹山縣。

〔四八〕宋會要方域七之五：「資川縣，舊龍水縣，宣和二年改，今復爲龍水縣。熙寧四年九月十八日，梓州路轉運司言：『準朝旨相度知資州王公儀奏，移鈐轄司于本路，乞升軍額，置通判及增公使錢如遂州爲便。』從之。」

〔四九〕後周於中江水濱置漢安戍：舊唐書卷四一「後周」作「後漢」。又「戍」字，原作「戌」，據元和志卷三

一、寰宇記卷七六改，四庫本、聚珍本作「城」。按舊唐書卷四一云：「漢資中縣地，後漢於中江水濱置漢安戍，其年改爲中江縣。」紀勝卷一五七資州：「象之考之東漢志及晉、宋、南齊志犍爲郡下有資中縣，而無内江縣，則内江非置于東漢也，今不取。隋志云：後周置内江縣。元和志又云李雄之亂，後陷于夷獠。周武帝天和二年，于中江水濱置漢安戍，其年改爲中江縣，屬資中郡。隋文避廟諱，改爲内江縣，屬資州。」

〔五〇〕九域志卷七：「〔乾德五年〕清溪縣入内江。」宋會要方域一二之一六：「内江縣趙市鎮，熙寧六年自盤石縣來隸。」

〔五一〕元和志卷三三：「秦、漢爲巴、蜀二郡之地。」

〔五二〕隋書卷二九云「後周置郡曰普慈」。紀勝卷一五八普州：「象之謹按：梁史普通中已置普慈郡，周置普州，非置郡也。」

〔五三〕三年：元和志卷三三、舊唐書卷四一、寰宇記卷八七、新唐書卷四二作「二年」。

〔五四〕乾德五年省入安岳：四庫本「五年」作「三年」。札記卷下：「『五』，宋本壞作『三』，據周校訂正，九域志可證。朱校作『三』，誤。宋史志作『熙寧五年』，亦誤。」按宋會要方域七之六：「普州普康縣，熙寧五年廢。」當以「五年」爲是。當是乾德時省并，後來復置，至熙寧時又廢。

〔五五〕十八年：隋書卷二九作「十三年」。

〔五六〕崇龕山：舊唐書卷四一、寰宇記卷八七、九域志卷七作「隆龕山」。按唐避玄宗李隆基諱，改「隆龕」

爲「崇龕」。

〔五七〕元和志卷三三：「周建德四年置多業縣，屬普慈郡。」

〔五八〕九域志卷七：「皇朝乾德元年爲上州。」紀勝卷一六一昌州引圖經亦在乾德元年，而宋會要方域七之五在「乾德三年」。

〔五九〕涪陵：札記卷下：「『涪』，宋本誤『浯』，形近，據周校訂正，隋志可證，朱校亦誤。」

〔六〇〕二年：元和志卷三三、寰宇記卷八八作「元年」。

〔六一〕紀勝卷一六一昌州：「元和志不載張朝、楊琳作亂及昌州廢罷年月。寰宇記云：乾元元年，李鼎祚奏乞分六州地置昌州，二年狂賊張朝、楊琳作亂，爲兵火所廢。新唐書志云：大曆六年，州、縣並廢，以其地各還故屬，與寰宇記所載昌州廢罷年月不同。象之謹按李鼎祚奏乞置昌州在乾元元年，唐會要載建置昌州年月在乾元二年，而寰宇記乃以爲乾元二年州遂廢。既新置於二年，不應於當年遂廢。使二年爲賊所焚，亦不應至六年始廢也。如昌州以乾元元年李（廷）〔鼎〕祚奏請，二年建置，大曆六年爲賊焚蕩而廢，至大曆十年而復置，其年月初不相亂也，則昌州之廢當在大曆六年。」

〔六二〕光啓元年：寰宇記卷八八作「景福元年」。

〔六三〕大足川：四庫本作「太足川」。札記卷下：「『大』，宋本誤『太』，周校同，今訂正，此九域志文，寰宇記同，朱校不誤。」按紀勝卷一六一昌州引輿地廣記作「大足川」。

〔六四〕宋會要方域七之五：「昌元縣，咸平四年徙治羅市。」紀勝卷一六一昌州：「圖經云：周顯德元年爲寇焚蕩，移羅市鎮，國朝天禧中遷今治。」

〔六五〕賴波溪：寰宇記卷八八作「賴婆溪」。

〔六六〕得：聚珍本作「故」。

〔六七〕宋會要方域七之六：「叙州，舊戎州，唐中都督，乾德元年爲上州。」紀勝卷一六三叙州引國朝會要在乾德三年。

〔六八〕僰：原作「焚」，據元和志、寰宇記諸書改。下同。

〔六九〕上：九域志卷七、宋史卷八八作「中」。

〔七〇〕太平興國元年：寰宇記卷七九作「開寶九年」。

〔七一〕宋會要方域一二之一六、宋史卷八九云：叙州僰道縣宜賓鎮，舊名義賓縣，太平興國元年改，熙寧四年廢縣置。宣和元年復爲縣，改名宣化。

〔七二〕儌：原作「激」，據四庫本、聚珍本及紀勝卷一六三叙州引輿地廣記改。

〔七三〕三絳：紀勝卷一六三叙州引輿地廣記亦作「三絳」，蜀中廣記卷一五引輿地廣記作「三縫」。

〔七四〕宋史卷八九：「乾德中，移治舊奮城。」

〔七五〕宋會要方域七之五：「瀘州，唐下都督，乾德元年爲上州。」紀勝卷一五三瀘州引國朝會要作「乾德三年」。

〔七六〕紀勝卷一五三瀘州引華陽國志：「東漢末，劉璋立江陽爲郡。」通典卷一七五、寰宇記卷八八云：晉於此立江陽郡，不同。紀勝卷一五三瀘州：「晉志江陽郡統縣三：曰江陽、符、漢安。注云：『蜀置郡』。而宋志云：『江陽郡，劉璋分犍爲立。』則當作建安十八年。蓋建安十九年趙雲已定江陽，非劉璋所統，則劉璋置郡當在十八年，當從華陽國志及宋志。」

〔七七〕元和志卷三三：「魏置瀘州。」

〔七八〕宋會要方域七之五：「宣和元年陞爲瀘(州)〔川〕軍節度。二年三月六日，詔瀘州守臣帶潼川府夔州路兵馬都鈐轄、瀘南沿邊安撫使。」又：「宣和元年三月十五日，詔：『瀘州西南要會，控制一路，邊閫之寄。付(界)〔畀〕非輕，可陞爲節度，仍賜名瀘川軍。』」

〔七九〕江陽郡：元和志卷三三作「東江陽郡」。

〔八〇〕瀘川郡：四庫本、聚珍本作「瀘州郡」。

〔八一〕據江洛會：聚珍本「洛」字後有「之」字。札記卷下：「『據』，宋本壞作『榜』，依周校訂正。朱校『洛』下有『之』字，誤，此與下句並用水經江水注而倒轉其句。周校無『之』字。」按紀勝卷一五三瀘州引輿地廣記作「據江洛會」。

〔八二〕元和志卷三三云晉穆帝置。

〔八三〕綿水縣：聚珍本作「懸水縣」。札記卷下：「『綿』，宋本誤『懸』，形近，周校同，今訂正，寰宇記、九域志可證，朱校作『懸』」。

〔八四〕梁置：元和志卷三三：「晉於此置綿水縣。」

〔八五〕夜郎：原作「夜郡」，據四庫本、聚珍本改。

〔八六〕紀勝卷一五三瀘州引元和志：「隋開皇十八年改縣曰合江，以江在縣側合流爲名。」

〔八七〕姚萇：原作「姚長」，據四庫本改。

〔八八〕江陵山：寰宇記卷一三六、紀勝卷一五九合州作「陵江山」。

〔八九〕二十三年：舊唐書卷四一、寰宇記卷一三六、新唐書卷四二、紀勝卷一五九合州引元和志作「二十二年」。

〔九〇〕宋會要方域七之六：「赤水縣，熙寧四年廢隸銅梁縣，七年復置。」

〔九一〕三年：元和志卷三三、舊唐書卷四一、寰宇記卷一三六作「四年」。

〔九二〕寰宇記卷八五以爲古夜郎之國。紀勝卷一六〇榮州：「巽岩李燾向守榮州日，作圖經序云：『按鄧通蜀郡南安人。』則南安縣初屬蜀郡。逮漢武通夜郎，置犍爲郡，始以南安縣屬犍爲郡，非是開夜郎置犍爲郡，而取夜郎之地以爲南安縣也。象之謹按：元和郡縣志初無此文，自寰宇記始以爲古夜郎之國，武帝開西邊道爲南安縣地，屬犍爲郡，其説誤矣。今之眉、榮二州皆南安一縣之地，而夜郎乃今珍、播等州，非榮州也。」

〔九三〕通典卷一七六、寰宇記卷八五以爲二漢、晉、宋立犍爲郡，齊立南安郡。紀勝卷一六〇榮州：「輿地廣記云：『二漢及晉、宋立南安郡。』二者不同。象之謹按：東、西漢志益州犍爲郡下有南安縣，此今榮州之境也。晉志梁州有南安郡，領獂道、新興、中陶三縣，而不領南安縣。注云：『漢置。』則非榮州之境矣。輿地廣記但指梁州之南安郡以爲犍爲之南安縣，故不明言其建於何代，而第書云漢、晉、宋三朝，謾不可考。殊不知晉志梁州之南安郡北近秦隴，而犍爲之南安縣南近夜郎。且晉志既有梁州之南安郡，又有犍爲之南安縣，郡、縣之名適同耳。通典云齊置南安郡，南齊志云齊置南安郡，注云永元三年。恐置於東昏侯之時。齊、梁以後，廢置不常，故南安郡亦不復再見。」

〔九四〕旭川：聚珍本作「旭州」。

〔九五〕宋會要方域七之六：「榮德縣，舊名旭川縣，上一字同哲宗廟諱，治平四年改。」

〔九六〕按此句疑有脱誤。元和志卷三三：「隋開皇三年，於此置威遠戍，以招撫生獠。十一年改戍爲縣，屬資州。」

〔九七〕瀘州：聚珍本作「爐州」。

〔九八〕瀘州：聚珍本作「爐州」。

〔九九〕五年：紀勝卷一六〇榮州引九域志作「四年」。

〔一〇〇〕按隋書卷二九嘉州下無資官縣，舊唐書卷四一云「晉置資官縣」。

〔一〇一〕應靈縣：原作「應寧縣」，據新唐書卷四二、九域志卷七、宋史卷八八改。聚珍本作「應定縣」。

〔一〇二〕二年：紀勝卷一六〇榮州引輿地廣記作「元年」。

〔一〇三〕二年：紀勝卷一六〇榮州引新唐書作「元年」。

〔一〇四〕渠州：通典卷一七五作「梁州」。

〔一〇五〕寰宇記卷一三八云：後周改北宕渠郡爲流江郡。紀勝卷一六二渠州：「隋志流江縣下注云：『魏置流江縣及流江郡。』不同。象之謹按：舊唐書志流江縣下注云：『漢宕渠縣地，梁置渠州。周因改爲北宕渠郡，又改爲流江郡，仍于郡内置流江縣。』通典亦云：『流江縣，後周置。』則流江郡及流江縣皆置于周，非置于魏也。」

〔一〇六〕流江郡：通典卷一七五、舊唐書卷三九、新唐書卷四一作「潾山郡」，寰宇記卷一三八、九域志卷七作「鄰山郡」。紀勝卷一六二渠州：「象之謹按：通典及唐志並曰渠州鄰山郡，治流江縣，初無流江郡之文，輿地廣記所取非是。」

〔一〇七〕寰宇記卷一三八云梁立北宕渠郡。

〔一〇八〕寰宇記卷一三八云北周立流江郡。

〔一〇九〕潾：隋書卷二八上、九域志卷七、宋史卷八八皆作「鄰」。下同。按「潾」、「鄰」二字相通。

〔一一〇〕二年：紀勝卷一六二渠州引皇朝郡縣志亦作「二年」，紀勝卷一六二渠州、宋史卷八九作「三年」。

〔一一一〕從：四庫本作「後」，紀勝卷一六二渠州引輿地廣記亦作「從」。

〔一一二〕鄰水縣：四庫本、聚珍本及通典卷一七五、舊唐書卷三九「鄰」作「潾」。下同。

〔一一三〕武德元年：舊唐書卷三九作「義寧元年」。

〔一一四〕三年：寰宇記卷一三八作「二年」。

〔一一五〕宋史卷八九：「乾德四年移治崑樓鎮。」

〔一六〕通典卷一七五、紀勝卷一六二渠州引元和志云梁大同三年置。

〔一七〕宋史卷八九：「乾德三年，移治故鄰州城。」

〔一八〕湼水：九域志卷七作「溼水」。

〔一九〕新都郡：四庫本、聚珍本作「析都郡」。

〔二〇〕五年：紀勝卷一六四懷安軍引晏公類要作「六年」。

〔二一〕金淵戍：元和志卷三一作「金泉戍」。

〔二二〕金淵縣：紀勝卷一六二渠州引元和志作「金泉縣」。

〔二三〕通典卷一七五、舊唐書卷四一云後魏立金水郡。

〔二四〕金臺山：紀勝卷一六四懷安軍引華陽國志：「新都縣有金臺山，水通巴漢。以水出金沙，因以名山。上有望帝祠，又有迦葉佛説法臺。」

〔二五〕咸亨三年：元和志卷三一、舊唐書卷四一、寰宇記卷七六作「咸亨二年」，紀勝卷一六四懷安軍引續通典作「咸通二年」。

〔二六〕金堂山：九域志卷七作「金臺山」，按元和志卷三一云：「金堂山，在金堂縣北二十餘里。」

〔二七〕開寶二年：寰宇記卷一三八作「乾德六年」。宋會要方域七之六亦云「開寶二年，以合州濃（泗）〔洄〕、渠州新明二鎮建軍」。紀勝卷一六五廣安軍：「象之謹按：國朝會要開寶二年置軍，不應乾德六年預割三縣來屬。而乾德止于五年，六年已改爲開寶，今不取。」札記卷下：「『二年』，宋本缺，據周校補，九域志可證，朱校同。寰宇記作『乾德六年』。」

〔二八〕寰宇記卷一三八云梁置。

〔二九〕匕夷：聚珍本作「巴夷」。

〔三〇〕天寶元年：寰宇記卷一三八、紀勝卷一六五廣安軍引元和志作「至德二年」。

〔三一〕開寶二年：寰宇記卷一三八作「乾德六年」。

〔三二〕紀勝卷一六五廣安軍：「國朝會要云：『開寶二年渠江縣自渠州來隸，新明縣、岳池縣並自合州來隸。』象之謹按：新明縣初屬合州，會要謂自合州來隸宜矣。而岳池自唐以來並屬果州，今果州圖經尚云舊領縣六，開寶二年割岳池置廣安軍，則岳池非割自合州。會要以爲割自合州，誤矣，今不取。」

〔三三〕安岳山：九域志卷七作「岳安山」。

〔三四〕紀勝卷一六五廣安軍：「輿地廣記在新明縣。」

〔三五〕三年：寰宇記卷一三八作「二年」。

〔三六〕開寶二年：聚珍本作「開寶三年」，寰宇記卷一三八作「乾德六年」。按宋史卷八九云：開寶六年移治單溪鎮。

〔三七〕紀勝卷一六六長寧軍：「圖經以爲漢犍爲郡之江陽縣地。象之謹按：漢書地理志犍爲郡既有漢陽，又有江陽，意者屬犍爲郡漢陽、江陽兩邑之間乎？」

〔三八〕長寧等十州隸瀘：「十」，四庫本、聚珍本「二」。札記卷下：「宋本缺，據周校補，唐志可證。朱校『十』作『二』，誤。」

〔三九〕八年夷人獻納十：札記卷下：「據周校補，九域志可證，朱校同。」

〔四〇〕紀勝卷一六六長寧軍：「思州圖經載夔漕龐恭孫謝築城表載政和七年城長寧軍。」

〔四一〕九域志卷七、宋史卷八九云「同下州」。

〔四二〕紀勝卷一六七富順監引輿地廣記云「晉、宋、齊、梁以前并與瀘州同」，引文與今本小異。

〔四三〕紀勝卷一六七富順監：「李石重修監學記云：謹按富順本瀘（續）〔屬〕縣，晉名富世，唐改富義，國朝改富順。續通典云：本晉富世縣。象之謹按：晉、宋、齊三志自晉而下初無富世縣，而隋、唐二志始載後周立富世縣，常璩華陽國志亦云江陽縣但有富世井，而不言有富世縣。常璩晉人。而所載如此，則富世非立於晉也，今不取。」

〔四四〕世縣以富世鹽：札記卷下：「據周校補，隋志及寰宇記可證，朱校同。」

〔四五〕唐正觀二十三年：札記卷下：「據周校補，元和志、唐志可證。」

〔四六〕「富義監」下至「太平興國」：札記卷下：「據周校補，並九域志文，朱校同。」

〔四七〕元年：紀勝卷一六七富順監引九域志作「五年」。

〔四八〕元年：紀勝卷一六七富順監引九域志作「九年」。

輿地廣記卷第三十二

利州路〔一〕

次府〔二〕，興元府。春秋屬蜀〔三〕。戰國屬楚。秦惠王立漢中郡〔四〕。二漢因之，高帝始封漢王，都此。建安中爲張魯所據，改曰漢寧。曹公克魯，復曰漢中。蜀劉備破魏將夏侯妙才，遂有其地，以爲重鎮。漢中常以巴蜀扞蔽〔五〕，故劉備初得漢中，曰：「曹公雖來，無能爲也。是以巴蜀有難〔六〕，漢中輒没。自公孫述、劉備、李雄、譙縱據蜀，漢中皆爲所陷。魏末平蜀，兼立梁州。晉、宋、齊、梁皆因之。西魏亦立梁州〔七〕，及立漢中郡〔八〕。後周末，改郡曰漢川。隋開皇初郡廢，大業初州廢，復置漢川郡。唐武德元年曰梁州，開元十三年改曰褒州〔九〕，二十年復故名。天寶元年曰漢中郡，後升山南西道節度〔一〇〕。興元元年，德宗巡幸〔一一〕，升爲興元府。皇朝因之。今縣四。

次赤，南鄭縣。故褒之附庸〔一二〕，周時鄭桓公死於犬戎，其民南奔居此〔一三〕，因曰南鄭。顯王之世，蜀有其地。至六國，楚人兼之。懷王衰弱〔一四〕，秦略取焉。自秦以來，皆爲漢中

郡治〔一五〕。項羽封漢高帝爲漢王〔一六〕，蕭何曰：「天漢，美名也。」遂都南鄭。大城周四十二
里〔一七〕，内有小城，南憑北結，環雉、金墉〔一八〕、漆井皆漢所修築，地沃而川嶮〔一九〕。曹公既克
張魯〔二〇〕，方之「鷄肋」〔二一〕，謂「得之無可用〔二二〕，而棄之爲可惜也」。蜀先主以魏延〔二三〕、後
主以蔣琬、姜維相繼守之。魏末平蜀，兼立梁州。晉以後皆因之〔二四〕。齊建武二年蕭懿爲
刺史，魏將元英率兵十萬通斜谷〔二五〕，圍南鄭，懿拒守百餘日，不拔而退。梁天監三年〔二六〕，
刺史夏侯道遷以地入魏。大同元年，魏刺史元羅復以地入梁。承聖二年，尉遲迥平蜀〔二七〕，
乃入西魏焉。後周末，改郡曰漢川。隋、唐因之，後爲興元府。朱梁時，王建得其地。後
唐克之，又爲孟知祥所有。周顯德中，節度使張虔釗以地歸附〔二八〕。有玉女山、黄牛山、中
梁山、仙臺山、漢水。有胡城，漢張騫使匈奴，與胡妻及堂邑父俱還漢中，築城以居也〔二九〕。
晉義熙十五年，城上有密雲，五色昭章。及曉，城崩，半許淪水〔三〇〕，出銅鐘十二枚，以爲宋
室之瑞。

次畿，城固縣。二漢屬漢中郡。蜀改爲樂城。晉復故。及宋、齊、梁、西魏、後周皆屬
漢中。隋屬漢川郡。唐屬梁州〔三一〕，武德二年改曰唐固，正觀二年復故。有通關山，古曰通
關勢，山高百餘丈。上有匈奴城〔三二〕，方五里，濬塹三重。漢王北定三秦，蕭何守漢中〔三三〕，
欲修此道，以通關中，故名爲通關勢〔三四〕。有黑水，出北山〔三五〕，南流入漢，諸葛亮牋云：

「朝發南鄭，暮宿黑水。」謂此。有韓信臺，即漢高帝置壇〔三六〕，設九賓之禮，以拜信爲大將。

次畿，褒城縣。故褒國，周幽王后褒姒生於此〔三七〕。漢元鳳六年置褒中縣〔三八〕。及東漢、晉皆屬漢中郡。隋開皇初曰褒内，屬梁州〔三九〕。仁壽元年〔四〇〕，因失印更給〔四一〕，改曰褒城，義寧二年改曰褒中〔四二〕。唐正觀三年復曰褒城〔四三〕，屬梁州。漢陽平關，在西北。有石牛山〔四四〕，山有小石門〔四五〕，穿山通道六丈有餘。昔秦欲伐蜀，而不知道〔四六〕，乃作五石牛〔四七〕，以金置尾下〔四八〕，言能糞金〔四九〕，欲以遺蜀〔五〇〕。蜀王負力而貪〔五一〕，令五丁開道引之。秦因使張儀、司馬錯以兵尋路滅蜀〔五二〕，謂之石牛道。東漢永平中〔五三〕，司隸校尉犍爲楊厥又鑿而廣之〔五四〕，蜀都賦所謂「阻以石門」是也。有女郎山，上有女郎冢〔五五〕、女郎廟〔五六〕，俗言張魯女所葬〔五七〕。有褒水，西北出衙嶺山，東南逕大石門，歷故棧道下谷〔五八〕。蜀諸葛亮死於五丈原，魏延先退而焚之，即此。褒水又南逕三交城〔五九〕，又東南得丙水口〔六〇〕，又東南歷小石門，又東南歷褒谷之南口〔六一〕，又東南歷褒城縣東，又南入于漢水。

次畿，西縣。本沔陽縣地。二漢、晉、宋皆屬漢中郡，後省。元魏置嶓冢縣。後周因之。隋大業初改爲西縣，屬漢川郡。唐武德三年置褒州〔六二〕，八年州廢來屬〔六三〕。有沔陽故城，在西。漢蕭何所築。劉備北定漢中，即漢王位於此。有西樂故城，在西南，甚險固，蜀諸葛亮所築〔六四〕。晉梁州刺史楊亮守之，爲苻堅所破，後刺史姜守、潘猛亦相仍居此〔六五〕。城側有容裘溪水〔六六〕，北流入漢〔六七〕，今謂之洛水。有定軍山，在東南，曹公克漢中〔六八〕，命夏侯淵守之，劉備自陽平關南渡沔水，破斬淵於此。諸葛亮將死，遺令葬此山〔六九〕，不起墳隴〔七〇〕，唯深松茂柏，攢蔚川阜，莫知墓所在。山東地名高平〔七一〕，有亮廟，蜀步兵校尉習隆等所表立也。有張魯城，在西〔七二〕。魯，沛國張陵孫也〔七三〕，行五斗米道，劉焉以爲督義司馬〔七四〕，住漢中，因竊據焉〔七五〕。有濜水〔七六〕，北發武都氐中，南逕城東〔七七〕，又南逕張魯治東〔七八〕，又南流入沔〔七九〕，謂之濜口。張魯治，謂仙官所治也。有白馬山〔八〇〕，舊有張天師堂〔八一〕，今曰濜口化。有百牢關，在西南〔八二〕。

都督府，利州。春秋、戰國爲蜀地。秦屬蜀郡。二漢屬廣漢郡〔八三〕。蜀先主分屬梓潼郡〔八四〕。晉孝武分立晉壽郡。宋、齊因之〔八五〕。後魏兼立益州〔八六〕，世號小益州。梁曰黎州。西魏復曰益州〔八七〕，又改曰利州〔八八〕。隋開皇初郡廢〔八九〕，大業初州廢，爲義城郡。唐武德元年曰利州〔九〇〕，天寶元年曰益昌郡〔九一〕。王蜀改昭武軍節度〔九二〕。後唐改郡曰益州〔九三〕。皇朝因之〔九四〕，景祐四年改寧武軍。今縣四。

中，綿谷縣〔九五〕。故葭萌縣，本蜀王弟葭萌所封，爲苴侯邑，史記所謂「苴、蜀相攻」是也〔九六〕。二漢屬廣漢郡。劉備改曰漢壽〔九七〕，屬梓潼郡。晉太康元年改曰晉壽〔九八〕，太元十五年立晉壽郡。宋分置興安縣〔九九〕，後復併焉，而改晉壽曰興安。後魏兼立益州。西魏曰利州〔一〇〇〕。隋開皇十八年改興安曰綿谷。唐因之。有龍門山、嘉陵江〔一〇一〕、潛水、綿谷。

中，葭萌縣。漢舊縣地。東晉安帝置晉安縣，屬新巴郡〔一〇二〕。宋、齊因之。元魏爲郡治焉。隋開皇初郡廢，十八年改晉安縣曰葭萌〔一〇三〕，屬利州。唐因之。有嘉陵江。

中下，嘉川縣。漢葭萌縣地。宋置興樂縣及宋熙郡〔一〇四〕。元魏改縣爲嘉川〔一〇五〕。隋開皇初郡廢，屬利州。唐武德二年屬静州〔一〇六〕，正觀十七年州廢來屬。故平蜀縣，本義城，西魏置。隋屬利州，義寧二年改曰義清。唐武德七年置南平州，正觀二年州廢來屬。天寶元年改曰胤山〔一〇七〕。皇朝乾德三年改曰平蜀，熙寧三年省入嘉川〔一〇八〕。有石鷰山。

下〔一〇九〕，昭化縣。漢葭萌縣地。宋置益昌縣〔一一〇〕，屬白水郡。隋、唐屬利州〔一一一〕。皇朝開寶五年改爲昭化。白水鎮，故白水縣地〔一一二〕，二漢屬廣漢郡。晉屬梓潼郡，孝武分屬晉壽郡〔一一三〕，别置平州縣。宋曰平周，後又曰平興，置白水郡，後改縣爲白水〔一一四〕，而改郡爲平興。隋開皇初郡廢，復改縣爲平興，屬利州〔一一五〕。十八年又改爲景谷。唐武德四年置沙州，正觀元年州廢來屬。寶曆元年省〔一一六〕，尋復置，其後又省爲白水鎮。

望，洋州。春秋、戰國爲楚地。秦屬漢中郡。二漢、晉、宋、齊、梁皆因之。元魏立洋州及洋川、儻城二郡〔一一七〕。隋開皇初郡並廢〔一一八〕，大業初州廢，屬漢川郡。唐武德元年立洋州，天寶元年曰洋川郡〔一一九〕。王蜀升武定軍節度〔一二〇〕。皇朝景祐四年改武康軍。今縣三。

望，興道縣。漢城固縣地。蜀以爲重鎮〔一二一〕。後主延熙中〔一二二〕，將軍王平守興勢，魏將曹爽攻圍不克，即此地也。元魏置興勢縣〔一二三〕，及立儻城郡〔一二四〕。隋初郡廢〔一二五〕，屬洋州。後州廢，屬漢川郡〔一二六〕。唐初屬洋州〔一二七〕，正觀二十三年更名興道。天寶十五載，州自西鄉徙治於此〔一二八〕。壻水鎮，因仙人唐公房之壻所居得名。有興勢山、漢水、壻水〔一二九〕。水北發聽山，南流入漢。有駱谷路，南口曰儻谷，北口曰駱谷，通長安〔一三〇〕。唐德宗、僖宗幸興元，皆出此。

上，西鄉縣。漢城固縣地。蜀置南鄉縣。晉太康二年改曰西鄉〔一三一〕。及宋、齊、梁屬漢中郡〔一三二〕。元魏改縣曰豐寧，立洋州及洋川郡〔一三三〕。隋初郡廢，屬洋州〔一三四〕。後州廢，屬漢川郡。唐初立洋州〔一三五〕，天寶十五載州徙治興道。故洋源縣〔一三六〕，唐武德四年析西鄉置，寶曆元年省。故定遠城〔一三七〕，在南，東漢班超封定遠侯，即此。有雲亭山、洋水，水導源巴山〔一三八〕，東北流逕西鄉，又東北流入漢。漢戚夫人生於洋川，高帝寵之〔一三九〕，名其川曰洋，以表誕生之休祥也〔一四〇〕。

中，真符縣。本華陽縣，唐開元十八年析興道置。天寶三載省，八載開清水谷路復置〔一四一〕。因鑿山得玉册，改爲真符〔一四二〕，屬京兆府〔一四三〕，十一載來屬。故黄金縣，漢安陽縣地，屬漢中郡。有黄金谷，因置黄金戍〔一四四〕。黄金戍，張魯所築，南接漢川，北枕古道，險固之極〔一四五〕，昔氐王楊難當令魏興太守薛健據黄金〔一四六〕，宋秦州刺史蕭思話使陰平太守蕭坦攻拔之，即此〔一四七〕。西魏置縣，屬儻城郡。隋屬漢川郡。唐屬洋州。皇朝乾德四年省入真符〔一四八〕。有寒泉山、黄金水。

上，閬州。春秋、戰國爲巴地〔一四九〕。秦、二漢屬巴郡〔一五〇〕。建安六年〔一五一〕，益州牧劉璋分立巴西郡。晉、宋、齊因之。梁立巴州及北巴郡〔一五二〕。西魏平蜀，立隆州及盤龍郡〔一五三〕。後周因之。隋開皇初郡廢〔一五四〕，大業初爲巴西郡。唐武德元年爲隆州，先天元年改爲閬州〔一五五〕，天寶元年曰閬中郡〔一五六〕。後唐升保寧軍節度〔一五七〕。皇朝乾德四年改安德軍〔一五八〕。

今縣七。

望，閬中縣。二漢屬巴郡。劉璋立巴西郡。蜀將張飛守閬中〔一五九〕，爲其下張達、范彊所害。晉因之。梁立北巴州及北巴郡〔一六〇〕。西魏立隆州及盤龍郡〔一六一〕。隋曰閬内縣。唐曰閬中縣。有閬中山、仙穴山、嘉陵江。

緊，蒼溪縣。晉置〔一六二〕，屬巴西郡，後省〔一六三〕，而置漢昌縣。隋屬隆州〔一六四〕，開皇末復改爲蒼溪。唐屬閬州。有雲臺山、東江、蒼溪。

緊，南部縣。漢充國縣地。東漢初平四年分置南充國〔一六五〕，屬巴郡。晉、宋、齊屬巴西郡〔一六六〕。梁改曰南部，屬北巴郡〔一六七〕。西魏置新安郡〔一六八〕。後周郡廢〔一六九〕，屬盤龍郡。隋屬巴西郡〔一七〇〕。唐屬閬州。有九子山、嘉陵江。

緊，新井縣。本南充、西充二縣地〔一七一〕。唐武德元年析南部晉安置〔一七二〕，屬隆州，後屬閬州〔一七三〕。有西水。

中，奉國縣。漢閬中縣地〔一七四〕，後分置奉國縣〔一七五〕。梁立白馬〔一七六〕、義陽二郡〔一七七〕。隋開皇初郡廢，及省義陽縣入焉，屬隆州〔一七八〕。唐武德七年屬西平州〔一七九〕，正觀元年來屬〔一八〇〕。岐坪鎮〔一八一〕，故岐平縣〔一八二〕，隋屬利州〔一八三〕。唐開元二十三年屬閬州。寶曆元年省，天復中復置。皇朝乾德五年省入焉。有天目山〔一八四〕、奉國水。

中，新政縣。本漢南充、安漢二縣地〔一八五〕。唐武德四年析南部、相如置〔一八六〕，屬閬州〔一八七〕。有隆奔山〔一八八〕、嘉陵江。

中下，西水縣。本漢西充縣地〔一八九〕，後分置西水〔一九〇〕。梁立掌夫郡〔一九一〕。西魏改曰金遷郡〔一九二〕。隋開皇初郡廢，屬隆州。唐屬閬州。晉安鎮，本西充國。晉、宋、齊屬巴西郡。

梁立木蘭郡。西魏郡廢，改縣曰晉城，屬金遷郡。隋屬巴西郡。唐武德中改曰晉安，屬隆州，後屬閬州。皇朝熙寧五年省入西水。

上，劍州。春秋〔一九三〕、戰國爲蜀地。秦屬蜀郡。二漢屬廣漢郡〔一九四〕。蜀分屬梓潼郡。晉、宋、齊因之〔一九五〕。梁立南梁州，後改爲安州。西魏改爲始州〔一九六〕，及立普安郡。隋開皇初郡廢，大業初州廢，復普安郡〔一九七〕。唐武德元年曰始州〔一九八〕，先天元年改爲劍州〔一九九〕，天寶元年曰普安郡〔二〇〇〕。蜀王氏、孟氏因之〔二〇一〕。今縣六。

中下，普安縣〔二〇二〕。漢梓潼縣地，後置南安縣〔二〇三〕。西魏改爲普安，立普安郡〔二〇四〕。隋初郡廢，後復立〔二〇五〕。唐初曰始州〔二〇六〕，後曰劍州〔二〇七〕。臨津鎮〔二〇八〕，漢梓潼縣地。南齊置胡原縣。隋開皇七年改爲臨津，屬始州。唐屬劍州。皇朝熙寧五年省入普安。有大劍山、大劍水。

上，梓潼縣。二漢屬廣漢郡〔二〇九〕，建安末，劉備嘉霍峻守葭萌之功〔二一〇〕，乃立梓潼郡〔二一一〕，以峻爲太守〔二一二〕。晉、宋、齊因之，後改縣曰安壽。西魏改郡曰潼川〔二一三〕。隋開皇初郡廢，屬始州，大業初復改縣曰梓潼。唐屬劍州。有長卿山、梓潼江。昔秦欲通蜀，以五女遺蜀王，王遣五丁迎之，至梓潼縣，大蛇入山穴，五丁拔蛇而山摧，五丁、五女皆壓死，因名山曰五婦山。馳水所出，曰五婦水，即梓潼水也，南逕其縣西，又南逕鹽泉縣東，又東南逕鹽亭縣西，又南至射洪縣南入涪。

中，陰平縣。漢白水縣地〔一四〕，晉以陰平舊民流寓〔一五〕，立北陰平郡，及置陰平縣〔一六〕。宋因之。元魏立龍州及西晉壽郡。西魏改郡曰陰平。後周徙州于江油郡，而改陰平郡曰静龍〔一七〕。隋開皇初郡廢，屬始州。唐屬劍州〔一八〕。

中，武連縣。漢梓潼縣地，後置武功縣，及立輔劍郡。西魏改郡曰安都，縣曰武連。隋開皇初郡廢，屬始州。唐屬劍州。有治山、小潼水〔一九〕。

中下，普城縣〔二〇〕。漢梓潼縣地。宋立華陽郡及華陽縣〔二一〕。西魏改縣曰黄安〔二二〕，郡曰黄原。隋開皇初郡廢，屬始州。唐屬劍州〔二三〕，唐末改曰普城〔二四〕。有柘溪。

中下，劍門縣。晉桓温平蜀〔二五〕，分晉壽置劍門縣〔二六〕，孝武時省。唐聖曆二年〔二七〕，分普安、永歸、陰平三縣地於方期驛置劍門縣〔二八〕，屬劍州〔二九〕。有大劍山、劍門峽、劍門關、劍閣道〔三〇〕。晉張載作銘曰：「一人守嶮，萬人趑趄。」後李特入蜀，至劍閣，歎曰：「劉禪有此山河，而面縛於魏，豈非庸才耶？」〔三一〕

中，巴州。春秋、戰國爲巴地。秦、二漢屬巴郡〔三二〕。蜀劉氏分屬巴西郡。晉因之。

晉、宋之間爲夷獠所據，宋末始於嶺南立歸化郡〔二三三〕。齊因之。梁又立木蘭郡〔二三四〕。元魏得其地，立巴州及太谷郡〔二三五〕。後復入梁，而太谷廢。西魏、後周皆立巴州。隋開皇初，歸化、木蘭二郡並廢，屬巴州。大業初州廢，置清化郡。唐武德元年曰巴州，天寶元年曰清化郡。蜀王氏、孟氏因之。今縣五。

中下，化城縣。漢宕渠縣地。東漢永元中分置漢昌縣，屬巴郡〔二三六〕。晉屬巴西郡。宋立歸化郡。魏立大谷郡。梁改置梁廣縣〔二三七〕。後周改縣曰化成〔二三八〕。隋、唐爲巴州。盤道鎮，本梁置難江縣〔二三九〕。西魏改曰盤道。隋、唐屬巴州，寶應元年省入恩陽，長慶中復置。皇朝乾德四年省入清化。清化鎮，本梁置伏彊縣及立木蘭郡。隋開皇七年改縣爲清化，屬巴州。唐武德元年置靜州，六年州徙治地平縣，正觀十七年來屬。皇朝咸平二年屬集州〔二四〇〕。熙寧五年州廢，省入化城。有化城山、巴江〔二四一〕。

上，難江縣。漢葭萌縣地。梁立東巴州〔二四二〕。後周改爲集州〔二四三〕，及立平桑郡，及置難江縣〔二四四〕。隋開皇初郡廢，大業初州廢，屬漢川郡。唐武德元年立集州，天寶元年曰符陽郡。皇朝熙寧五年州廢來屬〔二四五〕。有小巴山、難山。

中下，恩陽縣。東漢漢昌縣地。梁置義陽縣。隋屬巴州，開皇末改曰恩陽。唐正觀十七年省，萬歲通天元年復置。二蜀因之。七盤鎮，本七盤縣，唐久視元年置，屬巴州。

皇朝熙寧二年省入恩陽〔二四六〕。有義陽山、清水。

下，曾口縣。東漢漢昌縣地〔二四七〕。梁置曾口縣。隋、唐屬巴州。故歸仁縣，本宋置平州縣，屬巴西郡。梁因之。後周改曰同昌。隋開皇中改曰歸仁。及唐皆屬巴州。皇朝乾德四年省入曾口。奇章鎮〔二四八〕，本梁置奇章縣。隋、唐屬巴州。皇朝熙寧五年省入曾口〔二四九〕。有奇章山〔二五〇〕、北水、曾口谷。

下，通江縣。東漢宣漢縣地。元魏置諸水縣，後省。唐武德元年分歸化復置，屬萬州。七年省，八年分始寧復置，及立壁州〔二五一〕。天寶元年改諸水爲通江〔二五二〕。皇朝熙寧五年州廢來屬〔二五三〕。廣納鎮，本廣納縣，唐武德三年析始寧、歸化置，屬壁州。寶曆元年省，大中初復。蜀省爲鎮〔二五四〕。故白石縣，元魏置，隋屬巴州。唐武德元年屬集州，八年屬壁州。故符陽縣，元魏置，隋屬巴州。唐武德元年屬集州，八年屬壁州。皇朝熙寧五年皆省入通江。有東巴山、諸水。

中下，文州。春秋、戰國及秦爲氐羌地。漢屬廣漢郡。東漢安帝以爲屬國都尉，別領三城，曰陰平道，曰甸氐道，曰剛氐道。晉泰始中立陰平郡，永嘉末爲仇池楊茂搜所陷，累世據有，不能克復。至西魏平氐羌，乃立文州及盧化郡。後周因之。隋開皇初郡廢，大業初州廢，屬武都郡，義寧二年立陰平郡。唐武德元年曰文州，天寶元年曰陰平郡。蜀王氏、孟氏因之。今縣一。

中下，曲水縣。漢陰平道，屬廣漢郡。東漢爲屬國都尉。晉立陰平郡，後没于氏。至西魏平之，乃置曲水縣，屬文州。唐初以曲水爲州治。故長松縣，本建昌，西魏置，及立文州、盧化郡〔二五五〕。隋開皇初郡廢，十八年改建昌縣曰長松，大業初州廢。唐正觀元年，縣省入曲水。方維鎮，後周曰泰興縣〔二五六〕，立建陽郡。隋開皇初郡廢，改縣爲方維，屬龍州。唐武德四年屬沙州，正觀元年省入景谷，後景谷省，來屬。有太白山、東維水。

下，興州。春秋、戰國及秦爲白馬氏之東境〔二五七〕。二漢、晉屬武都郡。永嘉末爲楊茂搜所陷。元魏得其地，立東益州。梁立武興蕃王國。西魏改曰興州，及立順政郡。後周因之。隋開皇初郡廢，大業初州廢，爲順政郡。唐武德元年曰興州，天寶元年曰順政郡。蜀王氏、孟氏因之。今縣二。

中，順政縣。本沮縣地。二漢、晉屬武都郡。元魏改曰略陽。梁立武興蕃王國以處氏。西魏立順政郡。隋開皇十八年改縣曰順政。唐因之。有武興山、嘉陵江、沮水、丙水。水出丙穴，穴口廣五六尺，去平地七八尺，泉源垂注，有嘉魚，常以三月出自穴下，透入水，穴口向丙，故曰丙穴。其水東流注褒水，故左思蜀都賦稱「嘉魚出於丙穴」也。

中下，長舉縣。漢沮縣地。西魏置，及立槃頭郡。後周郡廢。隋屬順政郡。唐屬興州。故鳴水縣，本落叢，西魏置，及立落叢郡。隋開皇初郡廢，六年縣改爲厨北，八年改曰鳴水。唐長慶元年省入焉。有厨山、青泥嶺〔二五八〕、嘉陵江、鳳溪，溪水上承濁水，中有二石雙高，其形若闕，漢世有鳳凰止此，謂之鳳凰臺。

下，蓬州。春秋、戰國爲巴地。秦及二漢屬巴郡。蜀分屬巴西郡〔二五九〕。晉、宋以後因之，後屬歸化郡。梁立伏虞郡。後周立蓬州。隋開皇初郡廢，大業初州廢，屬清化郡〔二六〇〕。唐武德七年立蓬州〔二六一〕，天寶元年曰咸安郡，至德二載改曰蓬山郡，後復故名。蜀王氏、孟氏皆因之。今縣四。

中，蓬池縣。漢閬中縣地。梁置大寅縣，屬隆城郡。隋屬巴西郡〔二六二〕。唐武德七年來屬〔二六三〕，開元二十九年爲州治。唐廣德元年改爲蓬池。有龍章山、蓬水。

中，儀隴縣。梁置，及立隆城郡〔二六四〕。隋開皇初郡廢，屬隆州〔二六五〕。唐武德元年來屬，三年立方州，八年州廢來屬。有儀隴山、流江。

中，營山縣。本朗池〔二六六〕，唐武德四年析相如置，屬果州，寶應元年來屬。寶曆元年省，開成二年復。皇朝大中祥符五年更名。蓬山鎮，本梁綏安縣。隋屬渠州，開皇末改爲咸安。唐武德元年來屬，至德二載更名。皇朝熙寧三年省入。

中下，伏虞縣。本宣漢，梁置，及立伏虞郡〔二六七〕。隋開皇初郡廢，屬巴州〔二六八〕，十八年更名。唐武德元年來屬。故宕渠縣，梁置，及立境陽郡〔二六九〕。隋開皇初郡廢，屬渠州。唐武德元年來屬。寶曆元年省入蓬山，大中中復置。皇朝乾德三年省入良山。良山鎮，本安固縣，梁置。後周立蓬州。隋大業初州廢，屬清化郡。唐武德元年立蓬州，開元二十九年州徙大寅〔二七〇〕，天寶元年更名良山。寶曆元年省入蓬池〔二七一〕，大中中復置。皇朝熙寧五年省入。

下〔二七二〕，**龍州**。春秋及秦爲氐羌地。漢屬廣漢郡。晉屬陰平郡。元魏立江油郡，後有楊、李二姓大豪分據其地。西魏平蜀，立龍州。後周因之。隋開皇初郡廢，大業初州廢，立平武郡，義寧二年曰西龍門郡。唐正觀元年曰龍門州〔二七三〕，初爲羈縻，屬茂州，垂拱中爲正州。天寶元年曰江油郡，至德二載曰應靈郡。乾元元年曰龍州，後復曰江油郡〔二七四〕。蜀王氏、孟氏因之。今縣三。

中，江油縣。漢剛氏道地，屬廣漢郡，後置江油縣。魏鄧艾伐蜀，自陰平景谷步道懸兵東馬〔二七五〕，魚貫而進，逕江油，出綿竹，即此地也。元魏曰江油郡。西魏曰龍州。隋曰平武郡。唐曰龍州。故平武縣，梁末，氐豪李文智自立爲藩王。西魏廢爲縣。隋屬平武郡。唐正觀八年省入焉。有石門山、涪江。

中，清川縣。本馬盤郡，元魏立。隋開皇初郡廢，爲馬盤縣，屬龍州。唐天寶元年更名。有啼胡山、清水。

中，三泉縣。春秋、戰國爲蜀地。秦屬蜀郡。二漢屬廣漢郡。蜀屬梓潼郡。晉末屬晉壽郡。宋、齊、梁、西魏、後周皆因之。隋屬利州。唐武德四年析綿谷置三泉縣〔二七六〕，以縣立南安州，并置嘉牟縣。八年州廢，省嘉牟，以三泉屬利州〔二七七〕，天寶元年屬梁州〔二七八〕。皇朝乾德五年以縣直隸京師〔二七九〕，至道二年升大安軍，以興元府西縣屬焉。三年軍廢，復爲縣，而西縣還故屬。領鎮二。

金牛鎮。本金牛縣，唐武德三年析綿谷置〔二八〇〕，屬褒州。八年屬梁州。寶曆元年省入西縣，後來屬。有嶓冢山，漾水發源於此，而東流爲漢。有嘉陵江。

青烏鎮。

利州路化外州

下，扶州。春秋、戰國及秦皆爲氐羌地。二漢屬廣漢郡，後爲吐谷渾所據。西魏逐吐谷渾，立鄧州及鄧寧郡〔二八一〕。後周因之。隋開皇初郡廢，七年改曰扶州。大業初州廢，爲同昌郡。唐武德元年曰扶州，天寶元年曰同昌郡。乾元後没吐蕃，大中二年節度使鄭涯收復。統縣四。

中下，同昌縣。西魏置，屬鄧寧郡〔二八二〕。隋爲同昌郡〔二八三〕。唐爲扶州。有鄧至山，俗云鄧艾所至，故名焉。

中下，帖夷縣。西魏置，及立昌寧郡〔二八四〕。隋開皇三年郡廢，屬扶州。唐萬歲通天二年改曰武進，神龍元年復故。

中下，萬全縣。本尚安，西魏置，及立鄧寧郡〔二八五〕，以平定鄧至羌爲名。隋曰扶州。唐徙州治同昌，而萬全屬焉。至德二年更名。有黑水，東南流入白水。

中下，鉗川縣。漢甸氐道地。西魏置鉗川縣，屬鄧寧郡〔二八六〕。隋屬同昌郡，唐屬扶州。有鉗川山、白水〔二八七〕。

校注

〔一〕札記卷下：「此卷宋本、舊鈔本並殘缺，用周臨重修本補。其有宋本勵存之字，仍以參考。」又按紀勝卷一八三興元府引國朝會要：咸平四年，分益、梓、利、夔四路，興元府爲利州路。

〔二〕次府：札記卷下：「宋本『次』，周校云『重修本作沙』，誤。朱校不誤。」

〔三〕通典卷一七五、元和志卷二二、寰宇記卷一三三皆以爲春秋、戰國其地并屬楚，紀勝卷一八三興元府：「春秋、戰國屬秦、楚。」

〔四〕按華陽國志卷二、元和志卷二二以爲秦惠文王置郡。而紀勝卷一八三興元府：「通鑑目録於楚懷王之十七年書曰『秦取我漢中郡』，則郡已置於楚，非始置於秦也。」

〔五〕以：聚珍本作「爲」。札記卷下：「宋本『以』，周校本同，是也，通典可證。朱校作『爲』，誤。」

〔六〕是以：四庫本作「大抵」。

〔七〕西魏：紀勝卷一八三興元府作「後魏」。

〔八〕及：四庫本作「并」。札記卷下：「宋本『及』，周校本同，是也，通典可證。朱校作『晉』，誤。」

〔九〕褒州：聚珍本作「裒州」。下同。按元和志卷二二：「武德元年曰褒州。」而寰宇記卷一三三以爲唐武德元年置梁州，二年割西縣置褒州，八年廢。

〔一〇〕節度：四庫本、聚珍本脱。札記卷下：「朱校脱『節度』二字，周校有，是也。元和志云：『興元府，今爲山南西道節度使理所。』」

〔一一〕興元元年德宗巡幸：聚珍本「興元」作「貞元」，四庫本「德宗」前有「始因」二字。札記卷下：「周校『興』，是也，元和志、新、舊唐書志並作『興』，嘉定錢先生大昕十駕齋養新録載『府以年號名者』首舉『興元』亦是一證。朱校作『貞』，誤。又『德』上朱校衍『以』字。」

〔一二〕褒：四庫本作「鄭」，聚珍本作「周」。

〔一三〕其民南奔居此：四庫本「其民」作「鄭人」，聚珍本作「其子孫家于此」。札記卷下：「『其』下『此』上朱校作『子孫家於』四字，周校是也。上四字本酈道元沔水注引耆舊傳，下二字本元和志。」

〔一四〕楚人兼之懷王衰弱：聚珍本作「楚有其地其後益弱」。札記卷下：「『楚』下『弱』上朱校作『有其地其後益』六字，周校是也，此用水經沔水注文。」

〔一五〕治：聚珍本脱。札記卷下：「周校有，宋本亦略可辨識，酈注云：『即漢中郡治也。』則『治』字是矣。朱校脱。」

〔一六〕項羽封漢高帝爲漢：四庫本注「闕」，聚珍本「帝」作「祖」。札記卷下：「周校『帝』，朱校『祖』。案水經注作『祖』。」

〔一七〕「周四十二里」下至「内有小」：四庫本注「闕」，聚珍本「四」作「曰」，下注「原缺」。札記卷下：「朱校『四』作『曰』，『十二里内有小』六字並脱。案水經注，周校是矣。」

〔一八〕金墉：聚珍本作「重墉」。札記卷下：「周校『金』是也，水經注可證。朱校作『重』，誤。」

〔一九〕地沃而川嶮：四庫本「而川嶮」下至「曹公」注「闕」，聚珍本「而川險」注「原缺」。札記卷下：「朱校脱下三字，水經注無『而』字，餘同周校。」紀勝卷一八三興元府風俗形勝門引輿地廣記作「地沃而川險」，而本卷景物門雞肋條下引輿地廣記云「漢中地嶮而川浹」。

〔二〇〕曹公既：聚珍本作「魏武」。札記卷下：「朱校作『魏武』二字。」按紀勝卷一八三興元府引輿地廣記云：「曹公既克張魯。」

〔二一〕紀勝卷一八三興元府引輿地廣記「鷄肋」後有「楊修知之」四字。

〔二二〕謂得之無可用：四庫本、聚珍本「得」作「食」，「用」作「得」。札記卷下：「『得』，朱校作『蜀』，周校是也，宋本作『得』。」按紀勝卷一八三興元府引輿地廣記云：「謂食之無所得。」

〔二三〕蜀先主：聚珍本作「厥後先主」。札記卷下：「朱校『蜀』作『厥後』，周校是也，上言曹公，故此別言『蜀』。」

〔二四〕晉以後：札記卷下：「朱校『晉』上衍一『自』字。」

〔二五〕兵十：聚珍本作「衆數」。札記卷下：「朱校作『衆數』，周校是也，此用通典文。」

〔二六〕三年：四庫本作「二年」。

〔二七〕尉遲迥：原作「尉遲向」，據聚珍本改。

〔二八〕通鑑卷二七九云：清泰元年，山南西道節度使張虔釗降于蜀，蜀將張業入興元。

〔二九〕也：四庫本作「之」。

〔三〇〕淪水：原作「淪漢」，據水經注卷二七改。

〔三一〕紀勝卷一八三興元府引輿地廣記云：「隋開皇三年，改爲梁州。」

〔三二〕上有匈奴：四庫本注「原闕」。札記卷下：「『上有』，朱校作『下築』，周校是也，此用水經注文。」

〔三三〕「蕭何守漢中」下至「欲修此道」：札記卷下：「『何』下『此』上朱校作『相其形勢開』五字，周校是也，歐用水經注文。」

〔三四〕爲通關勢：四庫本「爲」作「曰」。又「通關勢」，元和志卷二二作「通關山」。

〔三五〕「有黑水出北山」下至「南流入漢」：四庫本「北山」作「縣北大山」，聚珍本「有」作「白馬山白山」，無「出此山南流入漢」七字。札記卷下：「『黑水出』三字朱校作『白馬山』三字；『南流入漢』四字朱校作『有黑水』三字。案周校是也，此亦水經注文。『有白馬山』，此卷繼西縣下語。」

〔三六〕帝置：四庫本、聚珍本作「祖築」。札記卷下：「朱校作『祖築』。水經注云：『相傳高祖齋七日置壇。』則『置』字是也。」

〔三七〕紀勝卷一八三興元府引輿地廣記「生於此」下有「張良歸韓，漢王送至褒中」一句。

〔三八〕置褒中縣：四庫本作「置漢中郡及褒中縣」，聚珍本作「設都尉治」。札記卷下：「『漢』下五字朱校作『設都尉治』四字，周校是也，水經注可證。」

〔三九〕屬梁州：聚珍本作「三年罷」。札記卷下：「朱校作『三年罷』，周校是也，隋志可證。太平寰宇記云：『三年罷郡』，樂自不誤矣。」

〔四〇〕仁壽元年：隋書卷二九作「仁壽九年」。

〔四一〕因失印更給：四庫本「失」作「未」，聚珍本脱。札記卷下：「此用隋志文。朱校脱。」

〔四二〕改曰：聚珍本「改」字前有「復」字，「曰」字脱。

〔四三〕唐正觀三年：聚珍本「唐」字脱。札記卷下：「周校『正』是也，本書並作『正』，蓋避仁宗嫌名。朱校作『貞』，妄矣。又『改』上衍『復』字，脱『曰』、『唐』二字。」

〔四四〕石牛山：按通鑑卷一六四、二六三注引輿地廣記作「大劍山」。「牛山」下至「穿山」四庫本注「闕」。

〔四五〕「山有小石門」下至「穿山」：聚珍本脱。札記卷下：「『通』上七字朱校脱，周校是也，水經注可證。」按紀勝卷一八三興元府、勝覽卷六七興元府引輿地廣記有此七字。

〔四六〕而不知道：四庫本「而不」下至「五石牛」注「闕」，聚珍本此四字作「患道路不通」。札記卷下：「朱校作『患道路不通』，周校是也，水經注引來敏本蜀論可證。」按紀勝卷一八三興元府、勝覽卷六七興元府引輿地廣記作「而不知道」。

〔四七〕作：聚珍本作「刻」。札記卷下：「朱校作『刻』，蓋據寰宇記改。此自用酈引，周校是也。」按紀勝卷一八三興元府、勝覽卷六七興元府引輿地廣記作「作」。

〔四八〕以金置：聚珍本作「置金牛」。札記卷下：「上三字朱校作『置金牛』，周校是也，説見上。」按紀勝卷一八三興元府、勝覽卷六七引輿地廣記作「以金置」。

〔四九〕言能糞金：聚珍本「言」字前衍「詭」字。札記卷下：「朱校『言』上衍『詭』字。」按紀勝卷一八三興元府、勝覽卷六七興元府引輿地廣記無「詭」字。

〔五〇〕遺：四庫本注「闕」，聚珍本作「紿」。札記卷下：「朱校作『紿』，周校是也，宋本可辨。」按紀勝卷一八三興元府、勝覽卷六七興元府引輿地廣記作「遺」。

〔五一〕「負力而貪」下至「令五丁開道引之」：四庫本「負力而貪令五丁開」注「闕」，聚珍本「王」下十一字作「發卒五千人使五丁力士拖牛引之成道」。札記卷下：「『王』下十一字朱校作『發卒五千人拖牛引之成道』。案周校是也，宋本『負力』二字、『道引之』三字可辨。」按紀勝卷一八三興元府引輿地廣記云：「蜀王負力而貪，乃令五丁開道引之。」

〔五二〕「以兵尋路滅蜀」下至「謂之石牛道」：四庫本「尋路滅蜀謂之石牛道」注「闕」，聚珍本「兵」下八字作「入蜀滅之即此是也」。札記卷下：「『兵』下八字朱校作『入蜀滅之即此是也』八字，周校是矣。水經注『謂之』作『因曰』，餘並同。」紀勝卷一八三興元府引輿地廣記云：「秦因使張儀、司馬錯引兵尋路滅蜀，謂之石牛道。」

〔五三〕東：四庫本、聚珍本脱。札記卷下：「朱校無『東』字，周校是也，此亦本水經注，彼作『漢明帝永平中』。」按紀勝卷一八三興元府引輿地廣記云「東漢永平中」。

〔五四〕「厥又鑿而廣之」下至「蜀都賦所謂阻」：四庫本、聚珍本注「缺」。札記卷下：「此十二字朱校云『原缺』，宋本但有『厥』。案：楊君名涣，後政頌其勳德，尊而字之，故立碑云：『司隸校尉楊君，厥字孟文。』『厥』爲語助。洪氏适曰『水經及歐、趙皆謂之楊厥碑』，即此矣。下十一字並本水經注，而其文小異。周校皆是。」

〔五五〕女郎冢：四庫本脱。札記卷下：「周校『冢』誤『家』。朱校正作『冢』，是則然矣。歐用水經注文。」

〔五六〕女郎廟：聚珍本「女」上衍「及」字。札記卷下：「朱校『女』上衍『及』字，宋本同周校。」

〔五七〕張魯女所葬：四庫本無「女」字，聚珍本無「所」字，「葬」字後有「此」字。王右丞集箋注卷八引輿地廣記有「女」、「所」二字。札記卷下：「『所葬』，朱校作『葬此』。宋本『所』字雖闕，案『葬』下無『此』字，則『所』必同周校矣。」

〔五八〕歷故棧道下谷：聚珍本「歷故」注「原缺」，無「棧道下谷」下至「蜀」字。札記卷下：「此五字朱校云『原缺』。案上四字並用水經注文，周校當是矣。」

〔五九〕南逕三：四庫本注「闕」，聚珍本作「東北逕」。札記卷下：「朱校作『東北逕』。按水經注『南』上有『東』字，餘並同周校。彼又云：『城在三水之會故也。一水北出長安，一水西北出仇池，一水東北出太白山，是城之所以取名矣。』」

〔六〇〕得：聚珍本作「逕」。

〔六一〕褒谷之南口：四庫本「褒谷之」注「闕」，聚珍本「谷」前有「斜」字，無「之」字，「口」作「曰」。札記卷下：「『褒谷之』三字，朱校作『褒斜谷』，周校是矣。水經注云：『歷褒口，即褒谷之南口也，北口曰斜。』」

〔六二〕三年：舊唐書卷四一作「二年」。

〔六三〕宋會要方域七之八：「興元府西縣，乾德三年以縣直隸京師，至道二年隸大安軍，三年軍廢，還隸。」九域志卷八：「至道二年以西縣隸大安軍，三年軍廢隸府。」

〔六四〕蜀：四庫本作「即」。札記卷下：「朱校作『爲』。」

〔六五〕「姜守」下至「潘猛」：四庫本、聚珍本「守」作「維」，「猛」作「孟」。札記卷下：「朱校『守』作『維』，周校是也，此並用酈注文。」

〔六六〕容裘溪水：「容」，原作「客」，據水經注卷二七改。「水」，聚珍本作「引」。

〔六七〕流：四庫本、聚珍本作「濟」。

〔六八〕漢中：四庫本、聚珍本作「漢水」。

〔六九〕四庫本、聚珍本「山」後有「下」字。

〔七〇〕不起墳：四庫本注「闕」，聚珍本作「下懸崖高」，札記卷下：「上三字朱校作『下懸崖高』四字，周校是也，水經注文。」

〔七一〕「名高平」下至「有亮廟」：四庫本注「闕」，聚珍本注「原缺」。札記卷下：「『平有亮』三字，朱校云『原缺』，周校是也，水經注可證。」

〔七二〕在：四庫本、聚珍本作「官」。

〔七三〕張：四庫本注「闕」，聚珍本注「原缺」。札記卷下：「朱校云『原缺』，周校是也，水經注可證。」

〔七四〕督義司馬：聚珍本「義」字後注「原缺」。札記卷下：「『義』下朱校云『原缺』，周校是也，水經注可證。」

〔七五〕竊據：四庫本注「闕」，聚珍本作「以名」。札記卷下：「朱校作『以名』，周校是也，宋本可辨。」

〔七六〕瀘水：四庫本、聚珍本作「瀘水」。札記卷下：「朱校『瀘』作『瀘』，周校是也，即下『瀘口』可證。」

〔七七〕「東」下至「又南」：四庫本注「闕」，聚珍本「東」作「官」。札記卷下：「朱校『東』作『官』，周校是也，酈注可證。」按紀勝卷一八三興元府引輿地廣記作「南逕城東」。

〔七八〕南：聚珍本脱。札記卷下：「朱校脱『南』字，周校是也，水經注有。」紀勝卷一八三興元府引輿地廣記云：「又南逕張魯城東。」

〔七九〕又：四庫本脱，聚珍本作「而」。札記卷下：「朱校作『而』。」按紀勝卷一八三興元府引輿地廣記無此字。

〔八〇〕白馬：四庫本注「闕」，聚珍本作「仙」。札記卷下：「朱校作『仙』字。」

〔八一〕天：四庫本注「闕」，聚珍本作「魯犒」。札記卷下：「朱校作『魯犒』二字，周校是矣，水經注可證。」

〔八二〕在西南：四庫本「在西」注「闕」，聚珍本脱此三字。

〔八三〕「二漢」下至「蜀先」：四庫本注「闕」，聚珍本脱「二漢屬廣漢郡」六字。札記卷下：「『二漢屬廣漢郡』六字朱校脱，周校是也，此本通典文。」

〔八四〕蜀先主分屬梓潼郡：四庫本「梓潼」注「闕」，聚珍本「蜀」作「三國時」，「梓潼」作「漢中」。札記卷下：「朱校『蜀』作『三國時』三字，『梓潼』作『漢中』，周校是也，亦通典文。」

〔八五〕寰宇記卷一三五云齊置東晉壽郡。

〔八六〕後魏兼立益州：四庫本注「闕」，聚珍本無「兼」字。札記卷下：「朱校無『兼』字，周校是也，此句與下四句並用隋志文，『兼』字則歐所增，歐於沿革上言『分』，下輒言『兼』。」按元和志卷二二、寰宇記卷一三五以爲魏改晉壽爲西益州，而通鑑卷一五七以爲大同元年益州刺史鄱陽王範、南梁刺史樊文熾合兵圍晉壽，魏東益州刺史傅敬和來降。紀勝卷一八四利州：「詳通鑑之文，似以晉壽爲西益州。而隋志云後魏曰益州，世號小益州，不分東、西益州也。三者俱不同。」

〔八七〕元和志卷二二云：魏復以爲西益州。

〔八八〕紀勝卷一八四利州：「寧武志云：梁元帝承聖三年始爲利州，亦不知其孰名之也，舊經以爲梁改此名。切考承聖二年黎州已降于魏，則承聖三年改黎州爲利州，不應尚以爲梁改也。但隋志及元和志第言魏改曰利州，不記年月，故作寧武志者不能名其所始也。象之謹按：後周書紀魏廢帝元年，改西益州爲利州，此利州命名之始也。當從後周書云魏改黎州爲利州。」

〔八九〕隋開皇初郡廢：四庫本、聚珍本「廢」作「隋」，聚珍本「隋」上衍「亦爲晉壽郡」五字，下脱「開皇初郡廢」五字。札記卷下：「朱校『隋』上衍『亦爲晉壽郡』五字，下脱『開皇初郡廢』五字，周校是也，『郡』即蒙上『分立晉壽郡』矣，魏書地形志可證，『開皇初郡廢』亦隋志文。」

〔九〇〕「曰利州」下至「年曰」：四庫本注「闕」。聚珍本「曰」作「又改爲」。札記卷下：「『曰』字朱校作『又改爲』三字。」

〔九一〕天寶元年曰益昌郡：四庫本「昌」字注「闕」，聚珍本「天寶元年曰」作「或爲」。札記卷下：「『益』上五字朱校作『或爲』二字，蓋依通典補。周校當是，新、舊唐志可證。」

〔九二〕蜀改：四庫本、聚珍本「蜀」作「屬」。又「改」字，原作「知」，據紀勝卷一八四利州引輿地廣記改。札記卷下：「朱校并作『屬』字。宋本同周校，是也，此以別孟蜀耳。卷中稱『蜀王氏、孟氏』可見，『洋州』下正同此。」按紀勝卷一八四利州：「甯武志、輿地廣記並云王蜀時改爲昭武軍。按唐天復二年王建將西川兵至利州，而昭武軍節度使李繼忠棄鎮奔鳳翔，王建以王宗偉爲利州制置使，則王建未據利州之前已有昭武軍節度使矣，不當言王建始改爲昭武軍也。」

〔九三〕改郡：四庫本「郡」字注「闕」，聚珍本「改」字前有「復」字，無「郡」字。札記卷下。「朱校作『復改』，宋本『郡』字可辨，則周校是矣。」

〔九四〕因之：四庫本、聚珍本脱。札記卷下：「朱校脱。」

〔九五〕綿谷：宋史卷八九作「綿穀」。

〔九六〕所謂苴蜀相攻：四庫本「所」作「郡」，「蜀」作「屬」，聚珍本脱「所」字。札記卷下：「朱校脱『所』字，宋本有，則周校是矣。」

〔九七〕改：四庫本、聚珍本作「又」。札記卷下：「朱校作『又』，周校是也，此用水經漾水注文。」

〔九八〕太康元年：紀勝卷一八四利州：「甯武志云：晉武帝泰始三年改漢壽縣爲晉壽縣。」

〔九九〕宋分置興安縣：四庫本、聚珍本「縣」作「郡」。按通典卷一七六、元和志卷二二、寰宇記卷一三五以爲東晉分置興安縣。札記卷下：「朱校『縣』作『郡』，周校是也，蒙上『改曰晉壽』言之也，下『改興安曰綿谷』亦『縣』之一證。宋書州郡志有『興安令』，元和志、寰宇記並謂『東晉孝武時分置』。」

〔一〇〇〕利州：四庫本注「闕」，聚珍本作「興安」。札記卷下：「朱校『利州』作『興安』，周校是也。都督府下可證。」

〔一〇一〕嘉陵江：四庫本作「嘉陵水」。

〔一〇二〕屬新巴郡：四庫本、聚珍本「巴」作「邑」。按通典卷一七六以爲後魏置新巴郡。札記卷下：「『巴』朱校作『邑』，宋本同周校，是也，沈志可證。洪編修亮吉東晉疆域志引寰宇記云：『晉立巴郡於閬中，析置晉安縣。』巴郡，蓋即此新巴郡。案洪所引見卷八十六晉安縣下末，檢卷百三十五葭萌縣下耳，歐四字本樂。」

〔一〇三〕「改晉安縣曰葭萌」下至「屬利州」：四庫本、聚珍本無「縣」字，「曰」作「爲」，「葭萌」後有「縣」字。札記卷下：「朱校『曰』作『爲』，又『屬』上有『縣』字。」

〔一〇四〕宋置興樂縣及宋熙郡：四庫本「縣及」下至「改縣爲」注「闕」，聚珍本「縣及熙」注「原缺」。札記卷下：「朱校『縣』作『郡』，周校是也，此用通典文。」

〔一〇五〕元魏改縣爲：聚珍本脱。札記卷下：「『及宋熙郡元魏改縣爲』九字朱校云『原缺』，周校是也，此約寰宇記文。」

〔一〇六〕「二年屬静州」下至「正觀十七」：四庫本注「闕」，聚珍本注「原缺」。札記卷下：「朱校脱。案舊唐志州下『則武德年間屬利州，貞觀二年屬靜州。』縣下又云『隋屬靜州。』則周校當是矣，下四字亦舊志可證。」按舊唐書卷三九、寰宇記卷一四〇云貞觀二年屬靜州。紀勝卷一八四利州：「永泰元年割屬集州。」九域志卷八：「咸平五年，以集州嘉川縣隸州。」宋會要方域七之七：「嘉川縣，咸平四年自集州來隸。」

〔一〇七〕天寶元年：聚珍本作「景隆二年」。札記卷下：「朱校作『景隆二年』，周校是也，元和志、舊唐志可證。」又「胤山」，聚珍本作「允山」，宋會要方域七之七作「裔山」。

〔一〇八〕熙寧三年省入嘉川：聚珍本「三」作「二」，「省」作「廢」，「川」作「州」。札記卷下：「朱校『三』作『二』，『省』作『廢』，周校是也，此本九域志。」按九域志卷八：「熙寧三年，省平蜀縣入嘉川。」

〔一〇九〕下：四庫本、聚珍本作「中」。

〔一一〇〕宋置益昌縣：元和志卷二二：「周改爲益昌縣。」寰宇記卷一三五及紀勝卷一八四利州引續通典並云天寶中改爲益昌縣。紀勝又云：「象之謹按：隋志義成郡下已有益昌縣，則益昌非置於唐之天寶也。宋志及南齊志巴西郡下並有益昌縣，則益昌又非置於後周也。當從輿地廣記。」

〔一一一〕利州：聚珍本作「梓潼郡」。札記卷下：「朱校作『梓潼郡』，周校是也，元和志可證。」

〔一一二〕「故白水縣」下至「漢屬廣漢」，聚珍本注「原缺」。札記卷下：朱校云『原缺』，周校當是，兩漢志廣漢郡有白水縣。」

〔一一三〕「郡別」下至「平周後」：四庫本注「闕」，聚珍本注「原缺」。札記卷下：「朱校云『原缺』，周校是也，

『郡』字晉志可證，下二句沈志可證。『後』即『宋』也，通典州郡六、舊唐志景谷縣下並其證。」

〔一二四〕「爲白水」下至「隋開皇」：四庫本注「闕」，聚珍本注「原缺」。札記卷下：「朱校云『原缺』，周校是也，隋志可證。」

〔一二五〕「州十八年」下至「武德四年」：四庫本注「闕」，聚珍本注「原缺」。札記卷下：「朱校云『原缺』，周校是。證同上。」又「沙州」，四庫本注「闕」，聚珍本注「原缺」。札記卷下：「朱校云『原缺』，周校是，新、舊唐志並可證。」

〔一二六〕「曆元」下至「白水」：四庫本注「闕」，聚珍本注「原缺」，又「鎮」下聚珍本注「原缺」。札記卷下：「『寶』下『鎮』上十四字朱校云『原缺』，又『鎮』下朱衍『原缺』二字。周校『其』作『五』，蓋壞字，餘皆是，新唐志可證，宋本『鎮』下無文。」

〔一二七〕元魏立洋州及：聚珍本作「西魏後周並爲」。札記卷下：「朱校作『西魏後周並爲』，蓋據通典。案通典云：『並爲洋州及洋川郡。』非『並爲洋川、儻城二郡』也。周校當是，隋志可證。」

〔一二八〕「郡並廢」下至「大業初州廢」：聚珍本無「並」字，「大業初州廢」作「并其地」。札記卷下：「朱校無『並』字，『大業初州廢』五字作『并其地』三字，亦依通典。此自用隋志而省其文，故云『並』也。下五字正隋志文，彼作『廢州』爲異耳，周校是。」

〔一二九〕天寶元年曰：聚珍本作「或爲」。札記卷下：「朱校脱，周校是。舊唐志『曰』作『改爲』，餘同。」

〔一三〇〕王蜀升武定軍：聚珍本無「王」字，「升」作「爲」。札記卷下：「朱校脱『王』字，『升』作『爲』。周校

「王」作「三」，蓋壞字，今訂正，説見利州下「王蜀」。」

〔二一〕蜀以爲重鎮：「鎮」下聚珍本衍「有興勢山」四字。札記卷下：「『鎮』下朱校衍『有興勢山』四字。周校四字在下『漢水、壻水』上，是也，宋本同。」

〔二二〕延熙中：聚珍本作「時」。札記卷下：「朱校作『時』字，周校是，此通典洋州下文。」

〔二三〕元魏置興勢縣：聚珍本作「魏正始中分置興縣」。札記卷下：「朱校作『魏正始中分置興縣』，周校是也，通典文，『元』彼作『後』。」

〔二四〕立：聚珍本脱。札記卷下：「朱校脱『立』字。」

〔二五〕札記卷下：「『隋初郡廢』此下朱校衍『置興勢』三字。」

〔二六〕屬漢川郡：聚珍本「川」作「中」。札記卷下：「『川』，朱校作『中』，周校是，隋志作『川』。」

〔二七〕初屬洋州：聚珍本脱。札記卷下：「朱校脱『唐』下四字，周校是。『初』謂武德元年也，元和志、新唐志可證。」

〔二八〕於此：聚珍本脱。札記卷下：「朱校脱下二字，周校是，新唐志洋州下云『徙治興道』。」

〔二九〕壻水：聚珍本脱「水」字。札記卷下：「朱校脱一『水』字。」

〔三〇〕通長安：聚珍本脱。札記卷下：「朱校脱，周校是，水經沔水注可證，宋本有『安』字。」按紀勝卷一九〇洋州：「輿地廣記曰：駱谷，通長安，唐德宗、僖宗幸興元皆出此。」

〔三一〕晉太康二年改曰西鄉：聚珍本脱「太康元年」四字，「曰」作「南鄉爲」三字。札記卷下：「朱校脱

『太康二年』四字，『曰』作『南鄉爲』三字，蓋檢寰宇記而用其下半句，不知歐正用樂上四字，『南鄉』蒙上歐例不重。」

〔三二〕及宋齊梁屬漢中郡：聚珍本脱「及」字，「屬」字前有「俱」字。札記卷下：「朱校脱『及』字，『屬』上有『俱』字。」按紀勝卷一九〇洋州：「輿地廣記云：晉、宋、齊、梁並屬漢中郡。」

〔三三〕立洋州及洋川郡：聚珍本脱。札記卷下：「朱校脱，周校是，隋志西鄉縣下文。」按寰宇記卷一三八「洋川郡」作「豐寧郡」，并云：「大業二年廢洋州，改豐寧縣爲西鄉縣。」

〔三四〕「屬洋州」後聚珍本衍「復西鄉」三字。札記卷下：「『屬洋州』，此下朱校衍『復西鄉』三字。」

〔三五〕「唐初立」下至「徙治興道」：聚珍本脱。札記卷下：「朱校脱，周校是，元和志、舊唐志可證。」

〔三六〕「故洋源縣」下至「西鄉置」：聚珍本作「唐武德四年析置洋源縣」。札記卷下：「朱校作『唐武德四年析置洋源縣』十字。案周校是也，宋本『年』上並有，下亦略可辨識。」按紀勝卷一九〇洋州引「輿地廣記云唐武德七年置。大曆元年，爲狂寇燒劫，遂北移於西鄉縣南二十里白湍村置縣，即今縣理是也。寶曆元年，廢洋源縣爲鄉。」

〔三七〕故：聚珍本脱。札記卷下：「朱校脱『故』字。」

〔三八〕洋水水導源巴山：聚珍本脱一「水」字。札記卷下：「朱校脱一『水』字。又『導』字，周校是。上二字蒙上有字句絶，故重『水』。水經沔水注有『導』字。」

〔三九〕戚夫人生於洋川高帝寵之：聚珍本「戚」字注「原缺」，「夫」作「大」，「洋川高帝」云「原缺」。札記卷下：「朱校『戚』下云『原缺』，『夫』作『大』，『洋川高帝』四字云『原缺』，周校並是，水經注可證。」按紀勝卷一九〇洋州：「輿地廣記云：生於洋川，高祖寵之。」

〔四〇〕休祥也：原本「休祥」作「休洋」，據紀勝卷一九〇洋州引輿地廣記改。又「也」字，聚珍本脱。札記卷下：「朱校脱『也』字，宋本同周校，是也，水經注可證。『休洋』並上『其川曰洋』，當依彼作『祥』。」

〔四一〕八：聚珍本作「入」。札記卷下：「朱校作『入』，蓋連上省讀而改，周校是，此本新唐志文。」

〔四二〕改爲真符：聚珍本作「更名」。札記卷下：「朱校作『更名』二字，周校是，舊唐志同。」

〔四三〕屬：聚珍本作「隸」。札記卷下：「朱校『屬』作『隸』，周校是，舊唐志作『屬』。」

〔四四〕屬漢中郡有黄金谷因置黄金戍：聚珍本作「後魏分置因縣有黄金水故名」。通典卷一七五「黄金戍」作「黄金城」。下同。札記卷下：「『屬漢中郡有黄金谷因置黄金戍』十三字朱校作『後魏分置因縣有黄金水故名』十二字，周校是，此言『黄金』之名所由始，非便言『置縣』也，『置縣』見下。兩漢志漢中郡有『安陽』。」紀勝卷一九〇洋州：「輿地廣記云：故黄金縣，漢安陽縣地，屬漢中郡。有黄金谷，因置黄金戍。」

〔四五〕「險固之極」下至「昔」：聚珍本作「俗號爲鐵城是也」。札記卷下：「朱校作『俗號爲鐵城是也』七字，蓋以寰宇記補，不知此二句並『險固之極』四字俱通典文。」又：「『昔』下至『攻拔之』，約水經沔水注文。」按紀勝卷一九〇洋州引輿地廣記有「險固之極昔」五字。

〔一四六〕「健據黃金」下至「蕭思話使」：聚珍本注「原缺」。又「坦」字，作「垣」。札記卷下：「朱校云『原缺』，周校是，證見上。」又云：「周校『蕭坦』當依酈作『垣』，歐避諱缺下畫，而或移上置下耳，餘並是。」按紀勝卷一九〇洋州引輿地廣記：「昔氏楊難當令魏興太守薛健據黃金，宋秦州刺史蕭思話使陰平太守蕭坦攻拔之，即此。」

〔一四七〕「即此」下至「唐屬洋州」：聚珍本注「原缺」。札記卷下：「朱校云『原缺』，周校是，通典州郡五黃金縣下云『西魏置』，『今縣』以下隋志、元和志、新、舊唐志俱可證。」

〔一四八〕「省入」下至「黃金水」：聚珍本注「原缺」。札記卷下：「朱校云『原缺』，周校是，並九域志文。」九域志卷八：「乾德四年省黃金縣入真符。」紀勝卷一九〇洋州：「仍移縣就廢黃金縣。」

〔一四九〕春秋戰國爲巴地：聚珍本脱。札記卷下：「朱校脱。」

〔一五〇〕二漢：聚珍本脱。札記卷下：「朱校脱。」

〔一五一〕「建安」下至「巴西郡」：聚珍本注「原缺」。札記卷下：「朱校脱。」

〔一五二〕梁立巴州及北巴郡：聚珍本作「居蜀漢之半」。通典卷一七五「巴州」作「北巴州」，寰宇記卷一三八作「梁州」。札記卷下：「朱校作『居蜀漢之半』五字，蓋以通典補。此自本隋志，周校是。」

〔一五三〕立隆州：聚珍本作「置崇州」，通典卷一七五「崇州」亦作「隆州」。下同。札記卷下：「朱校作『置崇州』，蓋以通典補。隋志『隆』，周校是。」

〔一五四〕「初郡廢」下至「大業初爲」：聚珍本作「時置」。札記卷下：「朱校作『時置』二字，周校是。隋志

『爲』作『置』，餘並同周校。」

〔一五五〕先天元年：新唐書卷四〇作「先天二年」。按唐先天年號只有一年。

〔一五六〕曰閬中郡：聚珍本作「改郡」，後衍「乾元元年復閬州」七字。札記卷下：「朱校『曰』作『改郡』二字，『郡』下衍『乾元元年復閬州』一句，蓋據寰宇記增。按宋刻行款亦無下句。」

〔一五七〕保寧軍：原作「保德軍」，據通鑑卷二六六、二六七、五代會要卷二四、寰宇記卷八六、九域志卷五改。札記卷下：「朱校『德』作『寧』，周校是，職方考、寰宇記、九域志並同。」

〔一五八〕乾德四年改安德軍：聚珍本脱「乾德四年」，「安德軍」後有「屬利州路」四字。札記卷下：「『乾德四年』四字，朱校脱。」又云：「『改安德軍』，九域志文。」

〔一五九〕守閬中：聚珍本作「曾守是郡」。札記卷下：「朱校作『曾守是郡』，周校是。水經漾水注云：『張達、范彊害張飛於此縣。』」

〔一六〇〕及北巴郡：聚珍本脱。札記卷下：「朱校脱。」

〔一六一〕立：聚珍本作「置」。札記卷下：「朱校『立』作『置』。」

〔一六二〕紀勝卷一八五閬州：「輿地廣記、圖經並云晉置蒼溪縣，寰宇記及晏公類要則云後漢永元中置蒼溪縣。蒼溪之置，而有漢、晉、宋、隋之不同。象之謹按：東漢志巴西郡有漢昌而無蒼溪縣。晉置巴西郡，領縣九，即蒼溪、漢昌二邑並置。然沈約宋志及齊志並有漢昌而無蒼溪。隋志有蒼溪而無漢昌。意者東漢置漢昌。晉志蒼溪，宋併蒼溪入漢昌，隋又改漢昌爲蒼溪耳。故隋志云舊曰漢昌，開皇末改曰蒼溪。」

〔一六三〕「省」下至「而」」：聚珍本作「漢」。札記卷下：「朱校『省而』作『漢』，周校是矣。」

〔一六四〕「隋屬」下至「蒼溪」」：聚珍本作「隋改今名」。札記卷下：「朱校作『隋改今名』四字，周校是，本書縣下沿革每一朝必言所屬。」

〔一六五〕「東漢初」下至「南充國」」：聚珍本脱。札記卷下：「朱校脱。」

〔一六六〕晉宋齊屬巴西郡：聚珍本脱。札記卷下：「朱校脱此句。」

〔一六七〕梁改曰南部屬北巴郡：聚珍本及寰宇記卷八六作「梁置南部郡」。札記卷下：「朱校作『梁置南部郡』，周校是，隋志可證。」

〔一六八〕西魏置新安郡：聚珍本脱。札記卷下：「朱校脱此句。」

〔一六九〕後周郡廢：聚珍本作「後周閔帝元年罷郡立南部縣」，寰宇記卷八六亦云後周立南部縣。札記卷下：「朱校作『後周閔帝元年罷郡立南部縣』，蓋以寰宇記補。此自用隋志文，上句同，周校是。」

〔一七〇〕「隋屬巴西」下至「嘉陵江」」：聚珍本作「隋開皇三年罷郡以縣屬閬州」。札記卷下：「朱校作『隋開皇三年罷郡以縣屬閬州』十二字，蓋以寰宇記補，周校是，隋志、唐志、九域志可證。」

〔一七一〕本南充西充二縣地：聚珍本作「漢充國縣地」。札記卷下：「朱校作『漢充國縣地』，周校是，宋本同。」

〔一七二〕析南部晉安置：聚珍本「析」作「分」，「晉安」下有「二縣」二字。札記卷下：「朱校『析』作『分』，

『晉』作『普』，『安』下衍『二縣』兩字，周校是，唐志文。」

〔一七三〕屬隆州後屬閬州：聚珍本作「縣界有鹽井因以得名」。札記卷下：「朱校作『縣界有鹽井因以得名』，蓋以寰宇記補。周校是，宋本略可辨識。」

〔一七四〕漢閬中縣地：聚珍本「漢」上衍「本」字。札記卷下：「朱校『漢』上衍『本』字。」紀勝卷一八五閬州引元和志：「本秦閬中縣地。」

〔一七五〕奉國縣：聚珍本脱。札記卷下：「朱校脱下三字。」按通典卷一七五以爲後魏爲縣。寰宇記卷八六亦云：後魏恭帝二年廢義陽郡，改爲奉國縣，屬白馬郡，始以此地來附於魏，故以奉國爲名。紀勝卷一八五閬州引元和志：「本秦閬中縣地，後魏恭帝二年於此置奉國縣。」

〔一七六〕梁立：聚珍本脱。札記卷下：「朱校脱『梁立』二字。」

〔一七七〕聚珍本「二郡」下衍「後魏恭帝二年廢義陽郡改爲奉國縣屬白馬郡」十九字。札記卷下：「『郡』下衍『後魏恭帝二年廢義陽郡改爲奉國縣屬白馬郡』十九字，蓋以寰宇記補，周校是，此用隋志文。」

〔一七八〕「隋開皇初」下至「屬隆州」：聚珍本作「隋開皇三年罷郡以縣屬閬州」。札記卷下：「朱校作『隋開皇三年罷郡以縣屬閬州』，亦寰宇記。此用隋志，周校是。」按寰宇記卷八六「隆州」作「閬州」。

〔一七九〕唐：聚珍本脱。札記卷下：「朱校脱『唐』字。」

〔一八〇〕來屬：聚珍本作「還屬」。札記卷下：「朱校作『還屬』。」

〔一八一〕岐坪：聚珍本「岐」上衍「有」字。札記卷下：「『岐』上朱校衍『有』字。」按新、舊唐書志、通鑑、文獻通考、宋史皆作「岐坪」，九域志卷八作「岐平」。

〔一八二〕故岐平縣：聚珍本作「即岐坪廢縣地」。札記卷下：「『故岐坪縣』，朱校作『即岐坪廢縣地』。」新、舊唐志、通鑑、文獻通考、宋史「岐平」作「岐岼」，寰宇記卷八六、紀勝卷一八五閬州作「岐坪」。

〔一八三〕「隋屬利州」下至「省入焉」：聚珍本脱。札記卷下：「朱校脱三十三字。」又「乾德五年」，九域志卷八作「熙寧三年」，宋朝事實卷一九作「乾德五年」，宋會要方域七之七、紀勝卷一八五閬州引國朝會要作「熙寧五年」，宋史卷八九作「熙寧四年」。

〔一八四〕天目山：聚珍本脱。札記卷下：「朱校脱，周校是，九域志文。」按紀勝卷一八五閬州云：「輿地廣記云：在奉國縣東十五里。」今本無。

〔一八五〕本漢南充安漢二縣地：聚珍本及寰宇記卷八六作「漢充國縣地」。札記卷下：「朱校作『漢充國縣地』，周校是，宋本同。」

〔一八六〕析南部相如置：聚珍本作「割相如南部二縣」。寰宇記卷八六：「置新城縣，後以太子諱改名新政縣。」札記卷下：「朱校『析』作『割』，『南部相如』作『相如南部二縣』六字，周校是，唐志文。」

〔一八七〕屬閬州：聚珍本作「新政縣」。札記卷下：「朱校作『新政縣』，周校是矣。」紀勝卷一八五閬州引圖經：「皇朝元豐五年（徒）〔徙〕治晉安。」

〔一八八〕隆奔山：聚珍本作「龍奔山」。札記卷下：「『隆』，朱校作『龍』，周校是，九域志文。」九域志卷八、紀勝卷一八五閬州作「龍奔山」。

〔一八九〕本漢西充縣地：聚珍本作「漢中縣地」。札記卷下：「朱校作『漢中縣地』四字，周校是，宋本同。」

〔一九〇〕後分置西水：聚珍本脱。札記卷下：「朱校脱。」按通典卷一七五以爲梁置西水，寰宇記卷八六云：周閔帝元年改爲西水縣，因西水以爲名。

〔一九一〕梁立掌夫郡：聚珍本「立」作「置」，「郡」作「城」。札記卷下：「朱校『立』作『置』，『郡』作『城』，周校是，隋志作『郡』。」隋書卷二九、寰宇記卷八六「夫」作「天」。又「郡」字，舊唐書卷四一作「城」，寰宇記卷八六作「戍」。

〔一九二〕「西魏改曰」下至「省入」：聚珍本脱。札記卷下：「朱校作『後周閔帝元年改西充縣有掌夫山』十四字，蓋以寰宇記補，周校是矣。『西魏改曰』至『唐屬閬州』隋志、唐志可證；『晉安鎮』及下『省入西水』，九域志可證；『本西充國』，隋志可證；『晉宋齊屬巴西郡』，沈志、南齊志可證；『梁立』至『巴西郡』，隋志可證；『唐武德』至『屬閬州』，唐志可證。」又「熙寧五年」，九域志卷八作「熙寧三年」，宋會要方域七之七：「熙寧五年廢爲鎮，隸西水縣。」宋史卷八九作「熙寧四年」。

〔一九三〕「春秋戰國」下至「屬蜀郡」：聚珍本作「秦爲蜀地」。札記卷下：「朱校作『秦爲蜀地』四字，周校是，宋本略可辨識。」

〔一九四〕二：聚珍本脱。札記卷下：「朱校脱。」

〔一九五〕蜀分屬梓潼郡晉宋齊因之：聚珍本脱「蜀分屬梓潼郡」，「晉」字後有「以其地入梓潼郡」。札記卷下：「『蜀分屬梓潼郡晉宋齊因之』，朱校作『晉以其地入梓潼郡宋齊因之』。周校是，蜀志霍峻傳、宋書州郡志、水經梓潼水注並可證。洪編修亮吉補三國疆域志梓潼郡下云：『漢建安二十二年，蜀漢分廣漢置。』蓋參用續漢志注。」

〔一九六〕後改爲安州西魏改爲始州：聚珍本脱前一「爲」字。札記卷下：「朱校脱兩『爲』字，周校是，隋志文。」

〔一九七〕「及立普安郡」至「復普安郡」：聚珍本「及立」作「隋爲」，脱「隋開皇初」至「廢復」。札記卷下：「『及立普安郡』下至『復普安郡』二十字，朱校作『隋爲普安郡』五字，周校是，隋志可證。」

〔一九八〕曰：聚珍本作「復爲」。札記卷下：「朱校作「復爲」。」

〔一九九〕元年：聚珍本作「二年」。札記卷下：「『元』，朱校作『二』。」案元和志、新、舊唐志並作「二」。舊唐書卷四一、寰宇記卷八四、新唐書卷四二作「先天二年」。又聚珍本「改」上有「始」字。札記卷下：「『改』上朱校有『始』字。」

〔二〇〇〕天寶元年曰：舊唐書卷四一「天寶元年」作「天寶五年」。又「曰」字，聚珍本作「復爲」。札記卷下：「『曰』，朱校作『復爲』。」

〔二〇一〕蜀王氏孟氏因之：聚珍本作「乾元元年復今名」。札記卷下：「朱校作『乾元元年復今名』，蓋以舊唐志、太平寰宇記補，周校當是，職方考可證。」

〔二〇二〕普安縣：聚珍本作「安普縣」。札記卷下：「周校『安普』蓋誤倒，朱校不誤。」

〔二〇三〕南安縣：聚珍本作「南安郡」，後衍「梁州梁改安州」。札記卷下：「朱校『縣』作『郡』，又『郡』下衍

『梁州梁改安州』六字，蓋以舊唐志增，而誤『又』爲『梁』，周校是，隋志可證。」按元和志卷三三云：宋於此置南安縣。

〔二〇四〕爲普安立：札記卷下：「朱校作『始州兼置』四字，蓋以舊唐志補，周校是，證見上。」紀勝卷一八六隆慶府：「本漢梓潼縣地。宋元嘉始置南安縣。西魏改曰普安。元和郡縣志曰後周改爲普安，與此不同。象之謹按：隋志云：舊曰南安，西魏改曰普安，置普安郡，當從隋志。」

〔二〇五〕隋初郡廢後復立：聚珍本脱。札記卷下：「朱校無此七字，周校是，隋志可證。」

〔二〇六〕初曰：聚珍本作「武德三年復爲」。札記卷下：「朱校作『武德三年復爲』六字，蓋以舊唐志補，周校是也，宋本同。」

〔二〇七〕札記卷下：「『後曰劍州』至『省入普安』，朱校作『後改普安縣屬劍州』八字，周校是，『後曰劍州』言州治，非言縣也。『普安』名縣已見上文，豈後唐乎？『臨津鎮』及下『省入普安』，九域志可證。『漢梓潼縣地』至『改爲臨津』並約元和志文。『屬始州』，隋志可證。『唐屬劍州』，元和志、新、舊唐志可證。」

〔二〇八〕「臨津鎮」下至「大劍水」：聚珍本脱。札記卷下：「『有大劍山大劍水』七字，朱校脱，周校是，九域志文。」

〔二〇九〕二漢：聚珍本「二」字脱，「漢」字後衍「舊縣」二字。札記卷下：「『二』，朱校脱，『漢』下衍『舊縣』二字。」

〔三〇〕「建安末」下至「葭萌之功」：聚珍本脱。

〔三一〕乃立：聚珍本作「蜀分置」。

〔三二〕「以峻爲」下至「曰安壽」：聚珍本脱。寰宇記卷八四云西魏改縣曰安壽。

〔三三〕「西魏改郡」下至「南入涪」：聚珍本作「西魏改潼川郡改縣爲安壽隋大業三年復今名」。札記卷下：「『建安末』下至『南入涪』，此一百五十九字朱校作『蜀分置梓潼郡西魏改潼川郡改縣爲安壽隋大業三年復今名』二十五字，蓋以寰宇記補，周校當並是，宋本殘字可證。」

〔三四〕漢白水縣地：聚珍本作「本漢梓潼縣地」，元和志卷三三、寰宇記卷八四皆云漢梓潼縣地。札記卷下：「朱校『漢』上有『本』字，『白水』作『梓潼』，蓋以寰宇記補，周校是。『白』壞作『曰』，今訂正。」

〔三五〕「晉以陰平」下至「西晉壽郡」：聚珍本作「晉流人入蜀於縣置比陰平郡」。札記卷下：「朱校作『晉流人入蜀於縣置北陰平郡』十二字，蓋以舊唐志補。周校是，宋本殘字可證。」隋書卷二九云：「宋置北陰平郡。」又紀勝卷一八六隆慶府：「唐郭茵大中六年縣記引李膺益州記云：宋太始初以舊陰平流移之户置此縣。北陰平縣之建置，而有晉、宋之異，當考。」

〔三六〕陰平：寰宇記卷八四作「龍安」。

〔三七〕「西魏改郡」下至「曰静龍」：聚珍本作「西魏定蜀後改陰平爲龍安」。札記卷下：「朱校作『西魏定蜀後改陰平爲龍安』十一字，蓋以寰宇記補。此自本隋志，周校是。」

〔三八〕「隋開皇初」下至「屬劍州」：聚珍本作「隋并爲陰平縣屬始州」。札記卷下：「此十三字，朱校作

『隋并爲陰平縣屬始州』九字，蓋以寰宇記補。此自本隋志、唐志，周校並是。」

〔二九〕「後置武功縣」至「治山小潼水」：聚珍本「後置武功縣」作「宋置武都郡」，「及立輔劍郡」至「小潼水」作「及下辯縣又改爲武功縣後魏改今名」。札記卷下：「『後置武功縣』下至『小潼水』四十字朱校作『宋置武都郡及下辯縣又改爲武功縣後魏改今名』二十字，蓋以舊唐志、寰宇記補。周校是，隋志、唐志、九域志可證。」

〔三〇〕普城縣：聚珍本作「晉成縣」。札記卷下：「『城』朱校作『成』，寰宇記、九域志同，周校是，下文及新唐志俱可證。」

〔三一〕華陽郡：元和志卷三三作「南安郡」。

〔三二〕元和志卷三三：「周武帝改爲黄安縣。」

〔三三〕「宋立」下至「屬劍州」：聚珍本作「梁置梁安縣屬南梁州武帝天和中改黄安縣」。札記卷下：「朱校作『梁置梁安縣屬南梁州武帝天和中改黄安縣』十九字，蓋以寰宇記補。周校是，隋志、唐志可證。『蜀』當作『屬』，壞字。」按底本「屬」字不誤。

〔三四〕改曰普城有柘溪：聚珍本作「復改今名」。札記卷下：「『唐末改曰普城有柘溪』末下七字朱校作『復改今名』四字，周校是。新唐志云：『本黄安，唐末更名。』是非復改矣。『有柘溪』，九域志文。」

〔三五〕「晉桓温」下至「孝武時省」：聚珍本作「漢梓潼縣地」。札記卷下：「朱校作『漢梓潼縣地』五字，蓋以寰宇記補，此自本晉志。」

〔二六〕劍門縣：原作「劍開縣」，據紀勝卷一八七巴州引輿地廣記改。札記卷下：「『劍開』彼（按即朱校）作『劍閣』，周校誤，餘並是。」

〔二七〕二年：聚珍本作「三年」。

〔二八〕於方期驛：聚珍本「驛」字後有「城」字。札記卷下：「朱校『驛』下有『城』字，蓋以舊唐志、寰宇記補。」

〔二九〕屬劍州：聚珍本脱。札記卷下：「朱校脱。」宋會要方域七之七：「劍門關，景德三年以劍州劍門縣直隸京，以兵馬監押主之。熙寧五年縣復隸，劍門關仍别置。」又：「劍門縣，景德二年以縣隸劍門關，兵馬都監主之，熙寧五年復來隸。」

〔三〇〕劍門峽：聚珍本作「小劍山」，以下至卷末聚珍本脱。札記卷下：朱校作『小劍山』，周校是矣，九域志可證。此下至卷末朱校並脱。」

〔三一〕宋會要方域七之七：「永歸縣，乾德五年廢隸劍門縣。」

〔三二〕巴郡：紀勝卷一八七巴州引輿地廣記作「巴郡宕渠縣」。

〔三三〕紀勝卷一八七巴州：「宋武帝平梁、益，有兹土，羣獠尚難制。末年，置歸化、水北二郡，歸化即今州理是也。」下注云：「元和志以爲宋置歸化、水北二縣，寰宇記以爲宋置水北、歸化二郡，不同。謹按寰宇記書云：『宋於巴嶺南置歸化、水北二郡，以領獠户。』通典亦云：『宋末於巴嶺之南置歸化郡。』二者不同。然元和志又於曾口縣下書云：『宋於此置歸化郡，以撫獠户，無屬縣。』觀『無屬縣』

三字，乃非置縣也，則是元和志自相牴牾。今從寰宇記及通典作宋立歸化郡。」

〔三四〕木蘭郡：原作「木門郡」，據上文及通典卷一七五、寰宇記卷一三九改。下同。

〔三五〕太谷：通典卷一七五作「大谷」。下同。

〔三六〕巴郡：寰宇記卷一三九作「宕渠郡」。

〔三七〕梁改置梁廣縣：通典卷一七五：「梁曰大谷。」寰宇記卷一三九「梁廣縣」作「梁大縣」。

〔三八〕化成：寰宇記卷一三九作「化城」。

〔三九〕難江縣：原無「江」字，據隋書卷二九補。

〔四〇〕二年：九域志卷一〇、宋朝事實卷一九、宋史卷八九作「五年」。

〔四一〕巴江：按紀勝卷一八七巴州、勝覽卷六八引輿地廣記有「巴峽水屈曲成『巴』字」。蜀中廣記卷二五：「輿地廣記云：巴江，源出大巴山，至當州東南分爲三流，而中央横貫，勢若『巴』字。」今本無。宋會要方域一二之一六：「巴州化成縣清化鎮，本巴州清化縣，乾德四年廢盤道縣入焉。咸平二年，以隸集州。熙寧五年廢集州，省縣爲鎮。」

〔四二〕東巴州：原作「東梁州」，據舊唐書卷三九、紀勝卷一八七巴州引元和志改。

〔四三〕紀勝卷一八七巴州引元和志：「西魏恭帝二年，改東巴州爲集州。」

〔四四〕隋書卷二九云梁置難江縣。

〔四五〕按九域志卷一〇：「乾德五年省通平、大牟二縣入難江縣。」

〔二四六〕二年：宋史卷八九作「三年」。

〔二四七〕紀勝卷一八七巴州引元和志：「本漢宕渠縣地。」

〔二四八〕奇章：原作「其章」，據紀勝卷一八七巴州及下文奇章山改。下同。新唐書卷四〇、九域志卷八、宋會要方域七之八作「其章」。按困學紀聞卷一〇：「隋、唐志、通典、九域志、輿地廣記皆云其章，誤也。」并云：「隋牛弘，封奇章公，僧孺其後也。奇章，巴州之縣，梁普通六年置，取縣東八里奇章山爲名。」

〔二四九〕紀勝卷一八七巴州引國朝會要：「熙寧四年廢始寧縣，隸奇章縣。」

〔二五〇〕奇章山：九域志卷八作「其章山」。

〔二五一〕壁州：九域志卷八作「璧州」。

〔二五二〕宋會要方域七之八：「通江縣，天聖元年改諾水，尋復舊。熙寧五年廢壁州，省白石、符陽二縣來隸。」

〔二五三〕九域志卷一〇：「璧州……開寶五年廢州，尋復置。」

〔二五四〕九域志卷一〇：「乾德四年，省廣納、東巴二縣入通江。」

〔二五五〕盧化郡：隋書卷二九作「盧北郡」。

〔二五六〕泰興縣：隋書卷二九作「秦興縣」。

〔二五七〕元和志卷二二、寰宇記卷一三五云：秦并天下，屬蜀郡。

〔二五八〕李太白集分類補注卷六：「輿地廣記清泥嶺，在沔州長舉縣西北五十里，懸崖萬仞，上多雲雨，行者多逢淖，巖陰峻，迴曲九折，乃至山上。」

〔二五九〕紀勝卷一八八蓬州：「晉志、宋志並云獻帝建安六年劉璋分巴郡置巴西郡。而元和志、通典、寰宇記及圖經諸書皆云晉屬巴西郡，而輿地廣記亦云蜀立巴西郡，不同。象之謹按：晉志及宋志巴西郡乃漢末劉璋所立，廣記以爲蜀立，已無所據。而諸書以爲晉始屬巴西郡，尤爲不經。」

〔二六〇〕通典卷一七五以爲屬清化、宕渠、巴西三郡。

〔二六一〕七年：舊唐書卷三九、新唐書卷四〇作「元年」。

〔二六二〕紀勝卷一八八蓬州蓬池縣：「輿地廣記云：梁屬隆城郡，隋開皇三年改屬蓬州。」

〔二六三〕七年：寰宇記卷一三九作「元年」。

〔二六四〕隆城郡：通典卷一七五作「崇城郡」。

〔二六五〕隆州：寰宇記卷一三九、紀勝卷一八八蓬州引元和志作「蓬州」。

〔二六六〕朗池：舊唐書卷四一作「郎池」。

〔二六七〕伏虞郡：寰宇記卷一三九作「義安郡」。

〔二六八〕巴州：寰宇記卷一三九作「蓬州」。

〔二六九〕境陽郡：隋書卷二九同，通典卷一七五作「景陽郡」。

〔二七〇〕大寅：寰宇記卷一三九、紀勝卷一八八蓬州引元和志作「蓬池」。

〔二七一〕元和志卷二二以爲元和中廢。

〔二七二〕九域志卷八：「皇朝乾德元年降下州。」

〔二七三〕寰宇記卷一三九云：唐武德元年曰龍門郡。

〔二七四〕宋史卷八九：「政和五年改爲政州。」

〔二七五〕懸兵：原作「垂兵」，據水經注卷三二、通典卷一七六、寰宇記卷一三四改。

〔二七六〕寰宇記卷一三三云：後魏正始中分置三泉縣，以界内三泉山爲名。按紀勝卷一九一大安軍：「如寰宇記之文，是三泉縣置於梁初西魏有漢中之時也，年月不同。象之按：通鑑梁武帝天監四年夏侯道遷以梁州降魏。魏遣邢巒將兵援之。通鑑魏之正始元年，即梁之天監三年。以年月考之，恐是邢巒定漢中時所置。又考後魏元英、邢巒、源懷三傳，皆平漢中時也，既無所載，而後魏地形志漢中、褒中、東、西晉壽等郡皆無三泉縣。又輿地廣記云：『隋屬利州。』而隋志義成郡即利州也。領縣七，而無三泉，似無所據。然寰宇記於三泉縣序云魏置三泉縣，而於故三泉城下注云唐武德四年置，自相牴牾，今不取。」

〔二七七〕利州：元和志卷二二作「梁州」。

〔二七八〕九域志卷八：「唐隸興元府。」紀勝卷一九一大安軍：「按興元志：『唐自奉天之亂，德宗幸梁、洋，始升爲興元府。』不應天寶元年即有興元府也，當從廣記。」

〔二七九〕乾德五年：九域志卷八、長編卷八亦作「乾德五年」，宋史卷八九作「三年」。

〔二八〇〕三年：元和志卷二二作「二年」。

〔二八一〕鄧寧郡：元和志卷二二作「昌寧郡」。

〔二八二〕鄧寧郡：元和志卷二二作「昌寧郡」。

〔二八三〕元和志卷二二：「隋開皇初改屬鄧州，後屬扶州。」

〔二八四〕昌寧郡：元和志卷二二作「帖夷郡」。

〔二八五〕鄧寧郡：元和志卷二二作「武進郡」。

〔二八六〕鄧寧郡：元和志卷二二作「尚安郡」。

〔二八七〕鉗：札記卷下：「『鉗』字舊空，今案元和志訂補。」

輿地廣記卷第三十三

夔州路〔一〕

都督府，夔州。春秋爲庸國之魚邑〔二〕。文十六年，楚侵庸，七遇皆北〔三〕，唯裨、儵、魚人實逐之是也〔四〕。庸滅屬巴。秦及二漢屬巴、南二郡。初平六年〔五〕，分屬永寧郡〔六〕。建安六年，劉璋改爲巴東郡。蜀、晉、宋、齊皆因之。齊兼立巴州。梁曰信州。後周立總管府。隋開皇初郡廢，大業初府廢，復置巴東郡。唐武德元年曰信州，二年改曰夔州〔七〕，天寶元年曰雲安郡。蜀王氏升鎮江軍節度，後改曰寧江〔八〕。今縣二。

中，奉節縣。故魚邑。二漢爲魚復縣，屬巴郡。蜀屬巴東郡。劉備改縣曰永安〔九〕。晉太康元年復舊。齊立巴川。西魏改縣曰人復。隋曰信州。唐曰夔州，正觀二十三年縣更今名。有三峽山、白鹽山、赤甲山、大瀼水〔一〇〕、灩澦堆。有魚復縣故城，在縣北，今名赤甲城。有古扞關，楚肅王所作，以拒巴蜀〔一一〕。有白帝城，公孫述所築。有故永安宮，劉備所置。備終，諸葛亮受遺詔於此。有諸葛亮八陣圖，累石爲之〔一二〕。

中下，巫山縣。故楚之巫郡，秦昭王伐楚，取之，以爲縣，屬南郡。二漢因之。晉立建平郡。宋、齊、梁、西魏、後周皆因之。隋開皇初郡廢，屬信州，曰巫山。唐屬夔州。有巫山及高都山〔一三〕。昔楚襄王游高唐，晝寢，夢一婦人曰：「妾居巫山之陽，高丘之岨，旦爲朝雲暮行雨〔一四〕。朝朝暮暮，陽臺之下。」覺而命宋玉賦之，此其地也。有大江。

下，黔州。春秋爲巴地〔一五〕。戰國楚威王使莊蹻將兵，循江上，略巴、黔中以西〔一六〕，屬楚。秦昭王伐楚，取黔中，以屬黔中郡。二漢屬武陵郡。晉、宋、齊皆因之，後不賓服。後周武帝時，蠻帥以其地歸附，初立奉州，後改曰黔州，不帶縣。隋爲黔安郡。唐武德元年曰黔州，天寶元年曰黔中郡。蜀王氏升武泰軍節度〔一七〕。今縣二。

中，彭水縣。漢酉陽縣地。隋開皇十三年置，以爲州治。洪杜寨，本洪杜縣，唐武德二年析彭水置。皇朝嘉祐八年省。洋水鎮，本洋水縣，唐武德二年析彭水置，曰盈隆。先天元年曰盈川，天寶元年更今名。皇朝嘉祐八年省爲寨〔一八〕，熙寧二年爲鎮〔一九〕。信寧鎮，本信安縣，隋置。唐武德二年更名，屬義州，正觀十一年來屬。皇朝嘉祐八年省〔二〇〕。都濡鎮〔二一〕，本都濡縣，唐正觀二十年析盈隆置。皇朝嘉祐八年省〔二二〕。有三嵎山、洪杜山、伏牛山、巴江、洋水〔二三〕。

中〔二四〕，黔江縣。本石城，唐武德元年析彭水縣置〔二五〕，天寶元年更名。有羽人山、河蓬水。

上，達州。春秋、戰國爲巴地。秦、二漢屬巴郡。建安中分屬巴西郡。蜀、晉因之。宋立巴渠郡〔二六〕。齊因之〔二七〕。梁立萬州，以萬頃池爲名，及改郡爲東關。西魏改州曰通州〔二八〕。後周因之。開皇初郡廢，大業初州廢，立通川郡。唐武德元年曰通州，天寶元年曰通川郡〔二九〕。蜀王氏、孟氏因之。皇朝乾德三年更名。今縣五。

中，通川縣。本宕渠縣地。東漢置宣漢縣，屬巴郡。蜀劉氏分屬宕渠郡。晉省之，屬巴西。宋復置，及立巴渠郡。梁置石城縣，立萬州及東關郡。西魏曰通州。隋改石城縣曰通川，置通川郡。唐因之。皇朝爲達州。有鳳凰山，有巴江、渠江，合於縣東南。

中，巴渠縣。宋巴渠縣地〔三〇〕，唐永泰元年析石鼓置。大和三年屬開州，四年來屬〔三一〕。有鹿子山、渠江。

下，永睦縣〔三二〕。本永康，梁置，又有南榮郡〔三三〕。隋開皇初郡廢，屬巴州，十八年縣更名。唐武德二年立萬州，正觀元年州廢來屬。有龍驤山、巴江。

下，新寧縣。唐武德二年析通川置，大和三年屬開州，後復來屬。有濁水山、新寧溪。

故閬英縣，唐天寶九載置。皇朝乾德五年省入〔三四〕。石鼓縣，西魏置，及立遷州〔三五〕。後周廢州，立臨清郡。隋開皇初郡廢，屬通州。唐寶曆元年省，大中元年復置〔三六〕。故三岡縣，梁置，屬新安郡。西魏改郡曰新寧。隋開皇初郡廢，屬通州。唐寶曆元年省，大中五年復。皇朝熙寧六年省三岡〔三七〕，七年省石鼓，分屬通川〔三八〕、永睦、新寧。

下，東鄉縣。本宋下蒲縣地，屬巴渠郡，後改爲東鄉。西魏立石州。後周廢州，立三巴郡。隋開皇初郡廢，屬通州。唐武德三年立南石州，又置下蒲縣。八年州廢，省下蒲入焉〔三九〕。故宣漢縣，本宋東關縣地，屬巴渠郡，後改爲宣漢。西魏立井州及永昌郡〔四〇〕。隋開皇三年郡廢，五年州廢，屬通州。唐武德元年立南井州，及置東關縣。正觀元年州廢，省東關，以宣漢來屬。皇朝乾德五年省入東鄉。有下蒲江。

明通院〔四一〕。本唐宣漢縣地。僞蜀置明通院，以催科税賦。皇朝因之。有宣漢鹽井，地名長腰，鹹源在大江龍骨石窟中涌出。

中下，施州。春秋爲巴地。戰國屬楚。秦、二漢屬南郡。吴、晉、宋、齊、梁屬建平郡。後周立施〔四二〕、業二州及清江、軍屯二郡。隋開皇初郡廢，大業初州廢，爲清江郡。義寧二年，復施、業二州及清江、軍屯二郡。唐正觀八年，廢業州併焉。天寶元年曰清化郡，後復故。二蜀因之。今縣二。

中下，清江縣。漢巫縣地，屬南郡。吴置沙渠縣，屬建平郡。晉因之，後省。後周立施州及清江郡。隋開皇初郡廢，五年置清江縣。大業初州廢，屬清江郡。義寧二年立施州，爲州治焉。有施王屯餘址，故以爲名。有連珠山、夷水，以其水色清照，十丈分沙，故曰清江。水出縣西，東至宜都，入大江。

中下，建始縣。後周立業州及軍屯郡。隋開皇初郡廢，五年置建始縣。大業初州廢，屬清江郡。義寧二年立業州，正觀八年州廢來屬。有連天山、建始溪。

下，忠州。春秋、戰國爲巴地。秦屬巴郡。二漢、蜀、晉、宋、齊皆因之。梁立臨江郡。後周兼立臨州。隋開皇初郡廢，大業初州廢，屬巴東郡，義寧二年復立臨州。唐正觀八年改曰忠州，天寶元年曰南賓郡。前蜀、後蜀因之。今縣四。

中下，臨江縣。漢以後屬巴郡。梁立臨江郡。後周立臨州。唐曰忠州。有屏風山、大江。

中下，墊江縣。西魏析臨江置，及立容川、容山二郡。後周改縣曰魏安。隋開皇初郡廢，屬渠州，十八年復故名。唐武德元年屬潾州，八年來屬。故桂溪縣，本清水，唐武德二年析臨江置，天寶元年更名。皇朝熙寧五年省入。

下，豐都縣。本平都，故巴子之別都也。漢枳縣地，隋義寧二年析臨江復置，屬臨州。唐屬忠州。有平都山、大江。

下，南賓縣。唐武德二年析武寧置。有望塗溪，南賓縣尉司。州東南一百八十里，本夔州龍渠鎮。皇朝乾德六年來屬，開寶二年置尉司。

下，萬州。春秋、戰國爲巴地。秦、二漢屬巴郡，建安中分屬巴東郡〔四三〕。晉、宋、齊皆因之。後周立安鄉、南都二郡〔四四〕，兼立南州。後改安鄉曰萬州〔四五〕，南都曰懷德。隋州、郡並廢，屬巴東郡。唐武德二年立南浦州〔四六〕，八年州廢，屬夔州。九年復立，曰浦州，正觀八年曰萬州，天寶元年曰南浦郡。前蜀、後蜀因之。今縣二。

中下，南浦縣。本羊渠，蜀建興八年更名，屬巴東郡。晉、宋、齊因之。後周立安鄉郡，後改郡曰萬川，縣曰安鄉〔四七〕。隋開皇初郡廢，十八年改縣曰南浦〔四八〕，屬巴東郡。唐武德二年立南浦州〔四九〕，八年州廢，屬夔州，九年復爲萬州治焉。有高梁山、大江。

下，武寧縣。本漢臨江縣地。後周置源陽縣，及立南州、南都，後改郡曰懷德、縣曰武寧〔五〇〕。隋屬巴東郡。唐武德二年屬南浦州，八年州廢，屬臨州，九年復來屬。有木歷山、大江。

下，開州。春秋、戰國爲巴地。秦、二漢屬巴郡。晉、宋、齊、梁屬巴東郡。西魏置開州及萬安、江會二郡〔五一〕。後周置周安〔五二〕、萬世二郡〔五三〕，省江會入周安。隋開皇初郡並廢，大業初州廢，分屬通川〔五四〕、巴東二郡，義寧二年析置萬世郡〔五五〕。唐武德元年曰開州，天寶元年曰盛山郡。前蜀、後蜀因之。今縣二。

上，開江縣。本漢豐〔五六〕，宋置，屬巴東郡。西魏改曰永寧。隋開皇末改曰盛山，屬巴東郡。唐立開州，廣德元年縣更名。故西流縣，本後魏置漢興縣。西魏更名，立開州及萬安、江會二郡。後周廢江會入周安。隋開皇初萬安郡廢，大業初州廢，屬通川郡，義寧二年來屬。唐正觀元年省入。故新浦縣，宋置，屬巴東郡。後周立周安郡。隋開皇初郡廢，屬巴東，義寧二年來屬。唐因之。皇朝慶曆四年省入。有盛山、疊江。

中，清水縣。本萬世，後周置，及立萬世郡。隋開皇初郡廢，屬通川郡〔五七〕，義寧二年來屬。唐正觀二十三年更名萬歲，寶曆元年省，尋復。皇朝改曰清水。有石門山、清水。東南五里有靈洞，唐正元九年雷雨震開。

下，**涪州**。春秋、戰國爲巴地。秦、二漢屬巴郡。建安二十一年蜀分立涪陵郡〔五八〕。晉因之，後廢而復立。隋開皇初又廢，屬渝州。唐武德元年析置涪州，天寶元年曰涪陵郡。前蜀、後蜀因之。今縣三。

下，涪陵縣。漢舊縣，東漢及晉因之，後改曰漢平，置涪陵郡。隋開皇初郡廢，屬渝州。十八年改曰涪陵〔五九〕，後廢爲鎮。唐武德元年以鎮立涪州，二年置涪陵縣。温山鎮，本温山縣，唐置，屬南瀘州，後來屬。皇朝熙寧三年省入〔六〇〕。有鷄鳴峽山、大江。黄石灘，一名横石〔六一〕，東漢岑彭破公孫述將侯丹于黄石，即此。内江，即黔江也〔六二〕，南通黔中。昔秦使司馬錯泝此水南上，擊奪楚黔中地。

下，樂温縣。唐武德二年析巴縣置〔六三〕，屬南瀘州。又析巴縣、涪陵置永安縣，九年樂温來屬，開元二十一年省永安入焉。有樂温山。

下，武龍縣。唐武德二年置〔六四〕。有武龍山。

下，**恭州**。古巴子之都。戰國爲秦所併，立巴郡。二漢因之。初平六年，分巴爲二郡，以江州爲永寧郡〔六五〕，建安六年復爲巴郡。蜀、晉、宋、齊因之。梁兼立楚州。西魏、後周因之〔六六〕。隋開皇初郡廢，改州曰渝州。大業初州廢，爲巴郡。唐武德元年曰渝州，天寶元年曰南平郡。蜀王氏、孟氏因之。皇朝崇寧元年更名。今縣三。

中，巴縣。本江州，古巴國也〔六七〕。周武王封同姓爲巴子。七國時，與蜀俱稱王〔六八〕。秦惠王既滅蜀國，因使張儀虜巴王而取其地，以立巴郡。二漢因之。建安中，劉璋使嚴顔爲太守，張飛攻陷之。蜀以後皆爲巴郡，而改江州爲巴縣〔六九〕。梁曰楚州。隋、唐曰渝州。皇朝曰恭州。有縉雲山、明月峽、大江。

中下，江津縣。本漢江州縣地。後既改江州爲巴縣，乃於此別置江州。西魏改曰江陽〔七〇〕，立七門郡。隋開皇初郡廢，屬渝州，十八年曰江津〔七一〕。唐因之〔七二〕。故萬壽縣，本萬春〔七三〕，唐武德三年析江津置〔七四〕，五年更名。皇朝乾德三年省〔七五〕。故南平縣，唐置，屬霸州〔七六〕，正觀十三年州廢來屬。皇朝雍熙五年省入江津。

下，壁山縣。唐至德二載析巴、江津、萬壽置。有重壁山、油溪。

珍州〔七七〕。古蠻夷之地。二漢、晉、隋屬牂柯郡〔七八〕。唐屬珍州，元和三年州廢，屬溱州，後復屬西高州。唐衰棄之〔七九〕。皇朝大觀二年，大駱解上下族帥駱世華、駱文貴等獻地。東西四百五里，南北三百五十一里，以立珍州，亦曰樂源郡。今縣一。

中，樂源縣。唐正觀十六年置，屬珍州，後廢。皇朝大觀二年立珍州，復置樂源，爲州治焉。

承州〔八〇〕。春秋、戰國及秦爲蠻夷地。二漢、晉屬牂柯郡，通代恃險〔八一〕，不聞臣服。隋煬帝時屬明陽郡，兼屬黔安。唐武德四年立夷州，正觀元年州廢，四年復置，天寶元年曰義泉郡，唐衰棄之〔八二〕。皇朝大觀三年，蕨平帥任漢崇等獻地。東西三百五十九里，南北六百六十五里，改爲承州〔八三〕。今縣五。

綏陽縣〔八四〕。隋末置，屬明陽郡。唐武德二年屬義州，正觀十一年來屬，而自都上徙州治焉〔八五〕。有綏陽山。

都上縣〔八六〕。唐武德元年析彭水置〔八七〕，屬黔州。正觀四年立夷州，十一年州徙治綏陽。

義泉縣〔八八〕。隋末置，屬明陽郡。唐武德二年屬義州，五年屬智州，正觀十一年屬牢州，州自信安徙治焉，十六年州廢來屬。

洋川縣〔八九〕。唐武德二年置，屬義州〔九〇〕，正觀十六年州廢來屬〔九一〕。

寧夷縣〔九二〕。隋末置。唐初屬思州，武德四年立夷州。正觀元年州廢，屬務州，開元二十五年來屬。自都上以下四縣故基荒廢，不可考驗。皇朝收復，但據夷人所指以置縣，然原其始析置移屬〔九三〕，則都上當近黔州，寧夷當近思州也。

溱州〔九四〕。古蠻夷地。自漢至隋屬牂柯郡。唐正觀十六年開山洞立溱州〔九五〕，天寶元年曰溱溪郡，唐衰棄之〔九六〕。皇朝熙寧七年招收，置榮懿寨，屬南平軍，崇寧中復立溱州〔九七〕。舊縣二。

中，榮懿縣。唐正觀十六年置〔九八〕，爲州治，後廢。皇朝以爲榮懿寨，隸南川縣〔九九〕。唐又置樂來縣〔一〇〇〕，咸亨元年省。

中下，扶歡縣。唐正觀十六年置〔一〇一〕。

梁山軍〔一〇二〕。皇朝開寶三年，以石氏屯田務立軍〔一〇三〕。今縣一。

中下，梁山縣。西魏析朐䏰置〔一〇四〕。隋屬巴東郡。唐武德二年屬南浦州〔一〇五〕。八年州廢，屬夔州。是年復立浦州，又來屬，後改爲萬州。皇朝開寶三年立軍，以爲治焉〔一〇六〕。有柏枝山、高梁水、紵溪〔一〇七〕。

同下州，南平軍。春秋、戰國爲巴地。秦屬巴郡。二漢、晉、宋、齊因之，後爲蠻夷所據。唐武德二年開南蠻，立南州，二年改曰僰州〔一〇八〕，四年復曰南州，天寶元年曰南川郡，唐衰棄之〔一〇九〕。皇朝熙寧七年〔一一〇〕，招收西南蕃部〔一一一〕，立南平軍。今縣二。

中下，南川縣。本隆陽，唐武德二年置，爲南州治，先天元年更名，唐末廢。皇朝皇祐五年復置，屬渝州。熙寧七年〔一一二〕，以縣之銅佛垻立南平軍〔一一三〕，而省南川爲鎮，入隆化〔一一四〕，元豐元年復置。有松山、得勝山、七渡水。

中〔一一五〕，隆化縣。唐正觀十一年置，屬涪州，先天元年改爲賓化，後復故名。皇朝熙寧七年來屬〔一一六〕。有永隆山、羅緣溪、僰溪、胡陽溪。

同下州，遵義軍。歷代地理與播州同〔一一七〕。皇朝大觀二年，蕃帥楊文貴獻地，東西二百二十二里，南北六百一十二里，置遵義軍〔一一八〕。今縣一。

遵義縣〔一一九〕。漢且蘭縣地，屬牂柯郡。唐正觀元年析牂柯置，屬郎州。十一年州廢，縣亦省。十三年復立播州，亦復置縣。十四年更名羅蒙，十六年更名遵義，後自播川徙州治焉〔一二〇〕。唐衰〔一二一〕，播州爲楊氏兩族所分據，一居播川，一居遵義，以仁江水爲界。其後，居播川者曰光榮，得唐所給州銅牌；居遵義者曰文貴，得州銅印。皇朝大觀二年，兩族各獻其地，皆自以爲播州。議者以光榮爲族長，重違其意，乃以播川立州，遵義立軍焉。

同下州，大寧監。自五代以前地理與夔州同。皇朝開寳六年立監。今縣一。

中下，大昌縣〔一二二〕。本泰昌，晉太康初分秭歸置，屬建平郡。宋、齊因之。後周避文帝名，改曰建昌〔一二三〕，而立永昌郡。尋廢，又改縣曰大昌〔一二四〕。隋屬巴東郡。唐屬夔州。皇朝以縣之鹽泉所置大寧監〔一二五〕，端拱元年來屬〔一二六〕，爲監治焉。故北井縣，晉屬建平郡。宋、齊、梁因之。後周省入。有巫溪、鹹泉。

夔州路化外州

下，費州。古蠻夷地。二漢、晉、宋屬牂柯郡，山川險阻，爲俚獠所居，多不賓附。至後周，始置爲費州，以費水爲名，後廢。隋屬黔安郡。唐武德初屬思州，正觀四年立費州，天寳元年曰涪川郡〔一二七〕。領縣四。

中下，涪川縣〔一二八〕。隋開皇五年置，屬黔安郡，後廢。唐武德四年析務川置〔一二九〕，屬思州。正觀四年立費州，爲州治〔一三〇〕。

中下，扶陽縣。隋仁壽四年置〔一三一〕，屬巴東郡。唐武德四年屬思州，正觀四年來屬。

中下，多田縣。唐武德四年置〔一三二〕，屬思州，正觀八年來屬。

中下，城樂縣。唐武德四年置，屬思州，正觀八年來屬。

下，西高州。春秋爲蠻夷地。戰國、秦、漢爲夜郎國。元鼎六年開夜郎，屬牂柯郡〔一三三〕。東漢、蜀、晉、宋因之，其後不屬。唐正觀十六年開山洞〔一三四〕，立珍州〔一三五〕，天寶元年曰夜郎郡。元和三年州廢，屬溱州，後復立西高州〔一三六〕。領縣四。内樂源已先歸附〔一三七〕，别立珍州。

中下，夜郎縣。本漢夜郎國。有豚水〔一三八〕。東南至廣鬱爲鬱水〔一三九〕，又東南至番禺城下入海，所謂牂柯江也。武帝伐南越，唐蒙言：「夜郎精兵可得十萬，浮船牂柯，出不意，此制越一奇也。」上乃使蒙從巴符關入見夜郎侯，約爲置吏，及以爲犍爲郡。後且蘭反，殺犍爲太守。漢滅且蘭，立牂柯郡。而犍爲郡徙治僰道焉。夜郎侯入朝，上以爲夜郎王。至成帝時，夜郎王興與鉤町、漏卧更舉兵相攻，牂柯太守陳立諭告〔一四〇〕，興不從命。立出行縣，至興國且同亭召興入見，立數責，因斬之，以其地爲縣，屬牂柯郡。東漢以後因之，後廢。唐正觀十六年開山洞，置夜郎縣，爲珍州治。李白流夜郎，即此。元和三年州廢，屬溱州。後復立，曰西高州〔一四一〕。

中下，麗高縣。或作麗皋，唐正觀十六年置。

中下，榮德縣。唐末置〔一四二〕。

校注

〔一〕札記卷下：「此卷第一葉，宋本、舊鈔本並殘缺，用周臨重修本補。其有宋本勵存之字，仍以參考。」

〔二〕通典卷一七五：「春秋時爲魚國。」

〔三〕「文十六年」下至「遇皆北」：札記卷下：「朱校云『原缺』。」

〔四〕唯裨鯈魚人實逐之：札記卷下：「『逐』，朱校云『原缺』；『裨』，周校云『重修本誤婢』，案宋本不誤。」

〔五〕「是也」下至「二郡初」：札記卷下：「此十六字朱校云『原缺』。」

〔六〕「永寧郡」下至「有故永安宮劉備」：札記卷下：「二百十一字朱校云『原缺』。」

〔七〕二年：通典卷一七五作「三年」。

〔八〕宋會要方域七之八：「夔州路，唐乾元二年陞爲都督府，尋罷，天成二年陞爲寧江軍節度。」方域七之九：「夔州，景德三年自白帝城徙城東今治。」

〔九〕永安：寰宇記卷一四八作「奉節」。

〔一〇〕大瀼水：九域志卷八作「東瀼水」。

〔一一〕蜀鑑卷一：「史記索隱以爲扞關即魚復江關，今瞿唐關。顏師古注、輿地廣記、郡縣志皆仍其說。

惟後漢史注扞關在今峽州巴山縣。樂史寰宇記峽州長楊縣有古扞關城存，即巴山縣地，此爲得之。」

〔一三〕「有諸葛亮」下至「石爲之」：札記卷下：「十一字朱校云『原缺』。」

〔一三〕高都山：通典卷一七五作「高郁山」。

〔一四〕旦爲朝雲暮行雨：札記卷下：「朱校『暮』下有『爲』字，蓋據文選及水經江水注增，周校是也，宋本同。」

〔一五〕巴地：通典卷一八三作「楚地」。

〔一六〕黔中：四庫本、聚珍本作「縣中」。札記卷下：「宋本『黔』，朱校作『縣』，誤，周校同宋本。」按紀勝卷一七六黔州引輿地廣記作「黔中」。

〔一七〕紀勝卷一七六黔州：「通鑑天復三年，王建以王宗本爲武泰留後。武泰軍舊治黔州，宗本以其地多瘴癘，請徙治涪州，建許之。」又：「皇朝因之不改，至太宗朝，復歸黔州，置理所，仍轄黔中思、南、費、溱、夷、播六州。」下注云：「寰宇記在太平興國二年。」

〔一八〕寨：聚珍本作「鎮」。

〔一九〕「省爲寨」下至「熙寧二年」：札記卷下：「朱校脱，周校同宋本，是也，九域志可證。」又「熙寧二年」，宋會要方域一二之一六作「熙寧三年」。

〔二〇〕八年：宋會要方域一二之一六作「七年」。

〔二二〕都濡：九域志卷八、宋會要方域一二之一六、紀勝卷一七六黔州州沿革及彭水縣沿革引皇朝郡縣志作「都儒」，同卷古迹門作「都濡」。

〔二三〕八年：宋會要方域一二之一六作「七年」。

〔二三〕洋水：四庫本、聚珍本作「洪水」。札記卷下：「宋本『洋』，周校同。朱校作『洪』，誤。此九域志文。」

〔二四〕中：四庫本脱，九域志卷八、宋史卷八九作「下」。札記卷下：「宋本缺『中』字，據周校補。朱校作『下』，誤。九域志可證。」

〔二五〕元和志卷三〇：「隋開皇五年置石城縣。」寰宇記卷一二〇：「隋開皇五年析彭水縣置石城縣，大業二年廢，以地入彭水。唐武德元年再置。」非始置于唐。

〔二六〕巴渠郡：聚珍本作「巴東郡」，寰宇記卷一三七作「南宕渠郡」。札記卷下：「朱校『渠』作『東』……皆誤，沈志、南齊志可證。宋本缺『渠』字，據周校補。」

〔二七〕齊：四庫本、聚珍本作「晉」。札記卷下：「朱校……『齊』作『晉』，皆誤。沈志、南齊志可證。」寰宇記卷一三七云：齊又屬巴渠郡。

〔二八〕改州：四庫本作「改郡」。札記卷下：「『上』『州』字宋本缺，據周校補。朱校作『名』，誤。」

〔二九〕元年：原作「元郡」，據四庫本、聚珍本改。

〔三〇〕宋：四庫本作「本」，寰宇記卷一三七云梁置巴渠縣。

〔三一〕宋會要方域七之九：「巴渠縣，乾德三年移治江西風樂壩。」

〔三二〕永睦：隋書卷二九、寰宇記卷一三七作「永穆」。

〔三三〕南榮郡：隋書卷二九、寰宇記卷一三七作「萬榮郡」。

〔三四〕宋會要方域七之九：「閬英縣，〔乾德〕五年廢隸石皷縣，至道三年移治新安市。」

〔三五〕立：四庫本、聚珍本作「亡」。札記卷下：「宋本『立』壞作『亡』，朱校誤作『亡』，今據周校訂正。隋志云『置遷州』。」

〔三六〕宋會要方域七之九：「石鼓縣。熙寧七年廢隸通川、新寧、永（陸）〔睦〕三縣。」

〔三七〕宋會要方域七之九：「三岡縣，〔乾德〕三年移治索心市。」

〔三八〕通川：四庫本、聚珍本、叢書集成本作「通州」。

〔三九〕四庫本「下蒲」下有「縣」字。

〔四〇〕并州：通典卷一七五、寰宇記卷一三七作「并州」。下同。

〔四一〕明通院：原作「通明院」，據九域志卷八改。詳見王小紅、李中鋒明通院明通縣考一文，載宋代文化研究十二輯（綫裝書局二〇〇三年）。

〔四二〕施：通典卷一八三作「亭」。

〔四三〕寰宇記卷一四九及紀勝卷一七七萬州引圖經：東漢末，劉璋以朐𦛨屬巴東郡。

〔四四〕後周立安鄉：紀勝卷一七七萬州「後周分朐𦛨縣置安鄉郡，又改萬川郡。」下注：「元和郡縣志及寰宇記並以爲後魏置安鄉郡，又改萬川。而輿地廣記以爲後周置安鄉郡，而圖經亦書曰後周置安鄉郡，不同。象之謹按：梁元帝末年武陵王紀敗，地入西魏。次年即禪于周，故書曰後周。隋志巴東郡南浦縣下亦云後周置安鄉郡，後改縣曰安鄉，改郡曰萬川。當從隋志。」

〔四五〕萬州：通典卷一七五作「萬川」。

〔四六〕武德二年立南浦州：寰宇記卷一四九「二年」作「三年」，紀勝卷一七七萬州引元和志「南浦州」作「浦城郡」。紀勝又云：「象之謹按：舊碑：唐武德二年以冉仁才爲使持節浦州諸軍事、浦州刺史，四年同趙郡王孝恭討蕭銑有功。舊碑所載也，當以浦州爲是。兼唐武德初年皆改郡爲州，不應立郡。今從寰宇記及冉仁才碑。」

〔四七〕安鄉：寰宇記卷一四九作「萬川」。

〔四八〕隋書卷二九、寰宇記卷一四九亦云開皇十八年改萬川縣曰南浦。紀勝卷一七七萬州「蜀後主劉禪立南浦縣，屬巴東郡」下注：「晉志巴東郡領縣三，曰魚復、朐䏰、南浦。宋之巴東郡下云：南浦令劉禪建興八年，益州牧閻宇表改羊渠立。巴志亦云晉武平吴，省羊渠置南浦縣，不同。……晉、宋、齊志並有南浦縣。恐梁末陷没，其後置郡縣，復立南浦之名。圖經考訂第及西魏之創置，而不知在三國時已有南浦之名，非始於隋也，隋特因蜀後主劉禪之舊縣名而因之耳。」紀勝南浦縣下又云：「寰宇記云：吴立羊渠縣。劉禪建興八年十月，益州牧閻宇表改羊渠立南浦縣。又巴志云：晉武平吴。省羊渠置南浦縣。晉、宋、齊志巴東郡下並有南浦縣，梁時無所經見。」

〔四九〕二年：寰宇記卷一四九作「三年」。

〔五〇〕紀勝卷一七七萬州：「元和志以爲周分沅陽屬懷德郡，後魏改曰武寧。魏不應在周之後，所書非是，今不取。」

〔五一〕寰宇記卷一三七云：西魏置開州及東安、東關、三岡、開江四郡。

〔五二〕周安：通典卷一七五作「同安」。下同。

〔五三〕寰宇記卷一三七以爲後周置周安郡，而無萬世郡。

〔五四〕通川：四庫本、聚珍本作「通州」。

〔五五〕萬世郡：寰宇記卷一三七作「萬州」。

〔五六〕漢豐：四庫本「漢豐」後有「縣」字。

〔五七〕通川郡：四庫本作「通州郡」。

〔五八〕建安二十一年蜀分立涪陵郡：元和志卷三〇及寰宇記卷一二〇以爲蜀先主以其地控巴江之源，故於此立涪陵郡。紀勝卷一七四涪州：「黽陵志以爲後漢立涪陵郡，與元和志及寰宇記不同。象之切意蜀先主立郡之時，尚在後漢末年，故圖志以爲後漢末耳。晏公類要及輿地廣記云：建安二十一年蜀分立涪陵，此爲得之。」

〔五九〕十八年：隋書卷二九作「十三年」。

〔六〇〕三年：紀勝卷一七四涪州作「二年」。

〔六一〕橫石：紀勝卷一七四引輿地廣記「橫石」後有「在涪陵縣東」五字。

〔六二〕內江即黔江：札記卷下：「上『江』字。周校本缺，宋本不缺。」按紀勝卷一七四涪州景物門內江條注：「輿地廣記云：即黔江也。」

〔六三〕二年：寰宇記卷一二〇、紀勝卷一七四作「三年」。

〔六四〕二年：元和志卷三〇作「九年」，寰宇記卷一二〇、紀勝卷一七四涪州作「元年」。按宋會要方域七之九：「武龍縣，宣和元年改爲枳縣，紹興元年依舊。」

〔六五〕元和志卷三三云：以墊江以下爲永寧郡。

〔六六〕元和志卷三三云：西魏改楚爲巴州，後周改巴爲楚州。

〔六七〕也：四庫本、聚珍本作「地」。

〔六八〕蜀：聚珍本作「周」。按路史卷一九引輿地廣記作「蜀」。

〔六九〕而改江州爲巴縣：紀勝卷一七五重慶府：「然嚴顏、張飛事多載於忠州，故忠州有張飛廟及嚴顏塚。又江州縣蜀既改爲巴縣，而晉志及南齊志巴郡尚治江州縣，則巴縣之名不應起於三國蜀時也，二者不同，當考。」

〔七〇〕元和志卷三三、寰宇記卷一三六云：後周改爲江陽縣。

〔七一〕十八年：寰宇記卷一三六作「三年」。

〔七二〕宋史卷八九：「乾德五年，移治馬鬷鎮。」

〔七三〕「故萬壽縣」下至「本萬春」：札記卷下：「宋本並作『萬』，周校並作『万』。『壁山縣』下『萬壽』、梁山軍所領『梁山縣』下『萬州』並同。」

〔七四〕三年：通典卷一七五作「二年」。

〔七五〕三年：九域志卷八、宋會要方域七之九作「五年」。

〔七六〕霸州：元和志卷三三作「南平州」。

〔七七〕「珍州」前聚珍本有「下」字。札記卷下：「『珍州』，宋本、周校同，朱校『珍』上衍『下』字。」

〔七八〕柯：四庫本作「牁」。下同。

〔七九〕衰：四庫本作「襄」。

〔八〇〕「承州」前聚珍本有「下」字。札記卷下：「『承州』，宋本、周校同，朱校『承』上衍『下』字。」

〔八一〕通：聚珍本作「遠」。

〔八二〕衰：四庫本作「襄」。

〔八三〕宋會要方域七之一〇：「承州，大觀三年以任漢崇獻地建，宣和三年廢爲縣。」宋史卷八九亦云：「宣和三年廢州及都上等縣，以綏陽隸珍州。」

〔八四〕「綏陽縣」前聚珍本有「中下」二字。札記卷下：「『綏陽縣』，宋本、周校同。朱校『綏』上衍『中下』二字，下四縣並同。」

〔八五〕宋會要方域七之一〇：「綏陽縣，大觀三年建，宣和三年割隸珍州。」

〔八六〕「都上縣」前聚珍本有「中下」二字。

〔八七〕元和志卷三〇云：隋大業十二年招慰所置。

〔八八〕「義泉縣」下至「州廢來屬」原本不分段，今另起行。又聚珍本「義泉縣」前有「中下」二字。札記卷下：「『義泉縣，案此當提行，州下云『今縣五』，『寧夷縣』下云『自都上以下四縣』均即其證。宋史志亦同，宋本、周校並誤。朱校提行，是矣。『義』上衍字，説見前。」

〔八九〕聚珍本「洋川縣」前有「中下」二字。

〔九〇〕義州：元和志卷三〇作「牢州」。

〔九一〕十六年：元和志卷三〇作「十四年」。

〔九二〕聚珍本「寧夷縣」前有「中下」二字。

〔九三〕原：四庫本作「源」。

〔九四〕聚珍本「溱州」前有「下」字。札記卷下：「『溱州』，宋本、周校同，朱校『溱』上衍『下』字。」

〔九五〕十六年：元和志卷三〇、寰宇記卷一二二作「十七年」。

〔九六〕衰：四庫本作「襄」。

〔九七〕宋會要方域七之一〇：「溱州，熙寧七年招收置，宣和三年廢爲寨。」宋史卷八九：「大觀二年別置溱州及溱溪、夜郎兩縣，宣和二年廢州及縣，以溱溪砦爲名，隸南平軍。」

〔九八〕十六年：元和志卷三〇、寰宇記卷一二二作「十七年」。

〔九九〕宋史卷八九：「熙寧七年招納，置榮懿等砦，隸恭州，後隸南平軍。」

〔一〇〇〕樂來縣：原作「樂末縣」，據新唐書卷四一改。

〔一〇一〕十六年：元和志卷三〇、寰宇記卷一二二作「十七年」。宋會要方域七之一〇：「溱溪縣，熙寧七年招收置，宣和三年廢爲寨，隸南平軍。」

〔一〇二〕九域志卷八「梁山軍」前有「同下州」三字。宋史卷八九同。

〔一〇三〕紀勝卷一七九梁山軍：神宗熙寧五年，「又廢忠州之桂溪縣爲清泉鄉以廣軍境」。

〔一〇四〕紀勝卷一七九梁山軍：「元和郡縣志云：本漢州（州恖）〔朐䏰〕縣地，周武帝於此分置梁山縣，屬萬川郡。寰宇記以爲後周天和二年置，杜佑通典亦以爲後周置梁山縣，而隋志以爲西魏置梁山縣，不同。象之謹按：舊唐書志乃是魏置萬安郡，未嘗置梁山縣也。舊唐志又云：後周置梁山縣，治後魏萬安郡故城，非西魏置梁山縣，特因西魏所置故萬安郡之基而置梁山縣耳。」

〔一〇五〕二年：四庫本、聚珍本作「三年」。

〔一〇六〕宋史卷八九：「元祐元年還隸萬州，尋復故。」紀勝卷一七九梁山軍：國朝會要云：熙寧五年，又析忠州桂溪縣地益焉。」

〔一〇七〕高梁水：九域志卷八作「梁山水」。

〔一〇八〕二年：紀勝卷一八〇南平軍亦作「二年」，四庫本及通典卷一七五、新唐書卷四一作「三年」。

〔一〇九〕袁：四庫本作「褱」。按紀勝卷一八〇南平軍「本朝平蜀，而南州即先歸化」下注：「圖經在乾德三年。」又「陞爲懷化軍，以軍使兼知南川縣事，隸渝州」下注：「圖經在皇祐五年。」

〔二〇〕七年：宋史卷八九作「八年」。下文南川縣、隆化縣條中作「七年」，宋史皆作「八年」。按紀勝卷一八〇南平軍：「圖經云：熊本經制相度到銅佛壩市元係渝州南川縣管屬，今相度將南川縣廢爲鎮，却於銅佛市舊基左右修築城壁，建立一軍，因唐之舊名，而軍治之所則非也。又熊本傳熙寧八年夏，渝州南川縣僚人木斗叛，詔本安撫夔路破賊。木斗以溱州地歸，得五百里，爲四砦九堡，建南平軍。國朝會要云：熙寧七年，以恭州南川縣銅佛壩地置南平軍，年月不同。」

〔二一〕西南蕃部：宋史卷八九作「西蕃部」。

〔二二〕七年：長編卷二七〇在「八年」。

〔二三〕銅佛埧：原作「銅佛坦」，聚珍本作「銅佛垣」，據九域志卷八改。

〔二四〕宋史卷八九：「熙寧八年，省入隆化。」

〔二五〕中：九域志卷八作「下」。

〔二六〕七年：宋史卷八九作「八年」。按紀勝卷一八〇南平軍：「圖經云：熙寧九年，勘會涪州隆化縣至本州計二百三十五里，至本軍只有一百四十里，相度將隆化縣割屬南平軍。」又云：「本朝熙寧三年改爲隆化寨，四年改爲縣，仍隸涪州，九年割隸南平軍。國朝會要云：熙寧七年自涪州來隸。年月不同，當考。」

〔二七〕輿地廣記卷三唐十五道採訪使有播州，屬黔中採訪使。按本卷所列州郡，若宋代已廢省更名者，皆用小字注明，而播州下並無任何説明文字，而今本輿地廣記無播州，當爲失載。按宋會要方域七之一〇：「播州，大觀二年以楊文貴獻地建，宣和三年廢爲城。」又：「播川縣，大觀二年建，宣和三年廢爲城。」宋史卷八九：「播州，樂源郡。大觀二年，南平夷人楊文貴等獻其地，建爲州，領播川、琅川、帶水三縣。宣和三年廢爲城，隸南平縣。」

〔二八〕宋會要方域七之一〇：「遵義軍，大觀二年以楊文貴獻地建，宣和三年廢爲寨。」宋史卷八九：「宣和三年，廢軍及縣，以遵義砦爲名，隸珍州。」

〔二九〕遵義縣：四庫本作「遵義軍」，聚珍本「遵義縣」前有「中下」二字，宋史卷八九遵義縣爲「中」縣。札記卷下：「『遵義縣』，宋本、周校同，朱校『遵』上衍『中下』字。」

〔三〇〕播川：聚珍本作「播州」。下同。

〔三一〕衰：四庫本作「襄」。

〔三二〕大昌縣：四庫本作「大曷縣」。札記卷下：「『昌』，宋本作『曷』，蓋壞字，據周校訂正。」

〔三三〕紀勝卷一八一大甯監：「元和郡縣志云：『晉武帝於此置建昌縣。』輿地廣記云：『晉太康初分秭歸置泰昌縣，屬建平郡。宋、齊因之。後周避文帝名，改曰建昌，而立永昌郡，尋廢。』若據廣記，則是晉立泰昌縣，非建昌也。若據元和志，則是晉已立建昌，非改於周也。然寰宇記引顧野王輿地記云：『晉太康元年分秭歸、巫二縣置建昌縣，後改爲大昌，屬建平郡。』通典亦書云晉建大昌縣，有所不同。象之謹按：晉志、宋志、齊志於建平郡下俱有泰昌，而無建昌。三志之作俱在晉後，不應晉時便有建昌。至隋志巴東郡下却有大昌，而無泰昌，則是改泰昌爲建昌、改建昌爲大昌當在周、隋之間。隋志於大昌縣（王）〔下〕書曰：『後周置永昌郡，尋廢。』與輿地廣記之説相應。而晏公類要於大昌縣下亦書曰：『本泰昌，晉太康中置。後周避文帝名，改曰建昌，又改曰大昌』。則建昌非置於晉也。今以類要及晉志、宋志、齊志參考書曰晉置泰昌縣。」

〔一二四〕紀勝卷一八一大甯監：「元和郡縣志曰：『隋開皇元年改曰大昌縣。』然隋志於大昌縣第書曰：『後周置永昌郡，尋廢。』而不言改建昌爲大昌一節，則大昌非改於隋也。今從類要，書曰又改建昌縣曰大昌縣。」

〔一二五〕寰宇記卷一四八、九域志卷八、宋史卷八九在「開寶六年」。

〔一二六〕元年：九域志卷八作「二年」。按紀勝卷一八一大甯監「太宗時以大昌縣來屬」下注：「國朝會要在端拱元年。然輿地廣記以爲端拱元年以大昌縣來屬，爲監治焉。謹按大甯監與大昌縣自是兩處，今曰以大昌縣爲監治，似合爲一處者。廣記之言與今圖經所載不合，今削去『爲監治焉』一句。」

〔一二七〕涪川郡：原本及四庫本、聚珍本皆作「涪州郡」，據九域志卷一〇改。

〔一二八〕涪川縣：札記卷下：「宋本『川』是也。周校本作『州』，誤，隋志、唐志可證。朱校不誤。」

〔一二九〕務川：四庫本、聚珍本及元和志卷三〇、寰宇記卷一二二作「務州」。

〔一三〇〕宋會要方域七之一〇：「思州，政和八年建，宣和四年廢爲城，今復。」又云：「務川縣，政和八年建，宣和四年廢爲城，隸黔州。（印）〔邛〕水縣、安夷縣，政和八年建，宣和四年廢爲堡，隸黔州。」方域一二

○之八：「潼川府路遵義軍邛水堡、安夷堡，宣和三年以思州邛水縣、安夷縣改。」紀勝卷一七八思州「得州四十五，而思州不預焉」下注：「此據東坡指掌圖及歐陽忞輿地廣記。」按今本輿地廣記無此語。又同卷「始建思州」下注：「國朝會要載在政和八年建思州，隸夔州路。」又「尋省思州爲務川城」下注：「指掌圖於聖朝升改廢置圖載在宣和二年，國朝會要在宣和四年。」

〔三二〕元和志卷三〇以爲唐武德時置。

〔三三〕四年：元和志卷三〇、寰宇記卷一二一作「三年」。

〔三四〕牂柯郡：寰宇記卷一二二作「牂柯都尉」。

〔三五〕十六年：通典卷一八三作「七年」，寰宇記卷一二二作「十七年」。

〔三六〕寰宇記卷一二二云先立播州，後爲珍州。

〔三七〕宋會要方域七之一〇：「開寶六年二月二十六日，詔改溪洞珍州爲高州。先是，刺史田遷言自賜王州，連年灾沴，乞改州名，故有是命，鑄印賜。」

〔三八〕已：四庫本作「地」。札記卷下：「宋本『已』略可辨識，周校正作『已』。朱校作『縣』，誤。」

〔三九〕水：原脱，據聚珍本補。

〔四〇〕爲：四庫本作「有」，聚珍本作「合」。

〔四一〕諭：原作「渝」，據聚珍本改。

〔四二〕宋會要方域七之一〇：「夜郎縣，熙寧七年招收置，宣和三年廢。」

〔四三〕按：輿地廣記無雲安軍及屬縣内容。本書卷一禹貢九州「右楚地」内有「雲」，當爲「雲安」。紀勝卷一八二雲安軍：「至如輿地廣記則并雲安軍、雲安縣皆不曾載，刊落甚矣。」按宋會要方域七之九：「〔雲安軍〕雲安縣，開寶六年以夔州雲安縣建軍，即縣爲治所。熙寧四年，以縣户口析置雲安監安義縣，八年復廢隸焉。」又：「〔雲安軍〕安義縣，熙寧四年，以雲安縣户口析置安義縣，八年復廢，隸雲安。」

輿地廣記卷第三十四

福建路〔一〕

大都督府，福州。春秋爲七閩地〔二〕。戰國越王無彊爲楚所滅，子孫分散，或居閩地，以朝服於楚〔三〕。秦爲閩中郡，而越後世曰無諸，從諸侯平秦。漢高帝五年，封爲閩越王〔四〕，都此。及武帝時，閩越反，國除，徙其民於江淮之間，其地遂空。後有逃遁山谷者頗出，立爲治縣〔五〕，屬會稽郡。東漢因之。吴分屬建安郡。晉太康三年立晉安郡。宋、齊因之。陳兼立閩州，後改曰豐州。隋平陳，郡廢，改州曰泉州。大業初州廢，立建安郡。唐武德六年曰泉州〔六〕，景雲二年曰閩州，開元十三年改今名。天寶元年曰長樂郡，後升威武軍節度。唐末爲閩王氏所據。石晉時入吴越。後周改彰武軍。皇朝太平興國二年復曰威武軍〔七〕。今縣十二。

望，閩縣。漢封閩越王無諸都此，後隸治縣〔八〕，屬會稽郡。東漢爲候官都尉〔九〕。吴屬建安郡。晉太康三年分立晉安郡，及置原豐縣〔一〇〕，以爲郡治。宋、齊因之，後省入東候官。隋開皇九年郡廢，改縣曰原豐，十二年更今名，大業初置建安郡。唐曰泉州，又曰閩州，又曰福德。有九仙山、福山、金崎山。

望，候官縣〔一一〕。東漢置候官都尉。晉曰候官縣，屬晉安郡。宋、齊因之，後曰東候官，而省原豐入焉。隋開皇九年，改東候官曰原豐。唐武德六年復置，與閩縣分治郭下。八年省，長安二年析閩復置〔一二〕。元和三年省，五年復置。有閩山、螺江。昔閩人謝端釣得異螺，因名之。有候官浦。

望，福清縣〔一三〕。本萬安〔一四〕，唐聖曆二年析長樂置〔一五〕，天寶元年改爲福唐〔一六〕。朱梁改爲永昌。後唐同光初復故名。晉天福初改爲南臺，後復故，後更今名。有練門江。

望，懷安縣。皇朝太平興國二年析閩置〔一七〕。有方山〔一八〕、洪塘江。

望，長溪縣。唐武德六年置，尋省入連江，長安二年復置。有仙遊山、白水江。

望，連江縣。本温麻，晉太康四年以温麻船屯置縣〔一九〕，屬晉安郡。宋因之，後省。唐武德六年析閩地置，尋更名。有材塘，唐正觀元年築。

望，古田縣。唐永泰二年析候官、尤溪置〔二〇〕。有石塘山、古田口。

緊，長樂縣。本新寧，唐武德六年析閩置，尋更名。有海壇山、演江。

緊，永福縣。本永泰，唐咸通二年析連江及閩置〔二一〕。皇朝崇寧元年更名〔二二〕。有高蓋山。

中，閩清縣。朱梁乾化元年，王審知於梅溪場置。有竹山〔二三〕、鍾湖〔二四〕。

中，羅源縣。本永貞〔二五〕，五代置〔二六〕。皇朝天禧五年改爲永昌〔二七〕，乾興元年改今名。有四明山。

中，寧德縣。五代置〔二八〕。有大海。

上，建州。春秋爲七閩地。戰國爲越人所居。秦屬閩中郡。二漢屬會稽郡。吴永安三年分置建安郡〔二九〕。晉、宋、齊、梁因之。陳屬閩州，後屬豐州。隋平陳，郡廢，屬泉州。大業初州廢，屬建安郡。唐武德四年立建州〔三〇〕，天寶元年曰建安郡。唐末爲閩王氏所有，升鎮武軍節度。石晉時入南唐，改永安軍，又改忠義軍，後降軍事〔三一〕。皇朝端拱元年升建寧軍。今縣七。

望，建安縣。蓋越王勾踐冶鑄之所。漢誅閩越，徙其民以空其地。有遁逃山谷者，後頗出焉，乃立爲治縣，屬會稽郡。東漢分治地〔三二〕，爲會稽、東南二部都尉，東部台州是也，南部今縣是也。吴置建安縣，以爲郡治。晉以後因之。隋廢郡，屬泉州。州廢，屬建安郡。唐立建州。有白鶴山、茶山〔三三〕、建安水、東溪。

望，甌寧縣。皇朝治平三年析建安、建陽、浦城置，與建安分治郭下。熙寧三年省〔三四〕，元祐四年復置。

望，建陽縣。晉太康中置，屬建安郡〔三五〕。宋以後因之，後省。唐武德四年復置，八年省入建安，垂拱三年復置〔三六〕。有浮石山、建陽溪。

望，浦城縣。漢末置漢興縣。吴改曰吴興，屬建安郡。晉、宋因之，後省。隋末復置。唐武德四年改爲唐興，後省入建安，載初元年復置。天授二年曰武寧，神龍元年復曰唐興〔三七〕，天寶元年更今名。有孤山、大湖山〔三八〕。

望，崇安縣。皇朝淳化五年升崇安場爲縣〔三九〕。有武夷山。

緊，關隸縣。皇朝咸平五年〔四〇〕，升關隸鎮爲縣〔四一〕。有洞宫山。

上，松溪縣。五代時置〔四二〕。有松溪。

上〔四三〕，**泉州**。春秋爲七閩地。戰國爲越人所居。秦屬閩中郡。漢屬閩越國，後及東漢屬會稽郡〔四四〕。吴屬建安郡。晉屬晉安郡〔四五〕。宋、齊因之，後置南安郡〔四六〕。隋平陳，郡廢，屬泉州。唐初亦屬焉。聖曆二年立武榮州，三年廢，久視元年復置〔四七〕，景雲二年更名〔四八〕，天寶元年曰清源郡。唐末爲閩王氏所有。石晉時附于南唐，升清源軍節度。皇朝太平興國三年改平海軍〔四九〕。今縣七。

上，晉江縣。唐開元八年析南安置〔五〇〕，而自南安徙州治此〔五一〕。有泉山〔五二〕、晉江。

中，南安縣。吴置東安縣。晉改曰晉安〔五三〕，屬晉安郡。宋以後因之，後置南安郡。隋平陳，郡廢，改縣曰南安〔五四〕，屬泉州。唐武德五年置豐州，正觀元年州廢，屬泉州。聖曆二年立武榮州，後改爲泉州，而徙治晉江。有金鷄山、晉水。

中，同安縣〔五五〕。晉屬晉安郡〔五六〕，後省。五代復置。

中，惠安縣。皇朝淳化五年析晉江置〔五七〕。有錦田山、洛陽江。

中，永春縣。五代置。有石鼓山。

下，清溪縣〔五八〕。五代置。有廬山、溪水。

下，德化縣。五代置〔五九〕。有靈馨山。

上，南劍州。春秋爲七閩地。戰國爲越人所居。秦屬閩中郡。漢屬閩越國，後及東漢屬會稽郡。吴屬建安郡。晉、宋、齊、梁、陳因之。隋屬泉州。唐屬建、福、汀三州。南唐李景立劍州，亦曰劍浦郡〔六〇〕。皇朝太平興國四年爲南劍州〔六一〕。今縣五。

緊，劍浦縣。本延平。晉屬建安郡，後省。五代置，及劍浦縣〔六二〕。南唐立建州。初治延平，後徙劍浦，而延平省入。有延平津，晉張華、雷焕所佩龍泉、太阿二寶劍。後躍入水，化爲二龍，即此津也。

上，將樂縣。晉、宋屬建安郡，後省。唐武德五年析邵武復置，隸撫州〔六三〕。七年省，垂拱四年析邵武及故綏城地復置，屬建州。元和三年省，五年復置。皇朝太平興國四年來屬。

上，尤溪縣〔六四〕。唐開元二十九年開山洞置，屬福州。南唐時來屬。

中，沙縣。宋曰沙村縣〔六五〕，屬建安郡，後省。唐武德四年置沙縣，屬建州，後省入建安。永徽六年復置，大曆十二年屬汀州。

下，順昌縣。南唐置。

下，汀州。春秋爲七閩地。戰國爲越人所居。秦屬閩中郡。漢屬閩越國，後及東漢屬會稽郡。吴屬建安郡。晉、宋以後屬晉安郡。隋屬泉州。唐開元二十四年開福、撫二州山洞置汀州〔六六〕，天寶元年曰臨汀郡，唐末爲閩王氏所有。石晉時附南唐，後改南州。皇朝乾德四年復故名。今縣五。

望，長汀縣。本晉新羅縣地，屬晉安郡。唐開元二十四年開山洞置，治新羅〔六七〕，大曆四年徙治白石，皆長汀縣地〔六八〕。有靈蛇山、鄞江溪。

望，寧化縣。唐開元二十四年開山洞置〔六九〕。有鐵石山、黄連洞。

上，上杭縣。本長汀縣之上杭場。皇朝淳化五年升爲縣。有香嶺山、鍾毖〔七〇〕。

上，武平縣。本長汀縣之武平場，皇朝淳化五年升爲縣。有靈洞山。

清流縣〔七一〕。皇朝元符元年析長汀、寧化置〔七二〕。

下，漳州。春秋七閩地。戰國爲越人所居。秦屬閩中郡。漢屬閩越國。後及東漢屬會稽郡。吴屬建安郡。晉、宋以後屬晉安郡。隋屬泉州。唐垂拱二年析福州西南境置〔七三〕，天寶元年曰漳浦郡。唐末爲閩王氏所有。石晉時入南唐〔七四〕。今縣四。

望，龍溪縣。梁置，屬南安郡。隋、唐屬泉州。聖曆二年屬武榮州，開元二十九年來屬，乾元二年州自李澳川徙治焉。有九龍山。

望，漳浦縣。唐垂拱二年置，爲州治，開元四年徙治李澳川。故懷恩縣，與漳浦同置，二十九年省入。有九侯山、李澳溪。

望，龍巖縣。唐開元二十四年置，屬汀州，大曆十二年來屬〔七五〕。

望，長泰縣。五代置，屬泉州。皇朝太平興國五年來屬。有鼓鳴山。

同下州，邵武軍。歷代地理與建州同。皇朝太平興國五年立邵武軍〔七六〕。今縣四。

望，邵武縣。本昭武，吴置，屬建安郡。晉武帝更名。宋、齊因之，後省。隋開皇十二年復置〔七七〕，屬撫州。唐武德四年析置綏城縣〔七八〕，屬建州，七年邵武亦屬，正觀三年省綏城入焉。皇朝太平興國五年立軍。有飛猿嶺、邵武溪。

望，光澤縣。皇朝太平興國六年析邵武置〔七九〕。有烏君山〔八〇〕、烏嶺。

望，泰寧縣。本歸化，南唐置，屬建州。皇朝太平興國五年來屬，元祐元年更名〔八一〕。有梅溪。

望，建寧縣。本歸化，南唐置，屬建州。皇朝太平興國五年來屬。有百丈山、三溪。

同下州，興化軍。歷代地理與泉州同。皇朝太平興國四年立興化軍〔八二〕。今縣三。

望，莆田縣。隋開皇中屬泉州，尋省入南安。唐武德五年析南安復置。皇朝以縣之游洋、百丈二鎮地立太平軍，尋改興化。有壺公山，昔有人隱於此，遇一老翁，引至絶頂，見宫闕臺殿，云「此壺中日月也」〔八三〕。

望，仙游縣。本清源，唐聖曆二年析莆田置，屬泉州，天寶元年更名。皇朝太平興國四年來屬。有九仙山、大目溪。

中，興化縣。皇朝太平興國四年析莆田置。有百丈溪。

校注

〔一〕宋會要方域七之一〇：「福建路，太平興國元年爲浙西南路，雍熙二年改福建路。」長編卷一九作太平興國三年爲兩浙西南路。

〔二〕紀勝卷一二八福州據周禮夏官職方氏以爲「周爲七閩地」。

〔三〕朝：四庫本、聚珍本作「州」。

〔四〕閩越王：元和志卷二九作「閩中王」。

〔五〕冶縣：四庫本作「治縣」。札記卷下：「『冶』，宋本作『治』，與卷二十四『故冶村』誤正相反，周校同，今訂正，説見下。朱校不誤。」

〔六〕紀勝卷一二八福州：「通鑑唐武德五年『唐使者王義童下泉、睦、建三州』，而泉、建二州已並置矣。圖經謂武德未有泉州，新唐志謂武德六年別置建州，是皆未考通鑑武德五年之所紀載也。」

〔七〕二年：紀勝卷一二八福州「復爲威武軍」下引國朝會要在「太平興國元年」。

〔八〕冶縣：四庫本作「治縣」。札記卷下：「宋本『冶』是也，宋書州郡志引吴録詳其所以名矣，顔師古漢書閩越傳注云：『冶，弋者反。』亦其證。周校作『治』，誤，朱校不誤。」

〔九〕元和志卷二九云「後漢改爲東侯官。」

〔一〇〕原豐縣：四庫本作「源豐縣」。

〔一一〕候官縣：札記卷下：「宋本『候』，周校同。朱校作『侯』，誤。下同。」按通典卷一八二、新唐書卷四一、九域志卷八、紀勝卷一二八福州作「候官」，元和志卷二九、舊唐書卷四〇、寰宇記卷一〇〇、文獻通考卷三一八、宋史卷八九作「侯官」。

〔一二〕二年：紀勝卷一二八福州引元和志作「三年」。

〔一三〕福清縣：札記卷下：「宋本『清』是也，寰宇記、九域志可證。周校作『青』，誤。朱校不誤。」

〔一四〕萬安：原作「禺安」，據舊唐書卷四〇、寰宇記卷一〇〇、新唐書卷四一改。

〔一五〕長樂：寰宇記卷一〇〇作「閩縣」。

〔一六〕福唐：原作「福清唐」，衍「清」字，據元和志卷二九、寰宇記卷一〇〇、紀勝卷一二八删。

〔一七〕二年：寰宇記卷一〇〇作「七年」，九域志卷九、宋會要方域七之一〇、紀勝卷一二八福州引國朝會要、宋史卷八九作「五年」。紀勝卷一二八引圖經作「六年」。又「置」字，原作「豊」，據聚珍本及宋會要方域七之一〇改。

〔一八〕方山：原脱「山」字，據九域志卷九、紀勝卷一二八福州景物上方山條補。

〔一九〕紀勝卷一二八福州：「圖經謂宋置麻温縣，不知晉志晉安郡下已有麻温縣，則麻温非置於宋也。」

〔二〇〕唐永泰二年析候官尤溪置：元和志卷二九、舊唐書卷四〇、寰宇記卷一〇〇皆以爲開元二十九年開山洞置。按紀勝卷一二八福州：「圖經云：開寶二十八年，山洞豪以土地人民來歸，明年立古田縣。新唐書云永泰二年置，元和志及舊唐志皆云開元二十九年置，不同。圖經載二十八年開山洞，明年置縣，正合二十九年。而永泰所開山洞，乃置永泰，今爲永福縣。當從唐書及元和志作二十九年內置。」

〔二一〕紀勝卷一二八福州：「元和志永泰二年開山洞置。縣東水路沿流至侯官縣西，泝流至南安縣，南北俱抵大山，並無行路。寰宇記云：以年號爲縣名。」

〔二二〕宋會要方域七之一一：「永福縣，崇寧元年以永泰縣犯哲宗陵名，故改之。」

〔二三〕竹山：九域志卷九作「石竹山」。

〔二四〕鍾湖：紀勝卷一二八福州：「輿地廣記在閩清縣，其湖中有鐘，故名。」明一統志卷七四：「輿地廣記云：湖中有鍾，故名。」

〔二五〕永貞：四庫本作「永州」。

〔二六〕四庫本、聚珍本「五代」前有「自」字。

〔二七〕天禧五年：聚珍本「天禧」作「開寶」。按宋會要方域七之一〇、九域志卷九、紀勝卷一二八福州亦作「天禧五年」，宋朝事實卷一九作「元年」。

〔二八〕寰宇記卷一〇〇以爲唐開成年中置，不同。

〔二九〕三年：紀勝卷一二九建寧府：「此據吳録所載，在孫休永安二年。」

〔三〇〕紀勝卷一二九建甯府「唐平蕭銑，使者王義童下泉、睦、建三州」下注：「通鑑在武德五年，新、舊唐志及通典並云武德四年置建州，不同。象之謹按：趙郡王孝恭、李靖以四年十月平蕭銑，十一月李靖度嶺，下九十六州，而唐使者王義童亦以五年正月下泉、睦、建三州，是泉、睦、建三州武德四年尚未屬唐，則四年之改郡爲州乃羣盜割據之日，非出於唐室之命令也，唐志及通典所書非是，今不取。」

〔三一〕紀勝卷一二九建甯府「後降爲軍事」下注：「此據寰宇記及九域志，但二書不言其降爲軍事在何時，蓋自顯德已後則尚屬南唐，而開寶八年平江南，始屬本朝。自顯德三年至開寶八年僅二十年間，則其降爲軍事當在開寶八年平江南之時，當考。」

〔三二〕東漢分治地：札記卷下：「宋本『冶』，周校誤『治』，説見前。」

〔三三〕茶山：紀勝卷一二九引輿地廣記在建陽縣，蘇詩補注卷一一引輿地廣記在建安縣，不同。

〔三四〕三年：紀勝卷一二九建甯府引國朝會要作「二年」。

〔三五〕紀勝卷一二九建甯府：「而元和郡縣志云：『本上饒縣地，吴分置建平縣，晉太(和)〔元〕四年改爲建陽。』又寰宇記亦以爲本後漢建安縣地，割建安縣爲桐鄉。至吴賀齊討上饒之(城)〔賊〕，兼舊桐鄉置建平縣，故吴志云『建安十年權使賀齊討上饒立建平縣』是也，二者不同。象之謹按：上饒縣始置於唐武德四年，而漢建安十年不應有上饒縣。又賀齊討黟、歙賊，立新都郡，乃在今徽州界。其云：『割桐鄉置建平，今廣德之桐鄉建平縣耳。』又云：『晉太元四年改建平爲建陽縣。』考之沈約宋志，於建平縣：『下第云晉太康地志有，是太康中已有建陽縣，非必待至太元四年改建平爲建陽也，元和志、寰宇記未免牽强，今不取。」

〔三六〕三年：舊唐書卷四〇、寰宇記卷一〇一、新唐書卷四一作「四年」。

〔三七〕復曰：四庫本作「復名曰」。

〔三八〕大湖山：四庫本作「太湖山」。

〔三九〕宋會要方域七之一一：「崇安縣，淳化五年以崇安場置，咸平元年析建(楊)〔陽〕縣地以益之。」

〔四〇〕五年：宋朝事實卷一九、紀勝卷一二九建甯府引國朝會要亦作「五年」，九域志卷九、宋會要方域七之一一、宋史卷八九作「三年」。按宋會要云：「關隸縣，咸平三年以關隸鎮置，析建安縣地以益之。」

〔四一〕宋會要方域七之一一：「政和縣，舊關隸縣，政和五年復。」

〔四二〕宋會要方域七之一一：「松溪縣，至道二年析(蒲)〔浦〕城縣地以益之。」按紀勝卷一二九建甯府：「建安志云：『本吴越國處州之東平鄉，王氏據閩，奪而有之，以爲松源鎮。』寰宇記云：『本建安縣地，舊爲閩越之界，戍兵所屯，號松溪鎮。僞唐保大中得閩地，改爲松溪縣，取舊鎮以爲名。』圖經云：『南唐保大九年陞爲松源縣，國朝開寶八年改爲松溪縣。』」

〔四三〕宋會要方域七之一一：「大觀三年陞爲望郡。」

〔四四〕屬會稽郡：紀勝卷一三〇泉州引輿地廣記：「武帝平閩越，以其地屬會稽郡。」

〔四五〕紀勝卷一三〇泉州：「沈約宋志云：『晉武帝太康三年，分建安立晉安郡。』寰宇記云：『東晉南渡，衣冠士族多萃其地，以求安堵，因立晉安郡』。則寰宇記之意似以晉安郡立於南渡以後，非在平吴之時，二者不同。象之謹按：晉志云：『太康三年置晉安郡。』則郡非立於南渡之後也，當從晉志立於太康三年。」

〔四六〕後置南安郡：紀勝卷一三〇泉州引輿地廣記作「陳文置南安郡」。

〔四七〕久視元年：札記卷下：「宋本『視』，周校云『重修本作觀』，誤，朱校不誤。」

〔四八〕舊唐書卷四〇、新唐書卷四一亦在景雲二年。通典卷一八二云：神龍以後始移置泉州。

〔四九〕太平興國三年：九域志卷九、宋會要方域五之五同。紀勝卷一三〇泉州：「國朝太祖時洪進請命于朝，改清源軍爲平海軍。」下注：「陳洪進傳云：『太祖取荆湖，洪進大懼，請命于朝，乃改清源軍爲平海軍，拜洪進爲節度使。』則改清源軍爲平海軍當在太祖時。而國朝會要以爲改清源軍爲平海軍在太平興國三年太宗之時，二者不同。象之謹拜觀長編之書云：『乾德二年正月改清源軍爲平海軍，命陳洪進爲節度使。』而皇朝編年：太平興國三年四月平海軍節度使陳洪進獻漳、泉二州，則是洪進納土之時已稱平海軍節度，則平海更節當在太祖之時矣。」

〔五〇〕八年：元和志卷二九作「六年」。

〔五一〕紀勝卷一三〇泉州：「寰宇記云：『景雲二年，分豐州之地置晉安縣，又於此立泉州。』」

〔五二〕泉山：札記卷下：「宋本是也，九域志文，周校『山』下衍『上』字。」

〔五三〕通典卷一八二云：「吴置晉安縣。」紀勝卷一三〇泉州：「然吴不應預曰晉安也。」

〔五四〕紀勝卷一三〇泉州：「寰宇記以爲陳置南安縣。然隋志載南安縣乃改於平陳之後，不應因『平陳』二字遂以爲陳置也，今從隋志。」

〔五五〕同安縣：聚珍本作「國安縣」。

〔五六〕紀勝卷一三〇泉州：「輿地廣記云：『晉置同安縣，屬晉安郡。』」

〔五七〕淳化五年：寰宇記卷一〇二、九域志卷九、宋會要方域七之一一、宋史卷八九作「太平興國六年」。紀勝卷一三〇泉州：「圖經云：『淳化五年，析晉江縣地置。』」

〔五八〕清溪：九域志卷九亦作「清溪」，宋史卷八九作「安溪」。按紀勝卷一三〇泉州：「寰宇記云：『唐咸通五年，析南安縣西界兩鄉置桃林場。江南僞命，乙卯歲爲清溪縣。』後改安溪縣。象之謹按：通鑑曆年圖乙卯歲在後周顯德二年。」

〔五九〕宋會要方域六之二五：「太平興國九年三月八日，以虔州虔村爲永通軍，割南劍州(流)〔尤〕溪、泉州德化縣隸焉，尋廢。」

〔六〇〕寰宇記卷一〇〇、九域志卷九並以爲劍浦郡。紀勝卷一三三南劍州：「圖經以爲延平郡，未知改於何時，當考。」

〔六一〕宋會要方域七之一一：「〔南劍州〕，僞唐劍州，太平興國四年以利州路有劍州，加『南』字。」

〔六二〕札記卷下：「宋本『劍』是也，職方考可證。周校作『建』，誤。朱校不誤。」

〔六三〕隸：原無，據舊唐書卷四〇補。

〔六四〕尤溪縣：四庫本、聚珍本作「左溪縣」。札記卷下：「『尤』，宋本誤『左』，周校、朱校並同，今據寰宇記、元豐九域志訂正。」

〔六五〕宋曰沙村縣：札記卷下：「『村』，宋本作『杆』，壞字。今據周校訂正。沈志可證。朱校不誤。」

〔六六〕紀勝卷一三二汀州：「唐志在開元二十四年，與元和郡縣志年月不同。而杜佑通典以爲元和二十六年分置汀州，或爲臨汀郡，與唐志年月亦不同。象之謹按：開元二十一年，福州所奏得避役百姓三千餘户，乃在潮、廣、福之間。而開元二十四年於福、撫二州開置山洞，與二十一年地理小有不同。自開元二十一年建議，至二十四年成郡，二十六年又分他郡之地以益之，三者所書雖有不同，大率不過置郡之一節耳。」

〔六七〕紀勝卷一三二汀州引輿地廣記「治」前有「初」字。

〔六八〕寰宇記卷一〇二云：「舊治在九龍水源長汀村。大曆中移在白石鄉，地名金沙水，即今治也。」不同，當考。

〔六九〕紀勝卷一三二汀州：「圖經云：『開元十三年置黄連縣。』寰宇記云：『武德初爲黄連縣，以地有黄連洞爲名。』唐志云：『本黄連縣，天寶元年更名。』而不言其建於武德；元和郡縣志以爲本沙縣地，開元二十二年開山置，而輿地廣記亦以爲開元二十四年開山置，俱不同。而唐志亦不言其爲初爲黄連縣時隸於何郡，當考。」紀勝卷一三二汀州：金船嶺，「輿地廣記在甯化縣」，按今本寧化縣下無金船嶺。

〔七〇〕鍾嵒：九域志卷九作「石鍾巖」。按宋會要方域七之一一：「(光)〔上〕杭縣。淳化五年以上杭場置，至道二年徙治砂地，咸平二年復徙治浯口。」紀勝卷一三二汀州：「鄞川志云：自至道三年至咸平二年，凡二徙。天聖間徙鍾寮，即今之縣治也。」

〔七一〕聚珍本「清流縣」前有「中下」二字。

〔七二〕紀勝卷一三二汀州：「國朝會要云：『元符元年，析長汀及宣化縣地以爲清流縣。』」

〔七三〕析福州西南境置：紀勝卷一三一漳州：「唐志云：『垂拱二年析福州西南境置漳州。』而寰宇記云析長樂郡之境置漳州，而元和郡縣志以爲本泉州地，垂拱二年析龍溪南界置漳州，三者俱不同。象之謹按：漳州之置在武后垂拱二年，而福州命名乃在明皇開元十三年，後於垂拱四十年，不應垂拱時先有福州。唐明皇天寶元年，更福州爲長樂郡，不應垂拱時先有長樂郡。又景雲二年已更泉州之名於晉江縣，則泉州之名是時已歸晉江，非治於福也。三者所書皆不得其實。又按元和郡縣志及唐志於福州並書曰景雲元年立爲閩州，開元十三年更名福州。而漳州以垂拱二年立，正在景雲、開元之間，是時福州尚曰閩州，故書曰：割閩州之漳浦縣置漳州。」

〔七四〕宋會要方域七之一二：「唐漳州，僞閩南州，乾德四年復舊。」長編卷六、皇宋十朝綱要卷一復漳州在乾德三年。

〔七五〕紀勝卷一三一漳州：「元和郡縣志云：『先置縣，屬汀州，名雜羅縣，天寶二年改爲龍巖縣，大曆十二年隸漳州。』寰宇記以爲『武德爲雜羅縣，天寶改名龍巖，屬漳州』，不同。然唐志以爲『開元二十四年置龍巖縣，初隸汀州，大曆十一年來屬』，則天寶時第改雜羅爲龍巖耳，其來隸漳州當在大曆十二年。」按元和志卷二九：「天寶元年改爲龍巖縣。」與紀勝所引不同。

〔七六〕太平興國五年：紀勝卷一三四邵武軍：「國朝會要及九域志並云在太平興國五年，以建州邵武縣建軍。皇朝郡縣志云：『太平興國五年，以户口繁夥，路當要衝，於縣置邵武軍。從轉運司之請也。』圖經以爲在太平興國四年，不同。象之謹按：長編云：『太平興國四年十一月辛卯，以建州邵武縣爲邵武軍。』當從長編。」

〔七七〕十二年：紀勝卷一三四邵武軍：「寰宇記以爲十八年廢郡縣，隸撫州。然隋志於建安縣下注云：『平陳，郡廢。』則廢建安郡自是開皇九年平陳之時。而撫州邵武縣注云：『開皇十二年復立。』則立邵武縣之初即隸撫州，非撥隸也。寰宇記則以爲廢建安郡、撥邵武縣隸撫州俱在開皇十八年，與隋志不類，當從隋志。」

〔七八〕析：四庫本作「復」。

〔七九〕皇朝太平興國六年析邵武置：紀勝卷一三四邵武軍：「圖經云：『後周迄我宋始爲財演鎮。至太平興國四年以邵武爲軍，即鎮置縣，分光澤、鸞鳳二鄉以隸之，因名光澤。』國朝會要：『太平興國六年，置光澤縣。』不同。然寰宇記及輿地廣記並在太平興國六年，與會要合，當從會要。」

〔八〇〕烏君山：札記卷下：「宋本『山』作『此』，周校『烏』作『馬』，並誤。此九域志文，今訂正。朱校不誤。」

〔八一〕紀勝卷一三四邵武軍：「圖經云：『元豐八年，按察使張汝賢奏係内地，乃名歸化，準勅改泰甯。』國朝會要云：『元祐元年，改歸化縣爲泰甯縣。』不同。象之謹按：元豐九域志亦以元豐八年來上，而九域志於邵武軍尚載歸化，而不言泰甯縣，則改歸化爲泰甯當在元祐元年。」

〔八二〕立：四庫本作「爲」。

〔八三〕云：四庫本作「翁曰」。按宋會要方域七之一二：「莆田縣、仙遊縣，〔太平興國〕四年自泉州來隸。」紀勝卷一三五興化軍：「圖經云：『唐武德中，以南安爲豐州，正觀屬泉州，聖曆屬武榮州，景雲〔二〕〔二〕年改屬泉州。國朝太平興國四年，置興化軍及興化縣，八年遷軍治莆田縣。』」

輿地廣記卷第三十五

廣南東路〔一〕

中都督府〔二〕，廣州。古蠻夷之地。春秋、戰國爲百越，在禹貢、職方州域之外〔三〕。秦并天下，略定揚、越，立南海郡。秦滅，南海尉趙佗自立爲南越武王。漢高帝因立佗爲南越王。元鼎中，相呂嘉、王建德反，武帝興兵滅之。及東漢以後，皆爲南海郡。建安十五年兼立交州〔四〕，吴永安六年分立廣州〔五〕。晉、宋、齊、梁、陳因之。隋平陳，郡廢，仁壽元年曰番州〔六〕。大業初州廢，復立南海郡。唐武德四年平蕭銑，立廣州〔七〕，天寶元年曰南海郡，後建清海軍節度。五代爲南漢劉氏所據。皇朝開寶四年收復。今縣七。

望，南海縣。本秦番禺縣地，爲南海郡。二世時，南海尉任囂召龍川令趙佗，謂曰：「番禺負山險阻，南北東西數千里，此亦一州之主，可爲國。」佗後遂自立爲南越武王。漢末立交州牧。吴立廣州，後改番禺爲南海縣。隋曰番州。唐曰廣州。皇朝開寶五年省咸寧、常康二縣入焉〔八〕。有羅浮山。

上，番禺縣。秦、漢舊縣，後改爲南海〔九〕。隋平陳，分南海置，尋省入。後復置，與南海分治郭下〔一〇〕。有番禺山，尉佗葬於此。

中，清遠縣。漢中宿縣地，屬南海郡。晉、宋屬始興郡，後立清遠郡〔一一〕。隋平陳，郡廢，置清遠縣，屬廣州。唐因之。

中，增城縣。漢番禺縣地。吴置〔一二〕。及晉屬南海郡，成帝分立東官郡。宋以後因之。隋平陳，郡廢，屬廣州。唐因之〔一三〕。有猊山、增水。

中，懷集縣。漢四會縣地。晉置懷化縣，後改爲懷集，屬新會郡。隋省之，後復置，屬廣州。唐武德五年立威州，并置興平、霍清、威成三縣〔一四〕。正觀元年州廢，省三縣入懷集，屬南綏州，十三年州廢來屬，開元二年省永固縣入焉。故游水縣〔一五〕，本漢封陽縣地，屬蒼梧郡。齊置游安縣。隋省之。唐復置，屬廣州，至德二載改今名。皇朝開寶五年省入。有寶山〔一六〕、綏連溪〔一七〕。

中下，東莞縣。隋曰寶安〔一八〕。唐至德二載更今名。皇朝開寶五年省入增城〔一九〕，六年復置。有寶山。

下，新會縣。漢番禺縣地〔二〇〕。晉恭帝立新會郡，及置新會縣〔二一〕。宋以後因之。隋平陳，郡廢，後爲封州，後又改爲允州，後又改爲岡州，以地有金岡名之。大業初州廢，屬南海郡。唐武德四年復立岡州，并析置封平、封樂二縣。正觀十三年州廢，省封平、封樂〔二二〕。是年復立岡州，開元二十三年州廢〔二三〕，以新會來屬。有利山。

中，韶州。春秋爲百越地。戰國屬楚〔二四〕。秦屬南海郡。二漢屬桂陽郡。吴甘露元年分立始興郡。晉因之。宋改曰廣興郡。齊復曰始興。梁、陳因之。隋平陳，郡廢，屬廣州。唐武德四年平蕭銑，立番州〔二五〕，尋改爲東衡州〔二六〕。正觀元年更今名，天寶元年曰始興郡。唐爲盧光稠所據，後入南溪。今縣五。

望，曲江縣。二漢屬桂陽郡。吴屬始興郡。晉、宋以後爲郡治焉。隋屬南海郡。唐立番州，改曰東衡州，又改曰韶州〔二七〕。有錢石山、玉山、曲江、桂水。有韶石，高百仞，廣圓五里，兩石對峙，相去一里，小大略等，似雙闕，州取名焉。

望，翁源縣。梁置。陳又立清遠郡。隋廢屬廣州，後省。唐武德五年復置，屬湟州〔二八〕，正觀元年來屬。有靈池山、翁水。

中，樂昌縣。漢曲江縣地。梁置梁化縣，又分置平石縣〔二九〕。隋開皇十二年省平石入梁化〔三〇〕，屬廣州，十八年更名。唐武德四年來屬。有昌山、武溪。溪自臨武東南流入曲江界，巖崖峻岨，湍浪震驚，名曰瀧水。韓愈詩「南行踰六旬，始下樂昌瀧。險惡不可狀，船石相春撞」是也〔三一〕。

中，仁化縣。唐垂拱中析曲江置，屬廣州，後來屬。皇朝開寶五年省入樂昌〔三二〕，咸平三年復置〔三三〕。有白星山、湰溪、五渡水。

建福縣〔三四〕。皇朝崇寧元年以岑水場析曲江、翁源置〔三五〕。

下，循州。古百越之地。秦屬南海郡。二漢、吴、晉因之。宋分屬南海、東官二郡〔三六〕。齊因之。隋平陳，屬循州。大業初州廢，屬龍川郡。唐武德五年屬循州。南漢改循州爲貞州〔三七〕，而析州之北境又立循州於此。皇朝因之〔三八〕。今縣三。

望，龍川縣。秦屬南海郡，二世時趙佗爲令於此。二漢、晉因之。宋以後屬東官郡。隋屬循州。開皇十一年，省入河源。南漢復置，以爲循州治焉〔三九〕。有龍川江、鰐湖〔四〇〕。

望，興寧縣。漢龍川縣地，後置興寧。隋屬龍川郡。唐屬循州，正觀元年省齊昌縣入焉〔四一〕。有揭陽山、興寧江。

上，長樂縣。皇朝熙寧四年置〔四二〕。有宣黄山、熱水。

下，潮州。春秋爲七閩地。戰國爲越人所居。秦屬南海郡。漢屬南越〔四三〕，後及東漢屬南海。晉屬東官郡〔四四〕，安帝分立義安郡。宋、齊以後因之。梁立揚州〔四五〕，改曰瀛州。及陳時州廢。隋平陳，郡廢，立潮州。大業初州廢，復爲義安郡。唐武德五年曰潮州〔四六〕，天寶元年曰潮陽郡。五代爲南漢所有。今縣二。

望，海陽縣。漢揭陽縣地，屬南海郡〔四七〕。東越王餘善請以卒八千擊南越〔四八〕，兵至揭陽〔四九〕，以海風波爲解，即此地也。後置海陽縣〔五〇〕，爲義安郡治。隋、唐曰潮州。有鳳凰山、惡溪〔五一〕。溪有鰐魚爲害，刺史韓愈爲文以祭之〔五二〕。是夕，大風雨，鰐魚南徙，自此無患。

緊，潮陽縣。陳以前屬義安郡。隋、唐屬潮州。有曾山〔五三〕。

下，連州。春秋爲百越〔五四〕。戰國屬楚。秦屬長沙郡。二漢屬桂陽郡。吴、晉屬始興郡。宋明帝立宋安郡，後廢屬廣興郡。齊復屬始興郡。梁立陽山郡。隋平陳，郡廢，置連州〔五五〕。大業初州廢，置熙平郡。唐武德四年平蕭銑，立連州，天寶元年曰連山郡。唐末爲楚馬氏所有，後入南漢。今縣三。

望，桂陽縣。二漢屬桂陽郡，所謂小桂也。唐曰連州。有金銀山、桂陽山、湟水。漢討南越，伏波將軍路博德出桂陽、下湟水是也，一名匯水〔五六〕，一名涯水。有海陽湖、正女峽。相傳昔有女子取螺，遇風雨，晝晦，化爲石。

中，陽山縣。漢屬桂陽郡。東漢改曰陰山。吴省之。晋復置陽山，屬始興郡。宋屬廣興郡。梁屬陽山郡。隋屬熙平郡。唐屬連州。有陽巖山、茂溪水。

中，連山縣。晋武帝分桂陽立廣惠縣〔五七〕。梁改曰廣德。隋改曰廣澤，屬連州，仁壽元年更今名。唐因之。有銅山、滑水。

下〔五八〕，**封州**。古百越地。秦屬南海郡。二漢屬蒼梧郡。晋屬晋康郡〔五九〕。宋、齊因之。梁分立梁信郡，兼立城州〔六〇〕。隋平陳，郡廢，改州曰封州。大業初州廢，屬蒼梧郡。唐武德四年平蕭銑，立封州，天寶元年曰臨封郡。五代爲南漢所有。今縣二。

下，封川縣。二漢廣信縣地，屬蒼梧郡。晋屬晋康郡〔六一〕。梁爲梁信郡治焉〔六二〕。隋、唐曰封州。隋大業初，省封興縣入封州。唐武德四年復置，後省。

下，開建縣。漢封陽縣地，屬蒼梧郡。宋文帝分置開建縣〔六三〕，以縣立宋建郡。大明元年郡廢，屬臨慶國。梁立南静郡。隋平陳，郡廢，屬連州，後省。唐武德四年復置來屬〔六四〕。有忠讜山、封溪水。

下〔六五〕，**端州**。古百越地。秦屬南海郡。二漢、吴、晉屬蒼梧郡。宋、齊屬南海。陳立高要郡〔六六〕。隋平陳，郡廢，立端州。大業初州廢，立信安郡。唐武德元年曰端州〔六七〕，天寶元年曰高要郡。五代爲南漢所有。皇朝建中靖國元年升興慶軍節度〔六八〕。今縣二。

中，高要縣。二漢、晉屬蒼梧郡。宋、齊屬南海郡〔六九〕。陳立高要郡。隋立端州，又曰信安郡。唐曰端州，正觀十三年省博林入焉。故平興縣，唐武德中析置清泰縣，正觀十三年省入平興。皇朝開寶五年省平興入高要。有爛柯山、端溪、西江、鵠奔亭。漢交阯刺史何敞行部，夜半，有婦人訴冤，自謂廣信蘇施妻，名始珠。敞命掘之，有雙鵠奔其處〔七〇〕。

下，四會縣。二漢、吴、晉屬南海郡。隋屬廣州，大業初省始昌縣入焉。唐武德五年立南綏州，正觀八年更名湞州。十三年州廢，屬廣州。皇朝熙寧六年來屬〔七一〕。有鷄籠山、滑水〔七二〕。

下，**新州**。古百越之地〔七三〕。秦屬南海郡〔七四〕。二漢屬合浦郡。晉屬蒼梧郡〔七五〕，穆帝分立新寧郡。宋、齊因之。梁立新州。隋平陳，郡廢。大業初州廢，屬信安郡。唐武德四年平蕭銑〔七六〕，立新州。天寶元年曰新昌郡，後改曰新興。五代爲南漢所有。今縣一。

中，新興縣。二漢臨允縣地〔七七〕，屬合浦郡。晉置新寧縣，屬蒼梧郡〔七八〕，穆帝分立新寧郡，後改曰新興。梁立新州〔七九〕。隋因之，大業初省索盧入焉。唐武德四年〔八〇〕，析置索盧、新昌、單牃、永順四縣，後省新昌、單牃，乾元後又省索盧，皇朝開寶五年省永順，皆入焉〔八一〕。信安鎮，本義寧縣，宋置，屬新會郡。隋屬廣州〔八二〕。開皇十年，省新夷、初賓二縣入義寧，省始康縣入封平，大業初省封平入焉。唐屬廣州〔八三〕。皇朝太平興國元年改曰信安，熙寧五年省入新興〔八四〕，元祐元年復置，紹聖二年又省〔八五〕。有天露山、利山、新江、封水。

望〔八六〕，**康州**。古百越地。秦屬南海郡。二漢、吴、晉屬蒼梧郡。穆帝分立晉康郡。宋以後因之。梁又立開陽、平原、羅陽等郡。隋平陳，郡俱廢，屬端、瀧二州，大業初屬信安、永熙二郡。唐武德四年立瀧州〔八七〕，六年立康州〔八八〕。天寶元年，康州曰晉康郡，瀧州曰開陽郡。五代爲南漢所有。皇朝開寶五年廢康州入端州，尋復立，六年廢瀧州入康州〔八九〕。今縣二〔九〇〕。

下，端溪縣。二漢屬蒼梧郡。晉立晉康郡。唐武德六年立南康州，九年州廢，正觀元年復立。十一年又廢，十二年又立，更名康州。初，武德五年析博林置撫納縣，後省入焉。悦城鎮，本樂城縣。隋屬信安郡。都城鎮，本都城縣。隋屬蒼梧郡。故晉康縣，本遂安〔九一〕。

唐至德二載更名〔九二〕。三縣皆屬康州。皇朝開寶五年並省入端溪〔九三〕。有端山、西江、端溪。

下，瀧水縣。漢端溪縣地。梁置開陽、平原、羅陽三郡。隋平陳並廢，以名縣，屬瀧州〔九四〕。開皇十八年，改平原縣曰瀧水，羅陽縣曰正義。大業初，以瀧水立永熙郡，而省開陽、正義入焉。唐武德四年立瀧州，復置開陽、正義，正義後省。故鎮南縣，本安南。隋大業初省入永熙。唐武德四年析瀧水復置，屬南建州。正觀八年改州曰藥州，十八年州廢，屬瀧州，至德二載更名。故安遂縣，梁立建州及廣熙郡，尋郡廢。隋大業初州廢，屬永熙郡。唐武德四年屬南建州，州廢入焉。故建水縣，本永熙。隋屬永熙郡。唐武德四年屬南建州，五年改爲永寧。正觀十八年屬瀧州，天寶元年更名。皇朝開寶六年州廢，三縣皆省〔九五〕。有靈陽山、羅田水。

下，南恩州。古百越之地〔九六〕。秦屬南海郡。二漢屬合浦郡。吴屬高興郡。晉以後因之。齊立齊安郡。梁立桂陵、陽春二郡。隋平陳，郡廢，屬高州，後屬高涼郡。唐武德四年立春州，正觀二十年立恩州〔九七〕。天寶元年，恩州曰恩平郡〔九八〕、春州曰南陵郡。五代爲南漢所有。皇朝開寶五年廢春州入恩州，六年復立，熙寧六年又廢入焉〔九九〕，慶曆八年加

「南」字〔一〇〇〕。今縣二。

中，陽江縣。晉海安縣地，屬高興郡。隋末置陽江縣。唐屬恩州，後爲州治焉。故恩平縣，本齊安，立齊安郡。隋平陳，郡廢，屬高州，開皇十八年改曰海安。唐武德五年復曰齊安。正觀二十三年屬恩州，至德二載改曰恩平〔一〇一〕。大順二年，自西平徙治，後又徙陽江。故西平縣，晉屬高興郡，後省入高涼。梁爲高州。隋爲高涼郡。唐武德五年改曰西平。正觀二十三年以縣立恩州，而高州徙良德，後州徙治恩平，而西平省入焉。故杜陵縣，梁立杜陵郡。隋平陳，郡廢，屬高州。開皇十八年改縣曰杜原。唐武德五年復曰杜陵，正觀二十三年來屬。皇朝開寶五年省恩平、杜陵入陽江〔一〇二〕。有恩平江。

下，陽春縣。漢高涼縣地，後置陽春縣。梁立陽春郡。隋平陳，郡廢，屬高州。唐武德四年平蕭銑，立春州，天寶元年曰南陵郡。皇朝開寶元年州廢來屬〔一〇三〕，六年復立，縣還屬焉。大中祥符九年州廢，屬新州，改曰新春。天禧四年復立，縣又屬焉，熙寧六年州廢來屬〔一〇四〕。故銅陵縣，本龍潭，宋置，後改焉。隋屬信安郡。唐武德四年屬春州〔一〇五〕，是年以縣立勤州〔一〇六〕。五年州廢，萬歲通天二年復立〔一〇七〕。長安中復廢，開元十八年復立。州治富林洞，因析銅陵置富林縣。皇朝開寶五年州廢，省富林入銅陵屬春州〔一〇八〕。熙寧六年州廢，省入陽春。有鸞山、漠陽江〔一〇九〕。

下，梅州。春秋爲七閩地。戰國屬越。秦屬南海郡。漢屬南越，後及東漢屬南海郡。晉屬東官郡，後又屬義安郡。宋以後因之。隋、唐屬潮州。五代時，南漢立敬州〔一一〇〕。皇朝開寶四年改曰梅州，熙寧六年州廢入潮州，元豐五年復立〔一一一〕。今縣一。

中，程鄉縣。隋屬義安郡〔一一二〕。唐屬潮州。南漢立敬州〔一一三〕。皇朝曰梅州。州廢，屬潮州。復立，又來屬，爲州治〔一一四〕。有西陽山、程江。

下，南雄州。春秋爲百越地。戰國屬楚。秦屬南海郡。二漢屬豫章郡。吳、晉屬始興郡。宋改爲廣興〔一一五〕。齊復爲始興。梁、陳因之。隋廢郡，屬廣州〔一一六〕。唐屬韶州。五代時南漢立雄州。皇朝加「南」字〔一一七〕。今縣二。

望，保昌縣。本湞昌，唐光宅元年析始興置〔一一八〕，屬韶州。南漢立雄州。皇朝加「南」字，而縣改名〔一一九〕。有大庾嶺，浄水所出，龍川界西，逕湞陽南〔一二〇〕，右注溱水〔一二一〕。有樓船水。漢討南越，楊僕爲樓船將軍，出豫章，下横浦，即此浄水矣。

下，始興縣。漢南海縣地〔一二二〕，屬豫章郡。吳屬南康郡，孫皓分置始興縣，屬始興郡。晉以後因之。齊改曰正階。梁復曰始興，立安遠郡〔一二三〕。陳置東衡州。隋平陳，郡廢，屬廣州〔一二四〕。唐屬韶州。皇朝開寶四年來屬。有東嶠山，即大庾嶺，在五嶺之最東，故曰東嶠。有修仁水、斜階水。齊范雲爲始興太守，賦詩云：「且汲修仁水，不飲斜階流〔一二五〕。」

下，英州。古越地。戰國屬楚。秦屬南海郡。二漢屬桂陽郡。吴屬始興郡。晉、宋以後因之。梁又立衡州及陽山郡〔一二六〕。隋平陳，郡並廢，改州曰洭州。開皇二十年州廢〔一二七〕，屬廣州〔一二八〕。唐因之。五代時，南漢立英州〔一二九〕。今縣二。

望，真陽縣。本湞陽。二漢屬桂陽郡〔一三〇〕。晉、宋屬始興郡，泰始二年改「湞」爲「貞」，後復爲「湞」。隋省入曲江，後復曰真陽。唐屬廣州。正觀元年復曰湞陽〔一三一〕。南漢立英州。皇朝乾興元年改曰真陽〔一三二〕。有皋石山、始興江。

上，浛光縣。本浛洭。二漢屬桂陽郡。晉、宋屬始興郡。隋、唐屬廣州。皇朝更名。開寶四年隸連州〔一三三〕，六年來屬。有堯山、白鹿山。晉張方爲含洭令〔一三四〕，有德化，感白鹿群遊，因以名山。有洭水。

下，惠州。古百越地。秦屬南海郡。二漢、吴、晉因之。成帝以後及宋、齊屬南海、東官二郡〔一三五〕。隋平陳，立循州。大業初州廢，立龍川郡。唐武德五年曰循州〔一三六〕，天寶元年曰海豐郡。五代時南漢改曰貞州〔一三七〕，而別立循州於北境。皇朝天禧五年改曰惠州〔一三八〕。今縣四。

中，歸善縣。漢博羅縣地，屬南海郡。宋置欣樂縣〔一三九〕。隋立循州及龍川郡。唐析置龍川縣，正觀元年省入焉〔一四〇〕。南漢改曰貞州。皇朝改曰惠州。有寅山。

緊，河源縣。隋屬循州，有新豐縣。開皇十八年改曰休吉，大業初省入焉。唐亦屬循州。武德五年析置石城縣，正觀元年省入〔一四一〕。南漢屬貞州。有龍穴山。

中，博羅縣。二漢屬南海郡。晉以後因之。隋屬循州。唐析置羅陽縣，正觀元年省入。南漢屬貞州。有羅浮山。

下，海豐縣。宋置，屬東官郡〔一四二〕。隋屬循州。唐武德五年析置陸安縣，正觀元年省。南漢屬貞州。

校注

〔一〕紀勝卷八九廣南東路：「秦平百越，置南海、桂林等郡。漢屬交州部。吴分交州置廣州。唐分嶺南、安南、桂管、邕管、容管爲五府，各置經略使，而嶺南節度使治廣州，是合廣南東、西二路之地並隸于廣州。皇朝至道以後分廣南爲東、西路，東路兵馬鈐轄廣州領之，西路兵馬鈐轄桂州領之。皇祐四年，並兼本路經略安撫使，定分爲廣南東、西兩路矣。以今日地理論之，廣南即秦南海地也，廣西即秦之桂林地也。」

〔二〕宋會要方域五之七、五之一二：「大觀元年陞爲帥府。」

〔三〕紀勝卷八九廣州：「晉、隋書並謂交廣之地，爲禹貢揚州之域。而唐志云嶺南道蓋古揚州之南境。元和郡縣志亦云爲禹貢揚州之域。史記謂揚、越。漢書注云：『本揚州之分，故云揚、越』。而通典則以爲非禹貢九州之域，又非周禮職方之限。稽其封略，考其鎮藪，而禹貢、職方皆不及此，故列於九州之外。皇朝郡縣志云：『以今日之地里考之，潮州舊隸揚州，連州舊隸荆州，未可盡以爲九州之外也，合行修正。』象之謂晉、隋、唐之志既作於通典之前，亦必有所據，未容盡廢也，姑兩存之。」

〔四〕兼：四庫本作「建」。

〔五〕紀勝卷八九廣州：「晉志廣州下注云：『吴黄武五年，分交州之南海、蒼梧、鬱林、高涼四郡立爲廣州，俄復舊。永安六年，復分交州置廣州，分合浦，立合浦北部，以都尉領之。孫皓分鬱林立桂林郡。及太康中，吴平，遂以荆州始安、始興、臨賀三郡來屬，合統郡十。』又通鑑魏元帝咸熙元年七月，吴分交州置廣州，是時吴景帝孫休尚無恙也。是月，吴景帝孫休卒，孫皓始立。而元和志乃以爲孫皓分交州置廣州，二者不同。象之謹按：孫休之卒，孫皓之立，同是永安六年七月，而所書建置有孫休、孫皓之異，似若難辨。然考之沈約宋志云：『廣州刺史，吴孫休永安六年，分交州置。』則置於孫休也明矣，當從宋志。」

〔六〕紀勝卷八九廣州：「隋志云仁壽元年置播州，而通典及元和志皆以爲置番州，往往以番禺以命州，當從通典曰番州。然諸書皆以爲改廣州爲番州在仁壽元年。象之謹按：通鑑開皇二十年十一月立晉王廣爲太子，次年即便改元仁壽，則仁壽元年改廣州爲番州，避太子廣之諱也。而改州爲郡，通鑑在大業中。」

〔七〕聚珍本「立」前有「遂」字。紀勝卷八九廣州「唐平蕭銑，置廣州總管府」下注：「寰宇記在武德四年，通鑑武德五年廣州賊帥鄧文進降，是在隋末已復名廣州。」

〔八〕省咸寧常康二縣入焉：寰宇記卷一五七云：仍併番禺縣入焉。九域志卷九：「〔開寶〕五年，省咸寧、常康、番禺、四會四縣並入南海。」宋會要方域七之一二：「開寶五年五月七日，詔廢僞漢廣州常康、咸寧二縣依舊爲南海鎮。南海之名，自秦、漢以來未嘗改。劉氏割據嶺表，僞建都于廣州，乃分南海縣地爲常康、咸寧二縣以爲京邑，且就美名。至是以本道上言，乃改正之。又詔廢置併移廣南州縣。先是，嶺表既平，按版籍州縣名多，户口甚少，乃命知廣州潘美及嶺南轉運使王明度其地里廢置之。」

〔九〕紀勝卷八九廣州：「元和郡縣志云：『本番禺舊縣。故城在今縣西南二里。縣有番、禺二山，因以爲名。』屬南海郡。漢以來因之。宋志云：『漢立番禺縣。』故兩漢志及晉、宋、齊志南海郡下並有番禺縣。開皇十年改置南海縣，即今縣是也。長安三年，於江南洲上別置番禺縣，取舊名也。其洲周回約八十里。」

〔一〇〕宋會要方域七之一二：「番禺縣，〔開寶〕五年廢隸南（康）〔海〕縣，皇祐三年復置。」九域志卷九、宋史卷九〇亦作「皇祐三年復置」。

〔一一〕元和志卷三四以爲梁立清遠郡。

〔一二〕元和志卷三四云：本番禺縣地，後漢置增城縣。後漢書志第二三南海郡下有增城縣。隋書卷三一增城縣下注云：「舊置東官郡，平陳廢。」寰宇記卷一五七云：吴黄武中於此置東官郡，而立增城縣，不同。紀勝卷八九廣州：「象之謹按：增城已見東漢志，非立於吴也。又漢、晉、宋、齊志曰增城縣並隸南海郡，又非隸於東官郡也。隋志第云舊置東莞郡。不明言置於何時。然宋志雖則有東莞郡，云咸和六年分南海縣立，乃治寶安縣，非治增城縣，二者俱不同，當考。」

〔一三〕紀勝卷八九廣州：「國朝會要云：『開寶五年廢增城縣，六年復置。』」

〔一四〕寰宇記卷一五七云：置興平、懷集、霍清、威成四縣。

〔一五〕游水：舊唐書卷四一、寰宇記卷一五七、新唐書卷四三上、紀勝卷八九廣州懷集縣下作「洊水」，下「游安」亦作「洊安」。紀勝云：「國朝會要：『開寶五年，併洊水縣入焉。』」

〔一六〕寶山：札記卷下：「宋本『寶』，周校『溦』，朱校同宋本。」

〔一七〕綏連溪：四庫本、聚珍本作「縱連溪」。

〔一八〕紀勝卷八九廣州：「元和郡縣志云：『晉成帝咸和六年置寶安縣，屬東莞郡。』宋志東官太守治寶安縣，而南齊（至）〔志〕東官郡有寶安，而治懷安。元和志又云開皇十年廢郡，以縣屬廣州。故隋志廣州南海郡下有寶安縣。寰宇記云隋立寶安縣。然宋、齊志東官郡下已有寶安縣，則寶安縣非置於隋也。」

〔一九〕開寶五年：札記卷下：「宋本『寶』，周校『溵』，朱校同宋本。」

〔二〇〕番禺縣：元和志卷三四作「四會縣」。

〔二一〕紀勝卷八九廣州：「宋志云：『晉恭帝元熙二年分南海立。』宋、齊志並有新會郡，而無新會縣。元和志云：『隋開皇十年置新會縣，屬岡州。』象之意其郡雖置於晉，而縣則置於隋耳。」

〔二二〕封平封樂：四庫本作「封樂封平」。

〔二三〕開元二十三年：原作「開寶二十三年」，據聚珍本及寰宇記卷一五七改。

〔二四〕通典卷一八四以爲春秋、戰國皆屬楚地。

〔二五〕紀勝卷九〇韶州：「唐志云：『武德四年，析廣州之曲江、始興、樂昌、翁源四縣置番州。』又韶州壁記武德二年已有番州刺史鄧文進，不同。」

〔二六〕隋書卷三一云：陳置東衡州。元和志卷三四：「梁承聖中，蕭勃據嶺南，於此置東衡州。」不同。紀勝卷九〇韶州：「象之謹按：曲江志侯安都傳以爲安都定議立世祖功，封司空。父文捍爲始興內史，卒于郡。安都迎其母還建康，母固求歸里，乃爲置東衡州，以安都弟安曉爲刺史，在鄉侍養，則東衡州之置當在陳世祖文帝之時，今從隋志。」

〔二七〕宋會要方域七之一三：「曲江縣，咸平三年徙治岑水西善政坊。」而紀勝卷九〇韶州：「國朝會要云：『咸平二年，徙治涔水西善政坊。』會要又云：『崇甯乞陞韶州涔水場作縣，乞撥曲江之廉平、福建兩鄉、翁源縣之太平鄉隸焉。』」

〔二八〕新唐書卷四三上云：武德四年，析廣州之曲江、始興、樂昌、翁源四縣置番州。

〔二九〕平石縣：四庫本作「平右縣」。札記卷下：「『石』，宋本誤『右』，據周校訂正，隋志可證，朱校不誤。」

〔三〇〕十二年：隋書卷三一云：開皇十二年省平石縣入焉。而元和志卷三四云：開皇十年改屬廣州。

〔三一〕韓愈：四庫本作「韓文公」。

〔三二〕五年：寰宇記卷一五九作「六年」。

〔三三〕三年：紀勝卷九〇韶州引國朝會要作「四年」。

〔三四〕聚珍本「建福縣」前有「中」字。

〔三五〕崇寧元年：宋史卷九〇作「宣和三年」。按宋會要方域七之一三：「徽宗崇寧元年閏六月二十二日，監韶州岑水銀銅場蘇堅狀，乞陞本場作縣。逐司相度到，乞撥曲江縣廉平、福建兩鄉，翁源縣太平鄉，就岑水場陞縣，仍存留監官二員，一員依舊外，一員知縣同監，并添置縣尉一員兼主簿，却減罷本場駐（泪）〔泊〕一員。從之。」

〔三六〕通典卷一八四、寰宇記卷一五九皆以爲宋分屬南海、東官、永平三郡。紀勝卷九一循州：「〔興〕甯縣，隸東官郡。則是割興甯縣屬東官郡耳，於永平一郡了無干涉，不知寰宇記何所據而書屬永平郡耶?而皇朝郡縣志以秦屬南海郡,東晉屬東官郡,而不知晉、宋以來志書龍川縣尚隸南海郡,乃以爲併屬東官,亦非其實。輿地廣記云:『宋分屬東官及南海郡。』所書雖得其實,而年月不類,蓋興甯縣之分、東官郡之立皆在東晉,如晉志、元和志所書皆立於晉,而輿地廣記以爲分立於宋,亦非是。今第書云:晉氏江左中興,立興甯縣,隸東官郡,故又爲南海、東官二郡之地。庶幾所隸及年月得與晉志及元和志相應耳。」

〔三七〕南漢:四庫本作「南浦」。按紀勝卷九一循州:「寰宇記云:『唐末劉鋹割據,僞號乾甯元年,分歸善、博羅、海豐、河源等四縣爲禎州。』而五代史劉鋹以周世宗顯德五年歲在戊午即位,改元大寶,而顯德元年已有禎州節度使劉宏正,已不可據。而乾甯乃唐昭宗年號,爲甲寅之歲,先於周世宗顯德五年戊午凡六十五年,是時劉氏尚未有國,劉鋹亦未曾生,不應預改州郡之名,不同。象之謹按:寰宇記於惠州下又書云:『惠州本循舊理,廣南僞漢劉龑乾亨元年移循州於雷鄉縣,於此置禎州。』循州之移、禎州之建同一年月,而所書不同。蓋唐末有乾甯年號,而漢劉有乾亨年號,既差乾亨以爲乾甯,遂以劉鋹以爲唐末有國耳。循州所書非是,今依禎州書曰:劉龑乾亨元年移循州於雷鄉縣置,分循州歸善等四縣立禎州。」

〔三八〕宋會要方域七之一三:「循州,宣和二年爲博羅郡。」

〔三九〕宋會要方域七之一三:「龍川縣,宣和二年改名雷鄉縣。」宋史卷九〇:「宣和三年改龍川曰雷鄉。」

〔四〇〕鰐湖:四庫本、聚珍本作「豐湖」。按紀勝卷九一循州景物上作「鰐湖」,注云「在龍川」。

〔四一〕宋會要方域七之一三：「興寧縣，天禧二年移治長樂舊址。」宋史卷九〇：「天禧三年，移治長樂。」

〔四二〕宋會要方域七之一三：「長樂縣，熙寧四年析興寧縣地置縣。」而紀勝卷九一循州引國朝會要云：「熙甯五年，析興甯縣地置長樂縣。」

〔四三〕寰宇記卷一五八：「秦屬南海郡，秦末屬尉佗。漢初屬南越，後屬南海郡。東漢因之。」

〔四四〕晉屬：四庫本作「隋屬」。札記卷下：「『晉』，宋本模糊，據周校補。朱校作『隋』，誤。」

〔四五〕揚州：隋書卷三一、通典卷一八四、寰宇記卷一五八作「東揚州」。

〔四六〕五年：元和志卷三四作「四年」，寰宇記卷一五八作「元年」。按紀勝卷一〇〇潮州：「象之謹按通鑑武德元年載蕭銑僭位於江陵，銑之境土東自九江，西抵三峽，南盡交趾，北距漢川，銑皆有之。至武德四年十月，始平江陵。至武德五年，始定嶺南。則元年、四年尚屬蕭銑。通鑑武德五年循、潮二州始來降。則改郡爲州當在武德五年。而元和志、寰宇記年月非是，今不取。」

〔四七〕南海郡：四庫本作「東海郡」。

〔四八〕餘善：原作「餘喜」，據聚珍本改。

〔四九〕兵至：四庫本、聚珍本作「立石」。札記卷下：「宋本略可辨識，周校正作『兵至』，今據補，漢書南粤傳可證。朱校作『立石』，誤。」

〔五〇〕元和志卷三四以爲晉於此置海陽縣。

〔五一〕惡溪：四庫本作「鱷溪」。

〔五二〕韓愈：四庫本作「韓退之」。
〔五三〕曾山：四庫本作「東山」。
〔五四〕通典卷一八三：「春秋時楚地。」
〔五五〕連州：四庫本、聚珍本作「建州」。
〔五六〕匯水：通典卷一八三作「涯水」。
〔五七〕晉武帝：元和志卷二九作「梁武帝」。
〔五八〕宋會要方域七之一四：「封州，大觀元年陞爲望郡。」而紀勝卷九四封州引國朝會要云大觀三年陞爲望郡。
〔五九〕晉屬晉康郡：紀勝卷九四封州「東晉又屬晉康郡」下注：「輿地廣記云：『晉屬晉康郡。』然晉志尚有蒼梧郡，仍治廣信，有小不同。象之謹按：晉志廣州末序云：『穆帝分蒼梧立晉康、新甯、永平三郡。』是晉初屬蒼梧郡。而晉末屬晉康郡也。宋志有封興令，往往即是封陽縣。自晉武太康中避太后諱『陽』，縣之名『陽』者多改避之，意者封興即封陽縣耳。」
〔六〇〕城州：隋書卷三一、通典卷一八四作「成州」。
〔六一〕紀勝卷九四封州：「寰宇記云：『漢元鼎六年置廣信縣，屬蒼梧郡，在封水之陽。』西漢、東漢志蒼梧郡並治廣信縣。吴、晉、宋、齊因之。晉志、齊志蒼梧郡亦治廣信縣。」
〔六二〕元和志卷三四云：「封川縣，本漢廣信縣地，梁於此置梁信郡。「隋開皇十年，改爲梁信縣。」隋書卷三一云：「梁曰梁信，乃置梁信郡。平陳，郡廢。十八年，改爲封川。」與元和志不同。紀勝卷九四封州：「象之謹按：梁信之名當從梁之國號，必非改於隋也，當從隋志。」

〔六三〕紀勝卷九四封州「宋文帝分置開建縣」下注：「此據元和郡縣志。而寰宇記以爲晉永嘉三年立開建縣，屬臨賀郡。而考之晉志臨賀郡領縣七，止有封陽，而無開建，則開建縣非置於晉也。而輿地廣記亦云宋文帝分置開建縣。當從元和志及廣記。」

〔六四〕宋會要方域七之一四：「開建縣，開寶五年廢隸封川縣，六年復置。」

〔六五〕下：宋史卷九〇：「大觀元年升下爲望。」

〔六六〕元和志卷三四云：「梁大同中，於此立高要郡。」下同。

〔六七〕元年：元和志卷三四、寰宇記卷一五九作「五年」。

〔六八〕建中靖國元年：宋會要方域五之七：「肇慶府，舊端州，元符三年陞爲興慶軍，政和八年改爲肇慶府，仍爲肇慶軍節度。」方域七之一四：「〔肇慶府〕，舊端州，重和元年陞肇〔慶〕府。」又：「元（祐）〔符〕三年十月二十二日，詔曰：『惟高要之奧區，乃南國之舊壤。土風淳（原）〔厚〕，民物繁夥。朕誕受多方，紹承大統。顧啓封于兹土，實賜履于先朝。茅社之榮，是爲基命；節旄之重，宜錫隆名。可陞端州爲興慶軍。』」又：「政和八年十月二十一日，朝奉郎、廣南東路轉運判官燕瑛奏：『臣伏覩興慶府元係端州，寅緣陛下潛邸舊封，荐蒙賜以軍額，申錫府號。臣近巡歷到彼，竊見府城規摹未至宏壯，欲望親洒宸翰，特改見今軍府額，賜以美名。』詔令轉運司選〔官〕計度，量行展修，可將鄰近便于輸納移兩縣，仍賜名肇慶府，仍爲肇慶軍節度。」

〔六九〕紀勝卷九六肇慶府：「宋屬南海郡，故宋志廣州南海郡下有高要縣。宋志又云：『高要子相，漢舊縣，屬蒼梧，文帝廢之，故南齊志南海、蒼梧二郡並無高要縣，而皇朝郡縣志以爲宋、齊屬高要郡，與史志殊不相應，今不取。」

〔七〇〕有：叢書集成本作「所」。

〔七一〕宋會要方域七之一四：「四會縣，廣州縣。〔開寶〕五年廢入南海縣，六年復置，熙寧六年自廣州來隸。」方域七之二二：「蒙化縣，〔開寶〕六年廢隸四會縣。」九域志卷九、紀勝卷九六肇慶府引國朝會要「蒙化縣」作「化蒙縣」。

〔七二〕滑水：四庫本作「龍江水」。

〔七三〕之：四庫本脱。

〔七四〕南海郡：寰宇記卷一六三作「象郡」。

〔七五〕紀勝卷九七新州「吴屬蒼梧郡」下注：「二漢屬合浦郡，諸書第云晉屬蒼梧郡，而不言其改屬於何代，惟沈約宋志於蒼梧郡臨允縣下注云：本漢舊縣，屬合浦郡，晉太康地志屬蒼梧，何志云吴廢蒼梧，則是臨允縣在二漢則屬合浦，在吴始改屬蒼梧耳。」

〔七六〕四年：四庫本作「二年」。札記卷下：「『四』，宋本模糊，據周校補，新、舊唐志可證。朱校作『二』，誤。」

〔七七〕臨允：四庫本、聚珍本作「臨光」。札記卷下：「『允』，宋本略辨，周校正作『允』，今據補，兩漢志可證。朱校作『光』，誤。」

〔七八〕紀勝卷九七新州：「元和郡縣志云：『本漢臨允縣之地，屬合浦郡。晉分置新興郡，屬新甯郡。』而輿地廣記以爲『晉置新甯縣，屬蒼梧郡』，小有不同。象之謹按：新甯、新興本是一縣，初屬蒼梧郡則名新甯，後屬新甯郡，因改縣名曰新興耳，故晉志有新甯而無新興，宋志有新興而無新甯，則是置郡之後即新甯爲新興也明矣。寰宇記云：『梁置新州。』又晉志有臨允縣，屬蒼梧郡。宋志有臨允縣，云吴廢蒼梧。齊志新甯郡下有臨允縣，至此臨允之名遂不顯，恐廢於梁改郡之時。」

〔七九〕立：四庫本、聚珍本作「改」。

〔八〇〕四年：四庫本、聚珍本作「二年」。札記卷下：「『四』，據周校補，新、舊唐志可證。朱校作『二』，誤。」

〔八一〕宋史卷九〇：「咸平六年，移治州城西。」

〔八二〕隋：紀勝卷九七引輿地廣記作「唐」。

〔八三〕宋會要方域七之一四：「信安縣，廣州義寧縣，〔開寶〕五年廢入新會縣，六年復置。」

〔八四〕九域志卷九：「熙寧五年，以信安縣隸新州。」

〔八五〕紹聖二年：宋史卷九〇作「紹聖元年」。宋會要方域七之一四：「新興縣，開寶五年省永順縣及廢勤〔州〕地入焉。」宋史卷九〇「後復爲縣，還隸廣州。」

〔八六〕宋史卷九〇：「大觀四年升爲望郡。」

〔八七〕紀勝卷一〇一德慶府：「元和郡縣志云：『武德五年平蕭銑，置康州。』圖經及寰宇記並云武德四年分置南康州；唐志云：『本南康州，武德六年，析端州之端溪置康州。』三者年月俱不同。象之謹按：通鑑武德四年李靖平蕭銑，下嶺南，建置州郡。」

〔八八〕舊唐書卷四一：「唐武德四年置康州都督府，督端、康、封、新、宋、瀧等州。九年廢都督府及康州，正觀元年復置南康州。十一年廢，十二年又置康州。」寰宇記卷一六四云仍去「南」字。

〔八九〕原本「康州」前衍「晉」字，據九域志卷一〇删。按九域志卷九：「六年廢瀧州，以瀧水縣隸州。」九域志卷一〇：「開寶六年廢州，省鎮南、開陽、建水三縣入瀧水縣，隸康州。」紀勝卷一〇一德慶府：「國朝會要在治平六年，寰宇記、九域志並在開寶六年。然圖經亦以爲治平六年，當從會要。」

〔九〇〕今縣二：札記卷下：「宋本『二』，周校云『重修本作一』，誤。」

〔九一〕遂安：隋書卷三一、元和志卷三四、舊唐書卷四一、寰宇記卷一六四及下文皆作「安遂」。

〔九二〕二載：元和志卷三四作「元年」。

〔九三〕宋會要方域七之一四：「開寶五年廢州爲端溪縣，隸端州，又併悦城、晉（唐）〔康〕、都城三縣入焉，尋復置州。」

〔九四〕瀧州：札記卷下：「宋本『瀧』是也，隋志可證。周校作『龍』，誤，朱校不誤。」

〔九五〕九域志卷九、卷一〇瀧州之廢在「開寶六年」。按宋會要方域七之一四：「瀧水縣，〔開寶〕六年廢瀧州，以開陽、建水、鎮南三縣併入瀧水來隸。」方域七之二二：「瀧州，開陽郡，領四縣。開寶四年廢州，省開陽、建水、鎮南三縣入瀧水縣。六年州廢，以縣隸康州。」紀勝卷一〇一德慶府引國朝會要：「治平六年，廢瀧州瀧水來隸康州。」

〔九六〕之：四庫本脱。

〔九七〕紀勝卷九八南恩州：「唐志正觀二十三年，以高州之西平、齊安、杜陵置恩州。大順二年，徙治恩平縣。寰宇記置恩州亦在正觀二十三年。而元和郡縣志以爲在永徽元年置恩州，不同。象之謹按：舊唐志云正觀二十三年廢高州都督府，置恩州，又云正觀二十三年分西平、杜陵置恩州，移高州治良德縣。又通典云正觀中置恩州。則恩州之置非永徽矣。然正觀之後即繼以永徽，恐前後相承，亦未可知。」

〔九八〕四庫本「恩州」前有「改」字。

〔九九〕宋會要方域七之二三：「春州，南陵郡，領三縣。開寶五年廢入恩州復置，仍省羅水、流南二縣入陽春縣。廢勤州，以銅陵縣來隸。大中祥符九年廢入新州，天禧四年復置。熙寧六年廢州，省銅陵入陽春縣，隸恩州。」

〔一〇〇〕宋會要方域七之一五：「慶曆八年，改河北路貝州爲恩州，故加『南』字。」紀勝卷九八南恩州：「仁宗時以河北路貝州爲恩州，仍於舊恩州上加『南』字，作『南恩州』。」下注：「九朝通略載慶曆七年王則以貝州叛，八年文彦博討平之，曲赦河北，貝州爲恩州。河北既有恩州，則此恩州更加『南』字以别之。國朝會要慶曆八年，詔賜貝州，以恩州爲額，而廣南路恩州以南恩州爲額。」

〔一〇二〕恩平：聚珍本作「應平」。

〔一〇三〕五年：紀勝卷九八南恩州：「國朝會要云：『開寶元年，併恩平、杜陵二縣之地入焉。』」

〔一〇三〕元年：寰宇記卷一五八、紀勝卷九八南恩州引國朝會要作「五年」。

〔一〇四〕九域志卷九：「開寶五年廢春州，以陽春縣隸州。」宋會要方域七之一五：「陽春縣，〔開寶〕五年廢春州來隸。六年復置春州，省流南、羅水二縣入焉。景德四年隨州城移州南故城，天禧四年復舊治。」

〔一〇五〕四年：新唐書卷四三上作「五年」。

〔一〇六〕宋會要方域七之二二：「勤州，富林郡，領二縣。開寶五年廢州，省富林縣入（桐）〔銅〕陵縣，隸春州。」方域七之二三：「銅陵縣，熙寧六年廢州，以縣入陽春縣，隸恩州。」

〔一〇七〕二年：四庫本作「元年」。札記卷下：「宋本『二』是也，唐志可證。周校作『元』，誤。朱校不誤。」

〔一〇八〕紀勝卷九八南恩州：「銅陵縣，開寶五年廢勤州來隸。熙甯六年，廢勤州富林縣省入銅林縣，是年又廢銅陵縣隸陽春縣。」

〔一〇九〕漢陽江：原作「漢陽江」，據九域志卷九、紀勝卷九八引輿地廣記改。

〔一一〇〕立敬州：札記卷下：「『敬』，宋本缺筆，周校不缺。下同。」

〔一一一〕宋會要方域七之一五：「宣和二年爲義安郡。」

〔一二〕隋屬義安郡：紀勝卷一〇二梅州：「元和郡縣志云：『本漢揭陽縣地，齊於此置程鄉縣，蓋分梅陽縣立焉，屬義安郡。開皇十年省，十一年置潮州，復立程鄉縣屬焉。』然寰宇記乃云隋立程鄉縣，在程江之口，以江爲名。皇朝郡縣志亦云：『隋置程鄉縣。』輿地廣記第云隋屬義安郡，似與元和志齊置程鄉縣之文不合。象之謹按：宋志無程鄉縣，而南齊志義安郡領縣六，而程鄉縣附於諸縣之末，則置於南齊也明矣。而隋志程鄉縣下初不載其建置之因，而元和志又云開皇十年省，十一年復置。寰宇記諸書謂之隋置程鄉縣，第知其再置於隋，而不考其初置於南齊耳。當從南齊志及元和志曰齊置程鄉縣。」

〔一三〕紀勝卷一〇二梅州：「寰宇記云：『梅州，本潮州之程鄉縣，廣南僞漢乾和三年升爲敬州，仍領程鄉縣。』而皇朝郡縣志云：『梁正明三年僞漢劉氏竊據其地，於縣置敬州。』年月不同。象之謹按：梁正明三年丁丑乃劉龑即位之初年，改元乾亨。而劉晟乾和三年乃後晉開運二年乙巳，相去二十九年。意者皇朝郡縣志所載正明三年丁丑乃指劉龑即位之年，而寰宇記云乾和三年乃劉晟即位之三年乙巳也，所指各自不同。又按五代史劉龑傳其封諸王也，初無梅王之封，而劉晟乾和十三年始封子崇興爲梅王，則敬州之建當在劉晟之世。特五代作史，以國家之諱追改敬王爲梅王耳。」

〔一四〕宋會要方域七一六：「程鄉縣，熙寧六年廢梅州，以縣來隸〔潮州〕，元豐五年縣復隸梅州。」

〔一五〕廣興：原作「廣漢」，據通典卷一八四改。

〔一六〕隋廢郡屬廣州：札記卷下：「宋本『廢郡』，周校作『郡廢』，朱校同宋本。」紀勝卷九三南雄州：「輿地廣記云：併入廣州。而圖經謂併入南海郡，不同。象之謹按：隋開皇中平陳，改郡爲州，則併省之時當曰入廣州可也。改州爲郡，乃是煬帝大業中，非開皇平陳之時也。緣隋志以郡爲主，故使後人引用之誤耳。隋志廣州有曲江縣，即爲今之韶州，始興縣即爲今之南雄州，而南海等縣乃爲今之廣州。」

〔二七〕宋會要方域七之一六：「南雄州，僞漢以韶州保昌縣置雄州。開寶四年，以河北路有雄州，加『南』字。」又：「南雄州，宣和三年八月七日，詔南雄州爲保昌郡。」宋史卷九〇：「宣和二年，賜郡名保昌。」紀勝卷九三南雄州：「國朝會要云：『宣和元年，詔南雄州爲保昌郡。』」又云賜名保昌郡「國朝會要在宣和四年」。

〔二八〕紀勝卷九三南雄州：「寰宇記云：『本韶州始興縣地，唐文明元年割始興化南、横山二鄉爲湞昌縣，在庾嶺下，以水爲名。』而唐志以爲在光宅元年，不同，當從唐志。」

〔二九〕紀勝卷九三南雄州：「象之又按：通鑑五代周世宗顯德六年以河北瓦橋關地建立雄州，是南漢、後周兩國各有雄州，殊不相妨。故潘美之征嶺南也，第云尅雄州，未嘗冠以『南』字也。自開寶四年既歸版圖之後，恐與河北之雄州名字相亂，故改曰南雄州耳。」按紀勝卷九三南雄州：「圖經云：『後避仁宗嫌名，改曰保昌。』」

〔三〇〕龍川界西逕湞陽南：四庫本「龍川」作「龍州」。又「湞」字，札記卷下：「宋本『湞』，周校不缺，誤，朱校同周。」

〔二一〕右注溱水：札記卷下：「宋本『右』，周校云『重修本作在』，誤。此本水經注文，朱校不誤。又：『上文『浄水』，酈注作『湞水』。』」

〔二二〕南海縣：原作「南野縣」，據元和志卷三四改。

〔二三〕安遠郡：通典卷一八四作「安遠縣」。

〔二四〕廣州：元和志卷三四作「韶州」。

〔二五〕斜階：原作「斜皆」，據上文改。札記卷下：「宋本『皆』，周校、朱校並作『階』。案此當作『階』，上文『斜階水』可證。」

〔二六〕衡州及陽山郡：寰宇記卷一六〇「衡州」作「東衡州」，四庫本「及」作「入」。又「陽山郡」，四庫本、聚珍本作「楊山郡」。

〔二七〕開皇：原作「開寶」，據四庫本及隋書卷三一改。

〔二八〕廣州：聚珍本作「韶州」。

〔二九〕宋會要方域七之一六：「英州，宣和二年爲真陽郡。」紀勝卷九五英德府云賜真陽郡名「國朝會要在宣和三年」。

〔三〇〕桂陽郡：原作「桂林郡」，據元和志卷三四、紀勝卷九五引輿地廣記改。

〔三一〕正觀元年：元和志卷三四作「武德元年」。

〔三二〕宋會要方域七之一六：「真陽縣，舊縣名音同仁宗廟諱，乾興元年改。」

〔一三三〕四年：九域志卷九亦作「四年」，宋會要方域七之一二作「五年」，紀勝卷九五英德府引圖經亦在「開寶五年」。又引國朝會要云：「開寶五年以縣名犯太祖御諱，改浛光縣，隸連州。」

〔一三四〕爲含洭令：札記卷下：「宋本『含』是也，晉志、水經注引始興記並作『含』。周校、朱校並作『浛』，誤。」

〔一三五〕寰宇記卷一五九云：宋、齊屬南海、東官、永平三郡。

〔一三六〕五年：原作「元年」，據元和志卷三四、寰宇記卷一五九及紀勝卷九九引輿地廣記改。

〔一三七〕貞州：紀勝卷九五作「禎州」。

〔一三八〕宋會要方域七之一六：「惠州，舊州名同仁宗廟諱，天禧五年改。」宋史卷九〇「宣和二年，賜郡名博羅。」

〔一三九〕欣樂縣：原作「歸善縣」，據紀勝卷九九惠州引輿地廣記改。按紀勝卷九九惠州：「祥符圖經云：『本漢南海郡地，晉爲欣樂縣地。』然考之晉志南海郡下無欣樂縣，惟宋志東官郡下有欣樂，云本屬南海，宋末廢。則是欣樂本屬南海，至宋末始屬東官。輿地廣記見宋志有宋末廢之文，遂謂宋置欣樂縣，與祥符經有晉、宋之異，今兩存之。南齊志東官郡下亦有欣樂縣。元和郡縣志及舊唐志並云宋置歸善縣。今以宋志、南齊志考之，並無歸善縣。祥符圖經云：『陳正明三年，改爲歸善縣。』按陳正明三年己酉，即隋開皇九年己酉也。隋文帝以開皇九年平陳，即於是年置循州，則循州與歸善縣之置實相先後耳。」按元和志卷三四、寰宇記卷一六〇作「歸善縣」。

〔一四〇〕元年：寰宇記卷一六〇作「八年」。

〔一四一〕元年：四庫本作「九年」。

〔一四二〕宋置屬東官郡：紀勝卷九九惠州：「通典云：『本漢舊縣。』寰宇記云：『漢舊縣，屬東官郡。』元和郡縣志云：『東晉於此置海豐縣，屬東官郡。』輿地廣記云：『宋置海豐縣，屬東官郡。』三者俱不同。象之謹按：東、西漢志交州無東官郡及海豐縣，則通典、寰宇記已無所據。晉志於廣州後序云：『成帝分南海立東官郡。』而不載海豐縣建置之因。宋志云永初，郡國志不注置立之因，蓋永初乃宋高祖即位之初年。作爲郡國志已有海豐縣，則是晉已有海豐縣，則海豐非置於宋也明矣。輿地廣記謂宋立海豐縣，而舊唐志以爲宋屬東官郡，二者不同。切詳海豐之縣前既非置於漢，後又非置於宋，往往是東晉分立東官郡之時因而割置耳。沈約宋志載廣州記云：『晉成帝咸和六年分南海立東官郡，領縣六。』今宋志東官郡下正有六縣，往往是晉成帝置郡縣時同立，却與元和志東晉置海豐縣之文相應。南齊志東官郡下亦有海豐縣。隋志云：隋平陳，循州後改龍川郡，故龍川郡下有海豐縣。」

輿地廣記卷第三十六

廣南西路上〔一〕

下都督府，桂州。古百越之地。戰國屬楚〔二〕。秦屬桂林郡。二漢屬零陵〔三〕、蒼梧二郡。吴甘露元年立始安郡。晉因之。宋明帝改爲始建國，齊復曰始安郡〔四〕。梁兼立桂州。隋平陳，郡廢。大業初州廢，復爲始安郡。唐武德四年平蕭銑，立桂州，天寶元年曰始安郡。唐末升静江軍節度，爲楚馬氏所有，後入南漢〔五〕。今縣十。

緊，臨桂縣。本始安。二漢屬零陵郡。吴立始安郡。晉以後因之。梁立桂州。唐因之，正觀八年更名〔六〕。慕化鎮，本慕化縣。唐武德四年置〔七〕，曰純化。永正元年改曰慕化〔八〕，後改今名。皇朝嘉祐六年省。有灕山、隱山。桂江，即灕水也，其源多桂，不生雜木。有陽江。

望，興安縣。本臨源，唐武德四年析始安置〔九〕，屬桂州。大曆四年更名全義〔一〇〕。石晉開運三年，馬希範奏立溥州，改縣爲德昌，後復爲全義〔一一〕。皇朝乾德中州廢來屬〔一二〕，太平興國三年更今名〔一三〕。有海陽山〔一四〕，灕水、湘水二水皆出一山而分源，南流爲灕，北流爲湘。漢討南越，戈船、下瀨將軍出零陵〔一五〕，下灕水，即此。

望，靈川縣。唐龍朔二年析始安置〔一六〕。有冷石山〔一七〕、銀江。

望，陽朔縣。隋屬始安郡〔一八〕。唐屬桂州。有陽朔山、灕水。

望，荔浦縣。漢屬蒼梧郡〔一九〕。晉、宋以後屬始安郡。梁屬桂州。唐武德四年立荔州〔二〇〕，正觀十二年州廢來屬〔二一〕。永寧鎮，故永寧縣，皇朝熙寧四年省，元祐元年復置，紹聖二年又省。有方山、荔水。

上，永福縣。唐武德四年析始安置〔二二〕。有永福山、白石水。

中，修仁縣。本建陵，吴置。及晉，屬蒼梧郡。宋末屬始建國。齊、梁、陳屬始安郡。隋屬桂州。唐正觀元年立晏州，十二年州廢來屬，長慶元年更名〔二三〕。皇朝熙寧四年省爲鎮，入荔浦，元豐元年復置。有崇仁山、駱駝山。

中，義寧縣〔二四〕。有思江。

下，理定縣。本興安。隋屬桂州，大業初省入始安，後復置。唐至德二載更名〔二五〕。有蘭麻山，有靈渠，即灕水〔二六〕，故秦史禄所鑿，後廢。唐寶曆初，觀察使李渤立斗門十八以通漕，俄又廢。咸通九年，刺史魚孟威以石爲鏵隄〔二七〕，亘四十里，植大木爲斗門，至十八重，乃通巨舟。

下，古縣。唐乾寧二年析慕化置〔二八〕。有常安水〔二九〕。

下都督府，容州。古百越之地。秦屬象郡。漢屬南越，後及東漢屬合浦郡〔三〇〕。晉、宋以後因之。隋爲合浦、永平二郡。唐武德四年平蕭銑，立銅州〔三一〕，正觀八年改爲容州，天寶元年曰普寧郡。五代爲南漢所有，升爲寧遠軍節度〔三二〕。皇朝開寶五年廢繡、禺、順三州入焉〔三三〕。今縣三。

上，普寧縣。本漢合浦縣地。後置陰石縣。梁立陰石郡。隋廢郡，改縣爲奉化，屬藤州〔三四〕。開皇十九年又改今名。唐分屬容州，元和中州自北流徙治於此〔三五〕。故繡州，本二漢阿林縣地。唐武德四年立陵州，六年更名繡州，天寶元年曰常林郡。皇朝開寶五年州廢，及省常林〔三六〕、阿林、羅繡三縣入普寧。故欣道縣，本隋寧人。唐正觀二十三年更名來屬。故渭龍縣，唐武德四年析普寧置，開寶五年並廢入普寧。有容江、繡江。

中，北流縣。隋置，屬合浦郡。唐武德四年立銅州，正觀八年曰容州，元和中州徙治普寧。故禺州，本東峨州。唐乾封四年〔三七〕，析白〔三八〕、辯、竇、容四州置，總章元年更名〔三九〕，天寶元年曰温水郡。皇朝開寶五年州廢，及省峨石、扶萊〔四〇〕、羅辯三縣入北流〔四一〕。故陵城縣，唐武德四年析北流置，開寶五年省入。有句扇山，縣南三十里，兩石相對，中闊三十步，俗號鬼門關。漢馬援討林邑〔四二〕，經此，刻石紀事，龜趺尚存。唐李德裕謫崖州，過關，詩云：「一去一萬里，千知千不還。崖州在何處，生度鬼門關。」

中，陸川縣。唐屬東峨州〔四三〕，唐末來屬〔四四〕。故順州、順義郡，唐大曆八年析禺、羅、辯、白四州置。皇朝開寶五年州廢，及省龍化、温水、南河、龍豪四縣入陸川〔四五〕。有鷄籠山、龍化水。

下都督府〔四六〕，**邕州**。秦屬桂林郡。二漢以後屬鬱林郡。唐武德四年立南晉州，正觀八年更名〔四七〕，天寶元年曰朗寧郡。五代爲南漢所有，升爲建武軍節度〔四八〕。皇朝曰永寧郡〔四九〕。今縣二。

下，宣化縣。本漢領方縣地〔五〇〕。故朗寧縣，唐武德五年析宣化置〔五一〕；故思籠縣〔五二〕，唐乾元後開山洞置，二縣開寶五年省入〔五三〕。故如和縣，唐武德五年析南賓、安京置，屬欽州，景龍二年來屬〔五四〕，皇朝景祐二年省入〔五五〕。有如和山、鬱水，水即夜郎豚水也〔五六〕，與温水合，又與歡水合，亦名駱越水，自蠻境七源州流出，州民常苦之。唐景雲中，司馬吕仁引渠分流，以殺水勢，自是無漂溺之害，民乃夾水而居〔五七〕。有邕水。

下，武緣縣。隋屬鬱林郡〔五八〕，大業初省入嶺山。唐武德五年復置。故豐陵縣〔五九〕，唐乾元後開山洞置。皇朝開寶五年省入。故樂昌縣〔六〇〕，本晉興，唐武德五年析宣化置。開寶五年更名，景祐三年省入〔六一〕。有武緣水，西有都稜鎮。

中，融州。春秋、戰國爲百越。秦屬桂林郡。二漢屬鬱林郡。吴分屬桂林郡。晉以後因之。隋屬始安郡〔六二〕。唐武德四年平蕭銑，置融州〔六三〕，天寶元年曰融水郡。五代爲南漢所有。皇朝政和三年升爲清遠軍節度〔六四〕。今縣一。

中，融水縣。本潭中縣地。二漢屬鬱林郡。齊置齊熙縣及郡〔六五〕。東寧州〔六六〕，隋改州曰融州，改縣曰義熙。後州廢，以縣屬始安郡。唐復立融州，武德六年縣更名。武陽鎮，本武陽縣，唐天寶初併黄水、臨牂二縣更置。皇朝熙寧七年省爲鎮。羅城鎮，本羅城縣，開寶五年分桂州置，熙寧七年省爲鎮〔六七〕。

下，象州。古百越之地。秦屬桂林郡。二漢屬鬱林郡。吴屬桂林郡。晉、宋、齊因之。陳置象州〔六八〕，因象山爲名。隋平陳，因之。煬帝廢，屬始安郡〔六九〕。唐武德四年立象州，天寶元年曰象郡〔七〇〕。五代爲楚馬氏所有，後入南漢。皇朝開寶七年廢嚴州入焉〔七一〕。

今縣三。

中下，陽壽縣。本漢潭中縣地〔七二〕。吴分立桂林郡，後又立象郡，及置陽壽縣。隋屬始安郡。唐武德四年析桂林置武德縣，仍於縣立象州。正觀十三年州徙治武化，天寶元年省武德入陽壽，大曆十一年州徙治焉〔七三〕。故武化縣，唐武德四年析建陵置〔七四〕，屬桂州，後屬晏州，正觀十三年州廢來屬〔七五〕。五代時省〔七六〕。有象山、陽水。

中下，來賓縣。唐乾封二年招致生獠，以秦故桂林郡地置，及立嚴州〔七七〕，又置歸化縣。皇朝開寶七年州廢，省歸化入來賓來屬〔七八〕。有大江。

下，武仙縣。唐武德四年析桂林置〔七九〕，乾封元年省桂林入焉。有仙人山、鬱水。

下，賀州。秦屬南海郡。二漢屬蒼梧郡。吴分立臨賀郡。晉因之〔八〇〕。宋改爲臨慶國〔八一〕。齊復爲臨賀郡〔八二〕。梁、陳因之。隋平陳，郡廢，置賀州。大業初州廢〔八三〕，屬始安郡。唐武德四年平蕭銑〔八四〕，立賀州，天寶元年曰臨賀郡。五代爲楚馬氏所有，後入南漢〔八五〕。今縣三。

緊，臨賀縣。二漢屬蒼梧郡。吴立〔八六〕。宋爲臨慶國。隋立賀州，大業初州廢，省臨賀入富川。唐武德四年復置〔八七〕，爲州治。故封陽及蕩山二縣〔八八〕，唐屬賀州。皇朝開寶四年省入。有臨賀山。有臨水南流〔八九〕，左合賀水〔九〇〕。縣對二水之會，故取名焉。臨水又西南逕封陽爲封溪水，又西南逕廣信，而南注鬱水。

上，富川縣。二漢屬蒼梧郡〔九一〕。吴以後屬臨賀郡。隋屬賀州〔九二〕。唐因之〔九三〕，天寶中更名富水，後復故名。故馮乘縣，唐屬賀州。皇朝開寶四年省入。有秦山、富水。

中，桂嶺縣。本建興，吴置，屬臨賀郡。晉太康元年改爲興安〔九四〕。隋開皇十八年更今名〔九五〕，屬熙平郡。唐武德四年來屬。有桂嶺。

下，昭州。秦屬桂林郡。二漢屬蒼梧郡。吴、晉屬始安郡。宋屬始建國。齊以後復屬始安郡。隋屬桂州。唐武德四年平蕭銑，立樂州。正觀八年改爲昭州，取昭潭爲名。天寶元年曰平樂郡。五代時，爲楚馬氏所有，後入南漢。皇朝開寶五年廢富州〔九六〕，熙寧五年廢蒙州〔九七〕，皆入焉。今縣四〔九八〕。

中，平樂縣。本漢茘浦縣地〔九九〕，屬蒼梧郡。吴分置平樂縣〔一〇〇〕，屬始安郡。晉因之。宋屬始建國。齊以後復屬始安郡。唐立樂州〔一〇一〕，改曰昭州。故永平縣，唐屬昭州。皇朝開寶五年省入〔一〇二〕。有目巖山〔一〇三〕，其巖如人目童子，黑白分明。

中，立山縣。本漢茘浦縣地。隋置隋化。唐武德五年更名，立南恭州。正觀八年改曰蒙州，天寶元年曰蒙山郡。皇朝熙寧五年州廢，以縣來屬〔一〇四〕。初，唐武德中析置東區、純義二縣，屬蒙州〔一〇五〕，永正元年改純義曰正義。皇朝太平興國中改正義曰蒙山，熙寧五年省東區、蒙山入立山〔一〇六〕。有東區山、蒙江。

中，龍平縣。本漢臨賀縣地，屬蒼梧郡。後置龍平縣，屬始安郡。唐武德四年立靜州，正觀八年改爲富州，天寶元年曰開江郡〔一〇七〕。皇朝開寶五年州廢，以縣來屬〔一〇八〕。熙寧八年屬梧州〔一〇九〕，元豐三年復來屬〔一一〇〕。初，梁置開江縣，隋省入豪靜。唐復置，屬梧州，又屬柳州，天寶後置思勤縣，長慶三年改開江曰馬江〔一一一〕。開寶五年，二縣皆省入。有富豪山。

下，梧州。古百越之地。秦屬桂林郡。漢屬南越，以同姓趙光爲蒼梧秦王〔一一二〕。漢兵誅南越，光降爲隋桃侯。元鼎六年，以其地立蒼梧郡。東漢建安八年立交州牧〔一一三〕，治此，十五年徙治番禺。晉、宋、齊、梁、陳爲蒼梧郡。隋平陳，郡廢〔一一四〕，屬封州，後屬蒼梧郡。唐武德四年平蕭銑〔一一五〕，立梧州，天寶元年曰蒼梧郡。五代爲楚馬氏所有，後入南漢。今縣一。

下，蒼梧縣。本漢廣信縣，爲蒼梧郡治。東漢以後因之。隋平陳，郡廢，改廣信爲蒼梧縣。唐立梧州，正觀十二年省豪静入焉。孟陵鎮〔一一六〕，本猛陵縣。漢屬蒼梧郡。東漢以後因之。隋屬始安郡，大業初省入豪静。後蕭銑復置，屬藤州。唐正觀八年來屬，更名〔一一七〕。戎城鎮，本戎城縣。梁置，曰遂成〔一一八〕。隋更名，屬藤州。唐永徽中來屬。皇朝開寶五年，二縣皆省入。六年復置戎城，熙寧四年又省〔一一九〕。有火桂江〔一二〇〕、始安江。

下，藤州。古百越之地。秦屬南海郡。漢屬蒼梧郡。東漢、晉因之，穆帝分立永平郡。宋、齊以後因之。隋平陳廢，立藤州。大業初州廢，立永平郡。唐武德四年曰藤州，天寶元年曰威義郡〔一二一〕。五代時爲南漢所有。皇朝熙寧四年廢南儀州入焉〔一二二〕。今縣二。

中，鐔津縣。本漢猛陵縣地。隋屬藤州。初州治永平，無鐔津。又有隋安、賀川、寧人等縣，皆正觀後省併。更置鐔津，爲州治，以寧人屬容州，永平屬昭州。故寧風縣，唐武德五年以縣立鷰州，正觀三年徙治長恭。七年更名泰州，徙治寧風，八年徙治安基，復爲鷰州。十八年州廢，以寧風來屬。故感義縣，本淳民，隋置。唐武德中更名。故義昌縣，本安昌，唐至德二載更名。皇朝開寶五年〔一二三〕，省寧風、感義、義昌三縣入鐔津。有鉛穴山、鐔江、漳江。

上下〔一二四〕，岑溪縣。本漢猛陵縣地。隋屬永熙郡。唐武德五年，以永業縣地立南義州，及置龍城縣，後廢置不常，後第名義州。天寶元年曰連城郡〔一二五〕，至德中改龍城爲岑溪。皇朝開寶三年州復曰南義州〔一二六〕，五年廢入竇州〔一二七〕。六年復置，太平興國中改曰南儀〔一二八〕。熙寧四年廢〔一二九〕，以岑溪來屬。故永業縣，本安義，唐至德中更名〔一三〇〕。故連城縣，武德五年析正義置，開寶六年並省入岑溪。

下，龔州。古百越之地。秦屬桂林郡。二漢、吳、晉屬蒼梧郡〔一三一〕，穆帝以後分屬永平郡，後因之。唐正觀七年，以鷰州故治立龔州〔一三二〕，天寶元年曰臨江郡。五代爲南漢所有。皇朝開寶五年廢思明州入焉〔一三三〕。今縣一。

中下，平南縣。本漢猛陵縣地。唐正觀七年置，後自武林徙州治此〔一三四〕。故陽川縣〔一三五〕，本陽建〔一三六〕，後更名。故武林縣〔一三七〕，隋屬藤州〔一三八〕。唐武德七年來屬〔一三九〕。故隋建縣，隋屬藤州。唐正觀十二年來屬。故大同縣，正觀七年置。皇朝開寶六年〔一四〇〕，四縣皆省入平南〔一四一〕。故武郎縣，唐永隆二年析龔、蒙、象三州立思唐州〔一四二〕，及置武郎、平原二縣，長慶三年改平原曰思和。石晉天福初改州曰思化。漢初復舊。開寶五年改州曰思明〔一四三〕。六年州廢，省思和入武郎來屬。嘉祐二年，省武郎入平南。有石鷰山〔一四四〕、龔江。

下，潯州。古百越之地。秦屬桂林郡。漢以後屬鬱林郡。隋屬永平、鬱林二郡。唐立潯州，後廢，屬龔州，後復置。天寶元年曰潯江郡。五代爲南漢所有〔一四五〕。今縣一。

下，桂平縣。本漢布山縣地，鬱林郡所治也，後分置桂平縣。梁立桂平郡。隋屬鬱林郡。唐屬鷰州，後立潯州。故大賓縣，隋屬永平郡。唐屬鷰州，後來屬。五代時省焉〔一四六〕。故皇化縣，本漢阿林縣地。隋置，後省入桂平。唐武德四年復置繡州，正觀七年來屬。皇朝開寶五年省入桂平〔一四七〕。有潯江、鬱江。

下，貴州。古西甌，駱越之地〔一四八〕。秦屬桂林郡，徙謫人居之。漢屬鬱林郡。東漢以後因之。隋開皇初郡廢，屬尹州，大業初屬鬱林郡。唐武德四年平蕭銑，立南尹州。正觀九年改爲貴州〔一四九〕，天寶元年曰懷澤郡。五代爲南漢所有。今縣一。

下，鬱林縣。本漢廣鬱縣地，屬鬱林郡。谷永爲太守，降烏滸十萬人，置七縣，即此地也。晉改爲鬱平縣。宋、齊以後因之。唐置南尹州，後曰貴州。皇朝開寶四年改曰鬱林。故懷澤縣，宋置。隋省。唐復置。故潮水縣，唐置。故義山縣，本馬嶺，唐武德四年改曰馬度，正觀後省。天寶後復置，更名。皇朝開寶五年，省三縣入鬱林。有馬度山、南山、鬱江。

下，柳州。古百越之地。秦以後地理與象州同。唐平蕭銑，立昆州，是年改曰南昆州。正觀八年又以地當柳星，更名。天寶元年曰龍城郡。五代爲南漢所有。今縣三。

中，馬平縣。本漢潭中縣地，屬鬱林郡。吴分屬桂林郡，後置馬平縣及郡〔一五〇〕。隋廢郡入象州。後州廢，屬始安郡〔一五一〕。唐立昆州，後改曰柳州〔一五二〕。有柳江、羅池。唐柳宗元貶爲刺史，死三年，神降于州之後堂，部將歐陽翼等見而拜之，其夕夢翼而告曰：「館我於羅池。」即此地。

中，洛容縣。唐正觀中置。故象縣，隋屬始安郡。唐屬桂州，後來屬。皇朝嘉祐四年省入。有洛青山。

中，柳城縣。本龍城，梁置〔一五三〕。隋屬始安郡。唐武德四年立龍州，并置柳嶺縣。正觀七年州廢，省柳嶺，以龍城來屬。皇朝景德三年改曰柳城〔一五四〕。有龍江、潯江。

校　注

〔一〕紀勝卷一〇三廣南西路：「汪應辰題名記云：『國初，合二廣爲嶺南道。端拱元年，監察御史高象先爲廣西轉運使。』廣西分部命使實始於此。嶺外代答又云：『皇祐中，儂智高平，詔狄青分廣西邕、宜、融爲三路守臣，兼兵馬都監，而置經略安撫使于桂州以統之。』」宋會要方域七之一七：「大觀三年六月十八日，詔黔南路依熙河蘭湟路體例併入廣西爲一路，以廣西黔南路爲名，依舊桂州爲帥府，轉運等司並罷。大觀四年五月二十四日，詔廣西黔南路仍舊稱廣南西路。」

〔二〕寰宇記卷一六二云：「戰國時爲楚、越之交境。」

〔三〕零陵：四庫本作「宋寧」。寰宇記卷一六二云：二漢屬零陵、蒼梧二郡。

〔四〕紀勝卷一〇三靜江府「宋及齊爲始安王國」下注：「寰宇記云：東晉改始安爲始建郡。然晉志止有始安，而無始建郡。通典云：『宋改始安爲始建國，齊復爲始安郡。』然考之宋、齊二志，並無始安、始建郡國更易之因，故元和志第書云梁立桂州。而隋志於始安郡下注云『梁置桂州』，亦不及宋、齊始安、始建廢置一節。象之謹按：舊經云：宋光禄卿顏（楚）〔延〕年爲始安太守，嘗於獨秀嵓下石室中讀書，則尚若爲始安郡。又按通鑑宋武帝大明五年立皇子子與爲始安王，則宋雖建始安爲王國，而未嘗改爲始建國也。通鑑齊明帝建武元年有始安王遥光，亦不言齊復改始建郡爲始安國也。通典所書不合，今不取。」

〔五〕宋會要方域七之八：「桂州，大觀元年陞爲帥府，爲大督府。」

〔六〕正觀八年：元和志卷三七、寰宇記卷一六二作「至德二年」。本卷靈川縣下云「唐龍朔二年析始安置」，可知始安改名臨桂必不在貞觀時，此歐氏襲新唐書卷四三上之文。紀勝卷一〇三靜江府：

「元和志以爲至德二年更名臨桂，年月不同，當從唐志。」

〔七〕四年：四庫本作「初年」。

〔八〕永正元年：舊唐書卷四一作「元和初」。紀勝卷一〇三静江府引輿地廣記作「永正三年」。

〔九〕析：札記卷下：「宋本誤『折』，據周校訂正，朱校不誤，下並同。」

〔一〇〕大曆四年：寰宇記卷一六二、新唐書卷四三上作「大曆三年」。

〔一一〕後復爲全義：札記卷下：「宋本『復』是也，全義已見上文，故此云『復』。周校作『改』，誤。朱校不誤。」

〔一二〕九域志卷九、卷一〇、宋會要方域七之一七、宋史卷九〇在「乾德元年」。按宋會要云：「興安縣，乾德元年廢溥州爲全義縣來隸。」

〔一三〕三年：寰宇記卷一六二作「二年」，九域志卷九、宋會要方域七之一七作「元年」。

〔一四〕海陽山：原作「陽海山」，據紀勝卷一〇三静江府、勝覽卷三八引輿地廣記改。

〔一五〕下瀨將軍：原作「下賴將軍」，據聚珍本及漢書卷九五、紀勝卷一〇三静江府、勝覽卷三八引輿地廣記改。

〔一六〕龍朔二年：舊唐書卷四一作「武德四年」，并云：武德四年，桂州領縣十，而無靈川縣。可知靈川非置於武德四年。

〔一七〕冷石山：元和志卷三七作「冷山」。

〔一八〕元和志卷三七云：「本漢始安縣地。開皇十年分置陽朔縣，取陽朔山以爲名也。」舊唐書卷四一云本隋舊縣。

〔一九〕元和志卷三七云：「本漢舊縣。」寰宇記卷一六二云漢屬桂林郡。

〔二〇〕武德四年：寰宇記卷一六二作「貞觀三年」。

〔二一〕十二年：寰宇記卷一六二作「十三年」。

〔二二〕紀勝卷一〇三静江府：「通典云：本漢始興縣地。寰宇記云：隋開皇十一年置。新、舊唐志及元和志並云武德四年析始安縣之永福鄉置，年月不同。象之謹按：隋志始安郡領縣十五，無永福縣，則永福非置於隋也，當從唐志。」

〔二三〕元年：新唐書卷四三上作「三年」。

〔二四〕寰宇記云：「石晉天福八年析靈川縣歸義鄉爲場，復陞義寧縣。」年月小不同。宋會要方域七之一七：「義寧縣，開寶五年廢入廣州新會縣，六年復置。」紀勝卷一〇三静江府：「皇朝志云：本靈川縣歸義鄉，石晉開運元年析置義甯縣。」宋史卷九〇：「本義寧鎮，馬氏奏置。」

〔二五〕二載：聚珍本作「三載」。紀勝卷一〇三静江府：「唐志理定縣下注云：『本興安，至德更名理定。』元和志云：『至德二年更名治定。』不同。象之謹按：唐以高宗諱，凡言『治』者則以『理』字代之，不應曰治定，當從唐志曰理定。舊唐志云：隋分興安，唐置理定。」

〔二六〕即：原作「弘」，據聚珍本及明一統志卷八三、行水金鑑卷九四改。明一統志云：「靈渠在興化縣北，其源即灕水。」

〔二七〕魚孟威：聚珍本作「魚孟咸」。札記卷下：「『威』，宋本略可辨，周校正作『威』，是也。自『上至德二載』至此段末並唐志文。朱校『威』作『咸』，誤。」

〔二八〕紀勝卷一一四融州引廣西郡縣志：大觀二年，以桂州之古縣屬融州，尋復故。

〔二九〕常安水：聚珍本作「長安水」。

〔三〇〕紀勝卷一〇四容州：「圖經云：交趾郡有勾漏縣。今勾漏在普甯、北流之間，則又疑其地隸交趾。然考之東、西漢志及晉志，交趾、合浦自是兩郡，不應强合爲一，當考。」

〔三一〕紀勝卷一〇四容州「以合浦郡之北流縣、永平郡之普甯縣於今州理北置銅州」下注：「此據唐志、元和郡縣志及廣西郡邑圖。容州普甯志云：蕭銑略定嶺表，於此置銅州，領北流、豪石、容川、渭龍、南流、陵城、普甯、新安八縣。唐興，交州總管邱和以其地來降，與此不同。象之謹按：唐志及通典皆云唐武德四年平蕭銑，置銅州，是銅州之置乃在平蕭銑之後，非置於蕭銑有土之日也。又按唐志銅州之置乃割合浦、永平二郡之地以爲郡，非割交趾郡之地以爲銅州也。交趾、合浦、永平自各是一郡。而唐史邱和傳和自爲交趾太守，非兼統合浦、永平二郡也，不應引合浦太守來降一節，却遠取交趾邱和來降，所引不類，今併不取。」

〔三二〕宋會要方域五之八、七之一七：「容州，唐防禦、經略，開寶四年陞寧遠軍節度。」按紀勝卷一〇四容州：「皇朝開寶四年陞甯遠軍節度，與通鑑所紀不同。象之謹按：通鑑梁開平元年姚彥章爲甯遠軍節度使，從楚王馬殷之請也。是時姚彦章已敗，遂不及拜，而容州爲南漢所有，則其爲防禦州恐在南漢有國之時，亦未可知。又歐陽五代史叙嶺南諸節鎮亦云桂州曰静江，容州曰甯遠，邕州曰建武，廣州曰清海，皆唐故號，五代無所更易，則在唐非防禦州也明矣。」

〔三三〕紀勝卷一〇四容州：「本朝開寶五年，省欣道、渭龍入普甯，省陵城入北流。先是，唐武德四年，以鬱林郡之阿林縣及鬱平縣地置繡州。乾封三年，以白州之温水縣更曰峨石，辯州之陸川縣、竇州之扶萊縣、容州之容昌縣置禺州。大曆八年，以辯州之龍化縣、禺州之温水縣、羅州之南河縣、白州之龍豪縣置順州。至是廢繡州，以縣入普甯；廢順州，以縣入陸川；廢禺州，以縣入北流，故今領縣三。」

〔三四〕紀勝卷一〇四容州：「元和郡縣志云：『本漢合浦縣地，晉分置宕昌縣。隋開皇十七年改爲奉化縣，十九年又改爲普甯縣，屬藤州永平郡。』隋志藤州永平郡普甯縣下注云：『舊曰陰石，梁置陰石郡。平陳，郡廢，改縣爲奉化。開皇十九年又改名普甯縣。』二書所紀不同。象之謹按：隋志承梁舊縣名，必不差互，當從隋志。」

〔三五〕紀勝卷一〇四容州：「元和郡縣志云：『開元中，移郭下北流縣於西南六十里，又自州移普甯縣於郭下。』唐志云：『元和中，徙治普甯。』年月小有不同。」

〔三六〕及：四庫本、聚珍本作「又」。

〔三七〕乾封四年：寰宇記卷一六七作「總章元年」。

〔三八〕白：札記卷下：「宋本壞作『曰』，周校同，今訂正，朱校不誤。」

〔三九〕元年：寰宇記卷一六七作「二年」。

〔四〇〕扶萊：按寰宇記卷一六七、新唐書卷四三上、宋會要方域七之一七皆作「扶萊」，通典卷一八四、舊唐書卷四一作「扶桑」。

〔四一〕入北流：札記卷下：「『北』，宋本誤『地』，周校同，今訂正，此約九域志文。朱校不誤。」按宋會要方域七之二三：「禺州温水郡，領(三)〔四〕縣。開寶五年廢州，省峨石、扶萊、羅辨三縣入容州北流縣。」

〔四二〕討林邑：札記卷下：「『邑』。宋本誤『邕』，據周校訂正。舊唐志、寰宇記並云『討林邑蠻』，是也。朱校『邑』作『郡』，誤。」

〔四三〕紀勝卷一〇四容州：「皇朝郡縣志云：『本漢合浦郡地，隋置陸川縣，屬合浦。』隋志云：『大業初，廢陸川入北流縣。』容州志云：『唐武德四年復置，屬南宕州，正觀八年屬潘州，總章初屬東峨州，總章二年屬昌州。』」

〔四四〕紀勝卷一〇四容州：「元和郡縣志云開元二十四年割屬容州，有小不同。象之謹按：杜佑通典容州領縣六，而無陸川縣；禺州領縣三，而陸川隸焉。杜佑通典乃在德宗之時陸川縣尚屬禺州，不應開元二十四年乃先屬容州也。由是言之，則唐志載唐末來屬容州之説似亦有理，當從唐志。」

〔四五〕宋會要方域七之二三：「順州，順義郡，領四縣。開寶五年廢州，省龍豪、温水、龍化、南河四縣入容州陸川縣。」方域七之一七：「陸川縣，七年廢順州，省龍豪、温水、龍化、南河四縣入焉。九年移治公平，淳化五年復徙舊温水縣。」

〔四六〕宋會要方域七之一：「大觀元年陞爲望郡。」紀勝卷一〇六邕州「仍加都督府」下注：「建武志在正觀六年，元和志在乾封二年，年月不同，當考。」

〔四七〕八年：通典卷一八四作「五年」，元和志卷三八、寰宇記卷一六六作「六年」，不同。

〔四八〕紀勝卷一〇六邕州：「皇朝郡縣志不載年月，而建武志以爲在乾甯元年，而唐書方鎮表亦不載建置年月。象之謹按：通鑑昭宗光化元年邕州軍亂，逐節度使李鐬，雖不明言其爲（永平）〔建武〕軍節度，而歐陽公五代史叙唐之節鎮舊號，如桂之名静江，容之名甯遠，邕之名建武，廣之名清海，皆以爲唐之故號，五代無所更易，則置於唐末也明矣。」

〔四九〕宋會要方域七之一七：「邕州，元祐三年五月十五日改邕州懷化洞爲州。先是，知峒零崇槩（納）〔納〕土，自順州廢，即棄巢穴，歸省地。朝廷録其功，授以使額，而有是詔。大觀元年陞爲望郡。」又方域七之二四：「懷化州，元祐三年以邕州溪洞建。」

〔五〇〕領方：通典卷一八四、寰宇記卷一六六作「嶺方」。按元和志卷三八云：「本漢領方縣地。開皇十四年於此置晉興縣。十八年改爲宣化縣，屬鬱林郡。唐屬南晉州，後屬邕州。」

〔五一〕宋會要方域七之一八：「朗寧縣，〔開寶〕五年廢，隸宣化縣。」

〔五二〕思籠：紀勝卷一〇六引輿地廣記亦作「思籠」，舊唐書卷四一作「思龍」。

〔五三〕宋會要方域七之一八：「思龍縣，〔開寶〕五年廢，隸如和縣。」紀勝卷一〇六邕州：「省朗甯入宣化，封陵入武緣，思龍入如和。」又云：「廣西郡邑圖並在開寶六年。」

〔五四〕景龍：元和志卷三八作「景雲」。

〔五五〕二年：四庫本作「三年」。紀勝卷一〇六邕州引國朝會要作「二年」。按宋會要方域七之一八：「如和縣，景祐三年廢，隸宣化縣。」九域志卷九同。

〔五六〕夜郎豚水：勝覽卷三九引輿地廣記作「夜郎溪水」。

〔五七〕夾：四庫本作「來」，聚珍本作「依」。

〔五八〕隋書卷三一云：梁置嶺山郡。隋改嶺山縣。大業初併武緣縣入嶺山縣，屬鬱林郡。元和志卷三八云：「本漢之領方縣地，開皇十一年於此置武緣縣。」

〔五九〕豐陵：紀勝卷一〇六邕州引輿地廣記亦作「豐陵」。新唐書卷四三上、九域志卷九、宋會要方域七之一八、宋史卷九〇作「封陵」。

〔六〇〕樂昌縣：紀勝卷一〇六邕州引國朝會要作「昌樂縣」，并云：「昌樂縣，舊名晉興，開寶五年改名昌樂，景祐三年廢昌樂縣入武緣縣。」

〔六一〕三年：九域志卷九、紀勝卷一〇六邕州引廣西郡邑圖亦作「三年」，宋史卷九〇作「二年」。按宋會要方域七之一八：「樂昌縣，舊名晉興，開寶五年改，景祐三年廢，隸武緣縣。」

〔六二〕始安郡：原作「始定郡」，據四庫本、聚珍本、隋書卷三一、舊唐書卷四一及下文改。

〔六三〕按隋書卷三一云：「舊曰齊熙縣，置齊熙、黄水二郡及東寧州。平陳，郡並廢，（開皇）十八年改州曰融州，縣曰義熙。」元和志卷三七云：「隋開皇十八年爲融州。」舊唐書卷四一云：「武德四年平蕭銑，置融州，復開皇舊名也。」新唐書卷四三上云：「武德四年析始安郡之義熙置。」

〔六四〕宋史卷九〇：「本軍事州，大觀二年升爲帥府，賜軍額，又升爲下都督府。」按宋會要方域五之八：「融州，大觀三年陞爲清遠軍節度。」方域七之一八：「融州，大觀三年八月二十四日詔曰：『融州融水奥區，漳中巨屏。山居谷聚，控並海之蠻夷；地大物荒，據列城之襟帶。封陲益斥，墉壑肇新。宜錫節旄，用壯藩翰。爰綏有衆，永孚于休。可陞爲清遠軍節度。』」紀勝卷一一四融州引廣西郡縣志陞清遠軍節度亦在「大觀三年」。

〔六五〕紀勝卷一一四融州：「舊唐志云：本漢潭中縣地，隋置義熙縣。武德改融水，州所治也。元和郡縣志云：『本潭中縣，蕭齊於此置齊興郡。隋開皇十一年，改齊熙縣爲義熙縣，屬融州。武德六年，改融水縣。』又寰宇記云：『宋元嘉七年置齊興縣。唐武德六年改爲融水縣。』與元和志所引有宋、齊之異。象之謹按：國家建置郡縣，多以國號而冠之美名。漢則置漢嘉縣，魏則置魏興郡，吴則置吴興郡，晉則置晉安郡，宋則置宋甯、宋興郡，今齊興置縣當在蕭齊之時，而寰宇記乃以爲宋元嘉之際，方當劉宋有國，而蕭齊未興，不應預爲齊興之號，寰宇記所引非是，今不取。」

〔六六〕東寧州：四庫本、聚珍本作「宋寧州」。

〔六七〕宋會要方域七之一八：「羅城縣，開寶五年以桂州之球州洞地置。熙寧七年廢二縣爲鎮，隸融水縣。」按「球」字，九域志卷九、文獻通考卷三二三作「珠」，紀勝卷一一四融州作「球」。又「州」字，九域志卷九作「川」。

〔六八〕元和志卷三七云：開皇十一年隋平陳，廢象郡及中溜、潭中二縣，以潭中爲桂林縣，置象州。紀勝卷一〇五象州引張維廣西郡邑志「梁置象州」，紀勝又云：「象州志云：陳置象郡。又隋志陽壽縣下注云：『有馬平、桂林、象、韶陽等四郡，平陳並廢。』象郡既廢於平陳之時，則是陳時已有象郡矣。由是言之，則象郡置於陳，象州置於隋耳。然元和郡縣志載象縣於柳州象縣之下，則又非今之象州也。」又云：「然考之隋、唐二志，皆無所據依，今第依元和志、通典、寰宇記以爲隋平陳，置象州。」并引象州志云：「此則今象州之所從始也。」

〔六九〕元和志卷三七云：大業二年，煬帝廢象州爲象縣，屬桂林郡。

〔七〇〕象郡：通典卷一八四、新唐書卷四三上皆作「象郡」，舊唐書卷四一、寰宇記卷一六五作「象山郡」。

〔七一〕開寶七年：寰宇記卷一六五作「開寶元年」。九域志卷九：「景德四年升防禦。」紀勝卷一〇五象州引國朝會要云：「景祐四年陞爲防禦州。」

〔七二〕紀勝卷一〇五象州「今之象州即鬱林郡之中溜、潭中二縣也」下注：「元和郡縣志於陽壽縣下注云：本漢中溜縣之地。寰宇記於武化縣注云：本秦時潭中縣也。今武化屬來賓縣，則爲中溜、潭中也明矣。但通典以象州三縣俱屬中溜，而不言潭中，蓋唐武化縣隸封州及晏州，至國朝始定屬象州耳。」

〔七三〕紀勝卷一〇五象州：「象郡志云：『咸平六年移縣於新安驛，今縣治是也，崇甯四年併武化來屬。』」

〔七四〕析：四庫本作「省」。

〔七五〕十三年：元和志卷三七、寰宇記卷一六五作「十二年」。

〔七六〕宋會要方域七之一八：「開寶七年廢隸來賓縣，元祐元年復。」宋史卷九：「熙寧七年，廢武化縣入來賓，元祐元年復。」按紀勝卷一〇五象州：「國朝會要云：『開寶七年，省武化縣隸來賓，景祐元年復。』廣西郡邑志云：『熙甯四年，省武化入陽壽。』寰宇記又云：『武化本漢潭中縣地，屬鬱林郡。唐武德析建陵置武化縣，屬晏州。貞觀廢晏州，來屬象州。皇朝廢入來賓縣。』以上記載不同，當考。」

〔七七〕宋會要方域七之二三：「（巖）〔嚴〕州、修德郡，領二縣。」

〔七八〕宋會要方域七之一八：「來賓縣，開寶七年廢嚴州，以二縣來隸，省歸化、武化二縣入焉。」

〔七九〕桂林：元和志卷三七作「建陵」。

〔八〇〕晉書卷一五：太康中平吴，「以始安、始興、臨賀三郡屬廣州。」

〔八一〕臨慶國：南史卷三：泰始六年，「改臨賀郡爲臨慶郡」。

〔八二〕臨賀郡：紀勝卷一二三賀州：「齊復爲臨賀國。」南史卷四云：永明七年「立皇子子岳爲臨賀王」。南齊書卷一五云有臨賀郡，而其復郡名之年月未詳。

〔八三〕州：四庫本脱。

〔八四〕四年：元和志卷三七作「五年」。

〔八五〕宋會要方域七之一三：「大觀二年五月二十七日，中書省言：『廣東路十五州軍，財賦豐足，内賀州管四縣，南接梧州，西抵昭州，并通水路，直抵桂州。』詔賀州割屬廣西。」

〔八六〕立：紀勝卷一二三賀州引輿地廣記作「屬」。

〔八七〕元和志卷三七云：「自漢至陳不改。隋大業二年，省臨賀縣入富川縣。十二年重置，屬蒼梧郡。武德四年改屬賀州。」

〔八八〕故封陽及蕩山二縣：原本「蕩山」前空二字，已删。「二縣」原作「一縣」，據四庫本改。聚珍本「及」字後有「馮乘」二字，「一縣」作「三縣」。札記卷下：「宋本如此，周校空二字，同，『一縣』作『二縣』。朱校『及』下作『馮乘』二字，『一』作『三』。案宋本是也，蓋初刊時誤入『馮乘』二字，後剜去之。『一』字，亦似『二』字剜去上畫者。上『故封陽』句絶，則此當作『一』矣。」按宋會要方域七之一三：「蕩山縣、封陽縣，開寶四年廢隸臨賀縣。」九域志卷九：「開寶四年省蕩山、封陽二縣、寶城場入臨賀。」

〔八九〕南流：勝覽卷四一引輿地廣記作「西流」。

〔九〇〕左：勝覽卷四一引輿地廣記作「右」。

〔九一〕紀勝卷一二三賀州：「元和郡縣志云：『本漢臨賀縣之地，吴屬臨賀郡。』寰宇記云：『本漢富川舊縣，屬蒼梧郡。』二書所載不同。象之謹按：兩漢志蒼梧郡下自有富川縣，則非漢臨賀縣地也，元和志所紀非是，今不取。」

〔九二〕賀州：元和志卷三七作「桂州」。

〔九三〕元和志卷三七：「武德四年改屬賀州。」

〔九四〕紀勝卷一二三賀州：「元和郡縣志云：『本漢臨賀縣地，吴分置興安縣，屬臨賀郡。』又云：『晉太康十八年，改爲晉安縣。』然晉志初無晉安縣，不同。象之謹按：隋志熙平郡桂嶺縣注云：『舊曰興安，開皇八年改名桂嶺。』初無晉改爲晉安之文。通典亦云：『隋開皇九年，東業公王景巡撫，分興安爲二縣，西爲桂嶺，屬臨賀郡。』亦不言其有晉安縣也。元和郡縣志所引非是，今不取。」

〔九五〕十八年：隋書卷三一亦作「十八年」，寰宇記卷一六一作「九年」。

〔九六〕富州：聚珍本作「富川」。紀勝卷一〇七昭州引國朝會要作「富州」。

〔九七〕蒙州：四庫本、聚珍本作「象州」。札記卷下：「『蒙』，宋本誤『象』，周校、朱校同，今據立山縣下訂正，九域志亦其證。」

〔九八〕四：聚珍本作「三」。今本輿地廣記無恭城縣。按宋史卷九〇：「恭城，下。太平興國元年徙治于北鄉龍渚市。」紀勝卷一〇七昭州恭城縣云：「唐志云蕭銑置，元和郡縣志云武德四年析平樂縣置，有小不同，當考。通典恭城縣下亦不載蕭銑建置一節。姑兩存之。」

〔九九〕紀勝卷一〇七昭州：「寰宇記及圖經以爲本荔浦縣地，而元和郡縣志以爲本蒼梧郡之富川縣地，不同。象之考之晉志平樂、荔浦皆屬始安郡，乃今之桂州，而富川乃屬賀州、臨賀郡。割隸之際，各從近地，則或者其荔浦之地歟！當考。」

〔一〇〇〕寰宇記卷一六三以爲晉分置平樂縣。按紀勝卷一〇七昭州州沿革「吴置始安郡，仍置平樂縣以隸焉」下注：「圖經云：『吴黄武五年，割零陵之始安爲始安郡，分蒼梧之荔浦屬焉，始創平樂等七縣。』是圖經以平樂之爲縣，乃析荔浦之地而爲之也。又元和郡縣志云：『吴甘露元年，分富川縣置平樂縣，屬始安郡。』是元和志以爲平樂之爲縣，乃析富川而爲之也。舊唐志又以爲晉置平樂縣。三者俱不同，當考。」又同卷平樂縣沿革下云：「舊唐志云：『州所治也，晉置平樂縣。』元和郡縣志云：『本漢富川縣地。吴甘露元年分富川縣於此置平樂縣，取平溪以爲名。』而寰宇記諸書皆以爲本荔浦縣，吴分荔浦縣置平樂縣，不同，當考。」

〔一〇一〕紀勝卷一〇七昭州「唐平蕭銑，以始安郡之平樂縣置樂州」下注：「唐志云：『武德四年以始安郡之平樂縣置樂州。』圖經以爲隋置平樂郡，與唐志不同。象之謹按：隋志桂州下有平樂縣，而别無平樂郡，則隋初未嘗置平樂郡也。舊唐志云：『唐平蕭銑，置樂州。』然通典云大唐置樂州，則蕭銑亦未嘗置樂州也。當從隋志及通典。」

〔一〇二〕宋會要方域七之一八：「永平縣，開寶五年廢隸平樂縣，大中祥符元年移治州城東。」

〔一〇三〕目巖山：四庫本作「日巖山」。札記卷下：「『目』，宋本壞作『日』，周校同，今訂正，朱校不誤。」

〔一〇四〕宋會要方域七之二三：「蒙州蒙山郡，領三縣。太平興國二年，改正義縣爲蒙山縣。熙寧六年廢州，以立山縣隸昭州，省東區、蒙山二縣入焉。」按九域志卷一〇蒙州之廢在「熙寧五年」。

〔一〇五〕蒙州：寰宇記卷一六三作「荔州」。

〔一〇六〕熙寧：原作「熙義」，據聚珍本及九域志卷一〇、宋會要方域七之二三改。

〔一〇七〕開江郡：四庫本、聚珍本作「開江縣」。

〔一〇八〕宋會要方域七之二二：「富州開江郡，領三縣。開寶五年廢州，省思勤、馬江二縣入龍平縣，隸昭州。元豐七年，以邕州延衆寨建。」方域七之一九：「龍平縣，開寶五年廢富州來隸，省思勤、馬江二縣入焉。」

〔一〇九〕八年：宋朝事實卷一九、紀勝卷一〇七昭州引九域志、宋史卷九〇亦作「八年」，宋會要方域七之一九、紀勝卷一〇八梧州引國朝會要作「五年」。

〔一一〇〕三年：九域志卷九、宋朝事實卷一九同，宋史卷九〇作「八年」，並云「宣和中改昭平」。紀勝卷一〇七昭州：「國朝會要又云：宣和六年，改龍平縣爲昭平縣。」

〔一一一〕馬江：叢書集成本作「馬河」。

〔一一二〕紀勝卷一〇八梧州：「西漢景武昭宣元成功臣表云：『隨桃侯趙光，以南越蒼梧王聞漢兵至降，侯，三千户。』」校之輿地廣記却無『秦王』字，小有不同。」

〔一一三〕立交州牧：紀勝卷一〇八梧州「東漢立交州牧，治蒼梧，後徙治番禺」下注：「象之謹按：東漢初置州牧在靈帝中平五年戊辰，而輿地廣記云建安八年癸未立交州牧，相去十有六年，不同，當考。象之謹按：通鑑建安五年云：『初士燮爲交趾太守，交州刺史朱符爲夷賊所殺。朝廷遣張津爲交州刺史，津又爲其將所殺。劉表遣賴恭代津爲刺史，又以吴巨爲蒼梧太守，巨與恭相失，巨舉兵逐恭，恭走還零陵。孫權以步騭爲交州刺史，士燮率兄弟奉承節度，吴巨外附内違，騭誘而斬之，由是嶺南始服役於權。』由是觀之，獻帝時尚名交州刺史，初未嘗置州牧也，第恐以刺史領州牧之事耳。又元和郡縣志云：獻帝末，孫權以步騭爲交州刺史，遷州於番禺。孫皓時，以交州土壤太遠，乃分置廣州，理番禺，而交州徙龍編云。」

〔一四〕隋平陳郡廢：札記卷下：「『陳』，宋本誤『隋』，據周校訂正。此隋志文，朱校不誤。」

〔一五〕四年：元和志卷三七作「五年」。

〔一六〕孟陵鎮：聚珍本作「猛陵鎮」。

〔一七〕宋會要方域一二之一七：「梧州蒼梧縣孟陵鎮，開寶五年廢縣置。」

〔一八〕遂成：元和志卷三七作「遂城」。札記卷下：「宋本『成』是也，此隋志文。周校作『城』，誤，朱校不誤。」

〔一九〕四年：九域志卷九亦作「四年」，宋會要方域七之一九作「五年」，方域一二之一七作「八年」。

〔二〇〕火桂江：聚珍本作「大桂江」，九域志卷九有「火山、桂江」。札記卷下：「周校同宋本。朱校『火』作『大』，誤，九域志作『火山、桂江』。」

〔二一〕威義郡：寰宇記卷一五八、紀勝卷一〇九藤州作「感義郡」。

〔二二〕寰宇記卷一五八：開寶六年，移州治於大江西岸。

〔二三〕五年：宋會要方域七之一九、宋史卷九〇作「三年」。

〔二四〕上下：九域志卷九、宋史卷九〇作「下」。

〔二五〕天寶元年：札記卷下：「宋本『寶』，周校『祠澱』，朱校同宋本。」

〔二六〕九域志卷一〇：「皇朝開寶四年加『南』字。」

〔二七〕五年：寰宇記卷一六三作「四年」。

〔二八〕宋會要方域七之二三：「南儀州，唐義州，〔連城〕郡，領三縣。開寶四年，加『南』字，五年廢入寶州。六年復置，省連城、永業二縣入岑溪縣。太平興國二年，改儀州。」又云：「天聖四年五月初八日，廣南西路轉運司言：『南儀州實在山險中，多有嵐瘴，前後官吏、軍民亡歿者衆，乞移于岑雄驛平坦之處建立。』從之。」

〔二九〕四年：宋會要方域七之二三亦作「四年」，方域七之一九作「五年」。

〔三〇〕至德中：四庫本作「至德四載」，聚珍本作「至德四年」。

〔三一〕通典卷一八四云晉屬蒼梧、鬱林二郡。

〔三二〕元和志卷三七：貞觀七年於藤州舊治置龔州都督府，仍置平南縣爲龔州治所。新唐書卷四三上：貞觀七年，太宗以藤州之桂平、大賓二縣置潯州。正觀十三年，廢隸龔州。二者所載不同。

〔三三〕九域志卷一〇：「皇朝開寶五年改思明，六年廢州。」宋會要方域七之一九：「龔州，政和元年廢隸潯州，三年復。」又云：「政和四年四月十一日，尚書省勘會：『廣南西路龔州（南平）〔平南〕縣民户梁政等狀爲本州額，于政和元年四月内承朝旨廢併龔州入潯州，民心憂惶不願。每至二稅供輸，登涉山險，至潯州動經五七日，民户道路勞苦。自併廢後來，流竄甚多。況龔州四至，容、藤等州遼遠，各二三百里，容至桂十六程，並無州府官兵防托。又自藤州（松）〔沿〕江至潯州，多有興販私鹽，驚劫民户，不得安迹。竊覩梅州元豐中亦曾入潮州，自後鄉民自願添納二稅錢米，乞行興復，已蒙依舊還州額訖。今來乞依梅州例添納二稅錢米各一分，依舊興復爲龔州。』從之。」

〔三四〕武林：原作「武陵」，據隋書卷三一、舊唐書卷四一、新唐書卷四三上及下文武林縣改。

〔三五〕故陽川縣：札記卷下：「宋本『川』是也。周校作『州』，誤，寰宇記、九域志可證，朱校不誤。」

〔三六〕本：四庫本、聚珍本作「今」。札記卷下：「宋本、周校同，是也，此與下三字並唐志文。朱校『本』作『今』，誤。」

〔三七〕武林縣：原作「武陵縣」，據寰宇記卷一五八、新唐書卷四三上、九域志卷九改。札記卷下：「『陵』當依寰宇記、九域志作『林』。」

〔三八〕藤州：札記卷下：「宋本『藤』是也，隋志可證。周校作『燕』，誤，朱校不誤。」

〔三九〕武德七年：寰宇記卷一五八作「貞觀七年」。

〔四〇〕六年：紀勝卷一一〇潯州亦作「六年」，宋會要方域七之一九、宋史卷九〇作「五年」。

〔四一〕平南：札記卷下：「『平』，宋本略可辨。周校作『正』，誤，朱校不誤。」

〔四二〕三州：札記卷下：「宋本『三』，周校作『二』，誤，此唐志文，朱校不誤。」

〔一四三〕五年：寰宇記卷一五八作「四年」。

〔一四四〕石鷰山：九域志卷九作「石勞山」。

〔一四五〕宋會要方域七之二〇：「潯州，開寶五年廢隸貴州鬱林縣，六年復爲潯州。」

〔一四六〕宋會要方域七之二〇：「皇化縣、大賓縣，〔開寶〕五年廢隸桂平縣。」

〔一四七〕宋史卷九〇：「開寶五年廢皇化縣，俄又廢州，以桂平隸貴州，六年復置。」

〔一四八〕古西甌駱越之地：札記卷下：「宋本『甌』，周校作『歐』，朱校同宋本，是也。史記作『甌』，漢書同。顔注云『言西者以别東甌也』，亦作『甌』。此句與下二句並用通典文，通典作『甌』。」

〔一四九〕九年：新唐書卷四三上作「八年」。

〔一五〇〕寰宇記卷一六八云：「隋置馬平縣。」

〔一五一〕始安郡：原作「始定郡」，據紀勝卷一一二柳州引輿地廣記改。

〔一五二〕「柳州」後紀勝卷一一二柳州引輿地廣記有「縣亦屬焉，今爲州郡之治所」一句。

〔一五三〕寰宇記卷一六八云隋置。

〔一五四〕紀勝卷一一四融州引廣西郡縣志云：大觀二年以柳州之柳城縣屬融州，尋復故。

輿地廣記卷第三十七

廣南西路下

下，宜州。秦屬象郡，後復没于蠻夷。唐開置粵州，乾封中更名〔一〕，天寶元年曰龍水郡。五代時爲楚馬氏所有，後入南漢。皇朝慶曆三年廢芝州入焉〔二〕。今縣五。

上，龍水縣。唐與州同置崖山、東璽等縣，後皆省。故洛曹縣，本洛封。唐屬柳州，元和十三年更名。皇朝淳化元年來屬〔三〕，後改曰洛下，嘉祐七年省入龍水〔四〕。有宜江、龍江。

中下，忻城縣。唐置，及立芝州，治此，後爲羈縻州。皇朝慶曆三年廢州〔五〕，以縣來屬。

下，天河縣。唐與州同置〔六〕。有溪江。

下，思恩縣。唐正觀十二年開生蠻〔七〕，與環州同置屬焉，後州没于蠻夷。皇朝熙寧八年以縣來屬〔八〕。

下，河池縣。本屬羈縻智州，皇朝治平二年來屬〔九〕。

下，賓州。秦屬桂林郡，自漢至齊屬鬱林郡。梁立領方郡。隋屬鬱林郡。唐武德四年屬南方州。正觀五年立賓州，天寶元年曰安城郡。五代爲南漢所有。皇朝開寶五年州廢入邕州，六年復立，端拱三年以澄州入焉〔一〇〕。今縣三〔一一〕。

下，嶺方縣〔一二〕。二漢屬鬱林郡。晉、宋以後因之。梁立領方郡〔一三〕。唐立賓州。皇朝開寶五年屬邕州，六年復爲賓州，治故琅邪縣。故保城縣，本安城，至德二載更名，屬賓州。開寶五年並屬邕州，六年皆省入焉〔一四〕。有古漏山、賓水。

中，遷江縣。本思剛州。唐爲羈縻州，隸邕州都督府。皇朝天禧四年廢爲遷江縣來屬。有都泥山、賀水。

中下，上林縣。唐武德四年析嶺方置，及立南方州。正觀八年改曰澄州〔一五〕，天寶元年曰賀水郡。皇朝開寶五年州廢，以縣屬邕州，端拱三年來屬。故止戈、無虞二縣，與上林同置，屬澄州。故賀水縣，武德四年析馬平置，屬柳州，八年屬澄州，開寶五年皆省入上林〔一六〕。有上林洞、都澧水。

下，橫州。春秋、戰國爲駱越之地。秦屬桂林郡〔一七〕。漢屬鬱林、合浦二郡〔一八〕。吴立寧浦郡〔一九〕。晉、宋、齊因之。梁分立簡陽郡。隋平陳，二郡並廢，立簡州。開皇十八年改爲緣州。大業二年州廢〔二〇〕，屬鬱林郡。唐武德四年立簡州，六年改曰南簡州。正觀八年更名橫州，天寶元年曰寧浦郡。五代爲南漢所有。皇朝開寶五年廢巒州入焉〔二一〕。今縣二。

下，寧浦縣。本漢廣鬱縣地〔二二〕。吴分置寧浦縣及立郡〔二三〕。晉以後因之。梁分立簡陽郡。隋立簡州，改爲緣州。唐爲南簡州，改爲橫州。故從化縣，本淳風，武德四年分寧浦置，正觀元年更名〔二四〕。故樂山縣〔二五〕，本漢高涼縣地〔二六〕，屬合浦郡〔二七〕。梁立樂陽郡〔二八〕。隋平陳，郡廢，爲樂陽縣，屬尹州〔二九〕，開皇十八年更名。唐武德四年來屬。皇朝開寶五年並省入寧浦。

下，永定縣。唐武德四年立淳州，及置永定、武羅、靈竹三縣〔三〇〕，而州治永定。天寶元年曰永定郡，永正元年曰巒州〔三一〕。皇朝開寶五年州廢〔三二〕，省武羅、靈竹二縣入永定來屬。熙寧四年省永定入寧浦，元祐三年復置〔三三〕。

下，化州。古百越之地。秦屬象郡。漢屬南越，後及東漢屬合浦郡。吴屬高興郡。

晉以後屬高涼郡。梁復高興。隋平陳，郡廢，屬羅州〔三四〕。大業初州廢，屬高涼郡。唐武德五年屬羅州，六年立南石州。正觀九年改爲辯州，天寶元年曰陵水郡。天祐元年，朱全忠以「辯」、「汴」聲近，更名勳州，後復故。五代爲南漢所有。皇朝開寶五年廢羅州入焉〔三五〕，太平興國五年改曰化州。今縣二。

下，石龍縣。本漢高涼縣地，屬合浦郡。皇朝改曰化州〔三六〕。故陵羅、龍化二縣，與石龍同置。開寶五年省入焉〔三七〕。有陵水〔三八〕、羅水。

中，吴川縣。隋屬高涼郡〔三九〕。唐屬羅州。皇朝開寶五年州廢，以吴川來屬。故廉江縣〔四〇〕，本石城。昔宋將檀道濟於陵羅江口築石城，立羅州。梁、陳因之〔四一〕。唐天寶元年更名。故幹水縣，本石龍，唐改曰招義，又改曰幹水。零緑鎮〔四二〕，本零緑縣。三縣皆屬羅州、招義郡。開寶五年州廢，皆省入吴川〔四三〕。

下，高州。古百越之地。秦屬南海郡。漢屬南越。東漢屬合浦、蒼梧二郡。吴立高涼郡。晉以後因之。梁兼立高州〔四四〕。隋平陳，郡廢。大業初州廢，復立高涼郡〔四五〕。唐武德六年立高州〔四六〕，本治高涼，正觀二十二年徙治良德〔四七〕，天寶元年曰高涼郡〔四八〕，大曆十一年徙治電白。五代爲南漢所有。皇朝開寶五年廢潘州〔四九〕，熙寧四年廢竇州〔五〇〕，皆入焉。今縣三。

下，電白縣。梁立電白郡。隋廢，屬高州。唐大曆中州自良德徙治此。故良德，本務德，陳置，後更名。隋屬永熙郡。唐武德中來屬，正觀中州自高涼徙治此，而高涼更名西平，分屬恩州。故保寧縣，本連江。梁立連江郡。隋平陳，郡廢，屬高州。唐開元五年改曰保安，至德二載更名〔五一〕。皇朝開寶五年皆省入焉〔五二〕。有高涼山。

中下，信宜縣。本信義。唐武德五年析懷德置〔五三〕，而自懷德徙南扶州治焉。正觀元年州廢，屬龍州，二年復置。五年又廢，屬瀧州，六年復置，八年更名竇州〔五四〕，天寶元年曰懷德郡。皇朝太平興國元年改縣曰信宜，熙寧四年州廢來屬〔五五〕。故懷德縣，本漢端溪縣地，屬蒼梧郡。梁置梁德縣及梁德郡。隋平陳，郡廢。開皇十八年改縣曰懷德，屬瀧州〔五六〕，大業初屬永熙郡。唐武德四年立南扶州，後徙治信義。故潭峨縣，武德四年置。故特亮縣〔五七〕，五年置〔五八〕。皇朝開寶六年〔五九〕，三縣皆省入信宜。有潭峨山、信義水。

下，茂名縣。西甌之地，後置茂名縣，屬高興郡。隋屬高州。唐正觀元年屬南宕州。八年改州曰潘州，後自定川徙州治此。後州廢，屬高州〔六〇〕。永徽元年立，天寶元年曰南潘郡。皇朝開寶五年廢州，省南巴、潘水二縣入茂名來屬。

下，雷州。古百越之地。秦象郡地。二漢以後屬合浦郡。梁分立合州，大同末以合淝爲合州，以此爲南合州。隋平陳，復爲合州。大業初州廢，屬合浦郡。唐武德五年復立南合州〔六一〕，正觀元年改爲東合州，八年又更今名，天寶元年曰海康郡。五代爲南漢所有。今縣一。

下，海康縣。本漢徐聞縣地，屬合浦郡。梁立南合州。隋爲合州，置海康縣〔六二〕。唐復爲南合州，改曰雷州。故遂溪縣，本隋鐵杷、椹川二縣，屬合浦郡。唐武德四年來屬，後併省更名。故徐聞縣，本隋康，正觀二年更名。皇朝開寶四年皆省入。有擎雷山、擎雷水。

下，欽州。古百越之地。秦屬象郡。漢以後屬合浦郡。宋立宋壽郡。齊以後因之。梁兼立安州。隋平陳，郡廢，開皇十八年改州曰欽州。大業初州廢，立寧越郡。唐武德四年改曰欽州〔六三〕，天寶元年曰寧越郡。五代爲南漢所有〔六四〕。今縣二。

望，靈山縣。本漢合浦縣地。隋開皇十八年置南賓縣。唐正觀十年更名〔六五〕，後自欽江徙州治此。皇朝開寶五年，省欽江、遵化、内亭三縣入焉〔六六〕。

下，安遠縣。本安京，舊置安京郡。隋平陳，郡廢，屬欽州。唐至德二載改曰保京，後復曰安京。皇朝景德三年改曰安遠〔六七〕。有安京山、如洪水〔六八〕。

下，鬱林州。古蠻夷之地〔六九〕。春秋、戰國爲西甌。秦立桂林郡，後爲南越尉佗所并。漢以後屬合浦、鬱林二郡。隋平陳，郡廢，屬尹、越二州〔七〇〕。大業初，復屬合浦、鬱林二郡。唐立牢、黨、鬱林三州〔七一〕。天寶元年爲定川〔七二〕、寧仁、鬱林三郡。五代時〔七三〕，爲南漢所有。皇朝開寶七年廢黨、牢二州，政和元年廢白州〔七四〕，皆入焉。今縣三。

中下，南流縣。本隋北流縣地，屬合浦郡。唐屬牢州，爲州治焉。皇朝開寶七年廢州〔七五〕，省定川、宕川二縣入南流來屬〔七六〕，而自鬱林縣徙州治此〔七七〕。故撫安縣，本西甌之地。唐永淳元年開古黨洞立黨州，并置撫安、善勞、善文、寧仁、安仁、懷義、福陽、古符八縣。二年，析安仁以下四縣立平琴州〔七八〕。垂拱三年州廢，神龍元年復置。天寶元年黨州曰寧仁郡，平琴州曰平琴郡。至德中更安仁曰容山，後廢平琴州入黨州，後又省善文、寧仁、福陽、古符四縣。開寶七年廢黨州〔七九〕，省撫康〔八〇〕、善勞〔八一〕、文山〔八二〕、懷義入南流。有大龍山〔八三〕、牢江。

下，興業縣。本石南縣地。梁置石南郡〔八四〕。隋屬鬱林郡。唐正觀中屬貴州〔八五〕，麟德二年以石南立鬱州，乾封元年更名鬱林州，而析石南置興業縣〔八六〕。後州徙治鬱林，而省石南入興業，後又徙治興業。皇朝開寶五年〔八七〕，省鬱林〔八八〕、興德二縣入焉。

中，博白縣。本漢合浦縣地。唐武德四年析立南州，兼置博白、周羅、建寧等縣〔八九〕，而州治博白。六年更名白州，天寶元年曰南昌郡。皇朝開寶五年廢白州，省周羅、建寧、南昌三縣入博白，屬廉州，七年復立。政和元年又廢，以博白來屬〔九〇〕。有鍾山、博白溪。

下，廉州。古百越之地。秦屬象郡。漢屬合浦郡〔九一〕。東漢因之。吴改曰珠官郡。晉復曰合浦〔九二〕。宋分立臨瘴郡，兼立越州。齊、梁、陳因之。隋平陳，郡廢。大業初改州曰禄州，尋改爲合州。又廢，而立合浦郡。唐武德四年立越州〔九三〕，正觀八年改名，天寶元年曰合浦郡。五代爲南漢所有。皇朝太平興國八年廢爲太平軍，咸平元年復立〔九四〕。今縣二。

上，合浦縣。漢立合浦郡。吴曰珠官郡。晉復爲合浦郡。宋兼立越州。時州始立，以西江督護陳伯紹爲刺史，鑿山爲城門，以威服俚獠。齊、梁、陳因之。隋廢，大業初復立。唐爲越州，正觀中改爲廉州，以本大廉洞地。皇朝開寶五年省封山、蔡龍、大廉三縣入合浦，太平興國八年省合浦入石康，咸平元年復置。故封山、蔡龍，唐武德五年置，屬廉州，正觀十年來屬。故大廉縣，武德五年分合浦置。有糠頭山，昔南越王佗屯軍於此，春穀積糠如山〔九五〕。有廉江、瘴江，一名合浦。有珠母海，郡人採珠之所。東漢時，郡政煩苛〔九六〕，珠徙。交阯孟伯周爲守，有惠化，去珠復還。

下，石康縣。本常樂州，南漢立，及置博電、零緑〔九七〕、鹽場三縣。皇朝開寶五年廢州省縣，以其地置石康縣來屬。

下，瓊州。漢珠崖郡地〔九八〕，自合浦、徐聞南入海，得大州，東西南北方千里。武帝元封元年，略以爲儋耳、珠崖郡。自初爲郡縣吏卒，中國人多侵陵之，故率數歲一反。昭帝廢儋耳，併珠崖。元帝用賈捐之言，又棄珠崖郡。東漢置珠崖縣，屬合浦郡。吴赤烏五年，復立珠崖郡〔九九〕。晉平吴，郡廢，入合浦，後復立朱崖郡。梁兼立崖州。陳、隋因之〔一〇〇〕。唐正觀五年析崖州立瓊州，天寶元年曰瓊山郡。自乾封後，没山洞蠻〔一〇一〕。正元五年，嶺南節度使李復討平之。五代爲南漢所有〔一〇二〕。今縣五。

中，瓊山縣。隋末置，屬崖州〔一〇三〕。唐正觀五年立瓊州，十三年析置曾口、顔羅、容瓊三縣。正元七年，省容瓊入焉。五代時，省曾口、顔羅〔一〇四〕。故舍城縣，隋末置。唐武德四年立崖州。皇朝開寶五年州廢，以縣來屬，熙寧四年省入瓊山〔一〇五〕。自縣北渡海，便風揚帆，一日一夜至雷州〔一〇六〕。有瓊山。

中，澄邁縣。隋屬珠崖郡。唐屬崖州。皇朝開寶五年來屬〔一〇七〕。有澄邁山。

下，文昌縣。本平昌，唐武德五年置，隸崖州，正觀元年更名。皇朝開寶五年來屬。

下，臨高縣。本臨機〔一〇八〕。唐初隸崖州，正觀五年來屬〔一〇九〕，開元元年更名〔一一〇〕。

下，樂會縣。唐顯慶五年置〔一一一〕。

同下州，昌化軍。漢屬珠崖郡。梁兼入崖州。隋以爲珠崖郡治焉。唐武德五年立儋州，天寶元年曰昌化郡。五代爲南漢所有。皇朝熙寧六年，廢州爲昌化軍。今縣三。

下，宜倫縣。本義倫。隋爲珠崖郡治。唐立儋州，州城即漢儋耳郡城也。皇朝太平興國元年改義倫曰宜倫。有毗耶山、昭山、倫江。

下，昌化縣。隋屬珠崖郡〔一一二〕。唐武德五年來屬。皇朝熙寧六年省爲鎮入宜倫〔一一三〕，元豐三年復置〔一一四〕。有昌化石，極爲靈異，祈禱多應。有南崖江〔一一五〕。

下，感恩縣。隋屬珠崖郡。唐武德五年來屬。皇朝熙寧六年省爲鎮入宜倫〔一一六〕，元豐四年復置。有感勞山、滴龍江〔一一七〕。故富羅縣，本毗善。隋屬珠崖郡。唐武德五年更名來屬。南漢省之。故洛場縣〔一一八〕，唐乾元後置〔一一九〕。皇朝省之〔一二〇〕。

同下州，萬安軍。隋珠崖郡地。唐正觀五年屬瓊州，十三年屬崖州。龍朔二年立萬安州〔一二一〕，天寶元年曰萬安郡，至德二年更名萬全郡〔一二二〕，後復故名。五代爲南漢所有。皇朝熙寧七年廢州爲萬安軍〔一二三〕。今縣二。

下，萬寧縣〔一二四〕。本萬安〔一二五〕，唐正觀五年析文昌置〔一二六〕，屬萬安州。開元九年州徙治陵水〔一二七〕，至德二年曰萬全〔一二八〕，正元元年州復徙治此〔一二九〕，後復故名。皇朝改爲萬寧。有赤隴山〔一三〇〕、金仙水〔一三一〕。

下，陵水縣。唐置〔一三二〕，本隸振州，後來屬。皇朝熙寧七年省爲鎮入萬寧〔一三三〕，元豐三年復置。有靈山〔一三四〕、陵栅水〔一三五〕。故富雲、博遼二縣〔一三六〕，唐正觀五年置。南漢皆省之。

同下州，朱崖軍。隋珠崖郡地。唐武德五年立振州、臨振郡，又曰寧遠郡〔一三七〕，天寶元年曰延德郡〔一三八〕。五代爲南漢所有。皇朝開寶五年改爲崖州〔一三九〕，熙寧六年廢州爲朱崖軍〔一四〇〕。今鎮二。

臨川鎮。本臨川縣，隋末置〔一四一〕。

藤橋鎮。初唐振州，領寧遠、延德、吉陽、臨川、落屯五縣〔一四二〕。南漢時，省延德、臨川、落屯三縣。熙寧六年，省寧遠、吉陽二縣爲臨川、藤橋二鎮焉〔一四三〕。

校注

〔一〕紀勝卷一二二宜州：「唐志在乾封元年，廣西郡縣志云乾符中更曰宜州，二者不同。象之謹按：通典所載迄于乾元尚稱粵州，不言其更爲宜州，則其改粵爲宜非在乾元之前也。乾符、乾封字亦相類，遂致訛舛耳。」

〔二〕宋會要方域七之二〇：「淳化元年正月十四日，詔嶺南道羈縻環州、鎮寧州、金城州、智州、懷遠軍並依前隸宜州。先是，建琳州爲懷遠軍，以溪洞諸州隸焉。至是始復舊制，夷人便之。宜州，熙寧八年徙治帶溪，元豐六年復徙龍水縣舊治。」又：「宜州，宣和元年升爲慶遠軍節度。」方域七之二四：「平州，崇寧四年以懷遠軍陞爲州。」又：「懷遠縣，崇寧四年建。」紀勝卷一一四融州：「懷遠縣，去州治□□□里。本王口寨，皇朝至和初置。崇甯四年三月，因(工)〔王〕江古州蠻人納土，賜名懷遠軍。八月改爲平州，仍置倚郭懷遠縣，宣和二年賜名懷遠郡。」

〔三〕元年：宋史卷九〇作「五年」。

〔四〕九域志卷九：「熙寧八年，廢懷遠軍古陽縣爲懷遠寨，述昆縣爲鎮，并思立寨並入龍水。」宋會要方域一二之一七：「宜州龍水縣述昆鎮，熙寧八年廢懷遠軍述昆縣爲鎮。」紀勝卷一二二宜州引廣西郡邑圖云：「宣和元年，更龍水曰宜山。」又云：「熙甯八年，省懷遠軍古陽縣爲寨，述昆縣爲鎮，并思立寨並屬本縣。宣和五年改爲宜山縣，以縣有宜山以名爲。」

〔五〕九域志卷九：「慶曆三年，以羈縻芝忻、歸恩、紆三州地爲忻城縣。」又卷一〇：「歸恩州，唐宜州羈縻，領邏遵、履博、都恩、吉南、許水五縣。皇朝慶曆三年廢州，入宜州。」又：「紆州，唐宜州羈縻，領東區、吉陵、賓安、都邦、紆質、南山六縣。皇朝慶曆三年廢州，以地入宜州。」

〔六〕紀勝卷一一四融州引廣西郡縣志：「大觀元年，以宜州之天河縣屬融州，尋復故。」宋史卷九〇：「大觀元年六月，以天河縣并德謹砦、堰江堡隸融州。」

〔七〕生蠻：四庫本作「生獠」。

〔八〕九域志卷九：「徙治帶溪寨，省鎮寧州禮丹縣入焉，元豐六年復徙舊治。」紀勝卷一二二宜州：「皇朝郡縣志又云：『徙治帶溪，大觀二年以帶溪寨爲溪州，以思恩縣隸焉。四年廢溪州，復以縣來屬。』」

〔九〕二年：原作「三年」，據四庫本及九域志卷九、宋朝事實卷一九、紀勝卷一二二宜州引國朝會要改。按宋會要方域七之二〇：「河池縣，治平二年自羈縻智州來隸，省富力縣入焉。」宋史卷九〇：「河池縣，不詳何年併省。」按紀勝卷一二二宜州：「皇朝郡縣志云：『大觀元年，於縣置庭州，以縣爲懷德縣隸焉。四年廢庭州，其懷德縣復爲河池縣，隸宜州。』」

〔一〇〕三年：紀勝卷一一五賓州亦作「三年」。按端拱只有二年，恐誤。下同。

〔一一〕三：四庫本作「二」。札記卷下：「宋本『三』誤『二』，周校同，今訂正，朱校不誤。」

〔一二〕嶺方縣：隋書卷三一、元和志卷三八作「領方」。

〔一三〕梁立領方郡：紀勝卷一一五引輿地廣記「郡」後有「隋平陳，郡廢，以縣屬鬱林州」一句。

〔一四〕紀勝卷一一五賓州：「圖經云：『皇朝開寶六年，與州同移治于舊城北二十里，併琅琊、寶城二縣入焉。』」

〔一五〕八年：紀勝卷一一五賓州引圖經作「元年」。

〔一六〕宋會要方域七之二二：「澄州賀(州)〔水〕郡，領四縣。開寶五年廢州，省止戈、賀水、無虞三縣入上林縣，隸邕州。」

〔一七〕桂林郡：寰宇記卷一六六作「象郡」。

〔一八〕元和志卷三八、寰宇記卷一六六以爲漢屬合浦郡。

〔一九〕紀勝卷一一三横州「晉武平吴，改合浦屬國都尉立甯浦郡」下注：「沈約宋志云：『甯浦太守。』晉太康地志云：『武帝太康七年，改合浦屬國都尉立甯浦郡。』晉志云：『吴置甯浦郡。』圖經序亦云：『吴建安二十三年吴立甯浦郡。』與晉志合。而沈約宋志以爲晉武平吴立甯浦郡，與吴録合。甯浦建置之因，有吴、晉之異。不同，當考。」

〔二〇〕州：聚珍本脱。

〔二一〕巒州：原作「蠻州」，據舊唐書卷四一、新唐書卷四三上改。

〔二二〕廣鬱縣：元和志卷三八作「高涼縣」。

〔二三〕紀勝卷一一三横州：「圖經云：『吴立昌平縣，晉更名甯浦。』沈約宋志云：『甯浦令。晉太康地記云本名昌平，武帝太康元年更名。吴録亦有此縣。』則昌平縣恐是吴立。元和郡縣志以爲吴置甯浦縣，寰宇記以爲隋煬帝置甯浦縣。然晉太康地志及吴録以爲吴置昌平縣，晉改曰甯浦，非吴及隋置甯浦也。」

〔二四〕正觀元年：寰宇記卷一六六、新唐書卷四三上作「永貞元年」。

〔二五〕故樂山縣：札記卷下：「『山』，宋本略可辨。周校作『水』，誤，寰宇記、九域志可證，朱校不誤。」

〔二六〕高涼：四庫本作「廣鬱」，聚珍本注「原闕」，元和志卷三八作「雍雞」。札記卷下：「『高涼』，宋本略可辨，周校正作『高涼』，是也，漢志可證，朱校云『原缺』。」

〔二七〕合浦郡：元和志卷三八作「鬱林郡」。

〔二八〕梁：元和志卷三八作「陳」。

〔二九〕尹州：四庫本作「簡州」，聚珍本「尹」字注「原闕」。札記卷下：「宋本『尹』是也，隋志可證，周校同，朱校云『原缺』。」

〔三〇〕武羅靈竹：宋史卷九〇作「武靈羅竹」。

〔三一〕巒州：原作「蠻州」，據九域志卷九、宋史卷九〇改。

〔三二〕五年：宋史卷九〇作「六年」。

〔三三〕三年：宋會要方域七之二〇作「二年」。按紀勝卷一一三横州：「圖經云：『崇甯四年改曰永淳，尋復舊名。』」

〔三四〕紀勝卷一一六化州：「唐志云『唐置羅州』，而隋志於石龍縣下注云：『舊羅州高興郡，平陳，郡廢，大業初州廢。』切詳羅州之名雖見於隋志，而注第云舊置羅州，而不言其始於何代。象之謹按：通典云『梁、陳置羅州』，元和郡縣志於羅州載云『梁置羅州，辯州下載云『隋開皇十一年於此立石龍縣，屬羅州』。而高州高涼郡夫人洗氏廟記云：『夫人高涼洗氏之女，梁大同初羅州刺史馮融爲其子。高州太守馮寶聘焉。』是梁大同初已有羅州刺史矣，而羅州非自唐始也。舊唐志云：『宋將檀道濟於陵羅江口築石城，因置羅州。』則羅州之名始於宋也。唐特因梁之名，而復置羅州耳。今唐志諸書遂直以爲唐初置羅州，非其寔也。」

〔三五〕宋會要方域七之二二：「羅州，陵水郡，領五縣。開寶五年廢州，省廉江、零淥、幹水、南河四縣入吴川縣，隸（化）〔辯〕州。」寰宇記卷一六七、新唐書卷四三上、九域志卷一〇「陵水郡」作「招義郡」。

〔三六〕紀勝卷一一六化州：「國朝會要云：『開寶五年併陵羅、龍化二縣入焉。太平興國五年改辯州爲化州。仍爲倚郭。』」

〔三七〕宋會要方域七之二〇：「石龍縣，舊改爲羅川縣，紹興元年依舊。」

〔三八〕陵水：原作「陸水」，據四庫本、九域志卷九改。

〔三九〕紀勝卷一一六化州：「元和志云：『本漢高涼縣地，宋於此置吴川縣，以縣東吴川水爲名，後因不改。』寰宇記云：『本漢高涼縣地，隋置縣，屬羅州。』與元和志所載有宋、隋之異。象之按：沈約宋志及南齊志高涼郡下初無吴川縣，惟至隋志吴川縣名始見於高涼郡下，則吴川非置於劉宋也。舊唐志亦云吴川，隋縣。當從隋志及舊唐志。」

〔四〇〕故廉江縣：紀勝卷一一六化州引輿地廣記作「故羅州縣」。

〔四一〕紀勝卷一一六化州：「輿地廣記云：『昔宋將檀道濟於羅陵江口築城立羅州，梁、陳因之。』是指羅州以爲州郡之州也。然考之宋、齊二志，初無羅州。象之謹按：江左制度，每州以統郡，以郡統縣。然宋志高涼郡下有羅州縣令，且謂新立，則是宋將檀道濟所立即此羅州縣名，而非州郡之州也。齊志高涼郡下亦有羅州縣，不過因其舊縣之名耳。通典及元和志並云梁置羅州，恐是梁因檀道濟所建羅州縣陞而爲州，庶幾首尾相應耳。」

〔四二〕零緑：九域志卷九作「零渌」。下同。

〔四三〕皆省入吴川：四庫本「皆」作「晉」，「入」作「屬」。按九域志卷一〇亦以爲省三縣入吴川。宋會要方域七之二二以爲「省廉江、零渌、幹水、南河四縣入吴川縣，隸化州」，不同。

〔四四〕梁：寰宇記卷一六一作「齊」。

〔四五〕通典卷一八四、寰宇記卷一六一以爲復立高涼、永熙二郡。

〔四六〕紀勝卷一一七高州：「唐志云武德六年置高州，而通鑑武德五年已有高州刺史矣，當在五年。」

〔四七〕二十二年：舊唐書卷四一、寰宇記卷一六一、新唐書卷四三上皆作「二十三年」，紀勝卷一一七高州引圖經云：「永徽元年以茂名入潘州，移州治良德。」

〔四八〕曰：四庫本作「置」。

〔四九〕宋會要方域七之二二：「潘州南潘郡，領三縣。開寶五年廢州，省南巴、潘水二縣入茂名縣，隸高州。」宋史卷九〇：「景德元年，併入竇州，移治茂名。三年復置，以二縣還隸。」

〔五〇〕宋會要方域七之二〇：「高州，景德元年廢隸竇州，三年復置。」紀勝卷一一七高州引圖經云：「景德元年廢高州，以電白來屬。三年復置高州，熙甯四年廢竇州爲信宜入高州。」

〔五一〕舊唐書卷四一：「至德二年改爲保定。」

〔五二〕五年：按紀勝卷一一六化州引輿地廣記、九域志卷九、宋會要方域七之二〇作「五年」。紀勝卷一一七高州：「廢潘州併良德、保甯二縣入電白來屬。」注引「國朝會要云在開寶四年」。

〔五三〕五年：四庫本、聚珍本作「二年」。寰宇記卷一六三、新唐書卷四三上、紀勝卷一一七高州引圖經作「四年」。

〔五四〕八年：紀勝卷一一七高州引圖經作「六年」。

〔五五〕熙寧四年：九域志卷一〇作「太平興國四年」。

〔五六〕隴州：隋書卷三一作「瀧州」。

〔五七〕特亮縣：原脱「特」字，據寰宇記卷一六三、紀勝卷一一六化州引輿地廣記補。

〔五八〕五年：寰宇記卷一六三作「四年」。

〔五九〕開寶六年：四庫本「開寶」作「開元」。又「六年」，宋會要方域七之二一作「七年」，方域七之二四作「五年」，紀勝卷一一七高州引圖經云：「〔皇朝開寶〕十年併譚峨、懷德、特亮三縣入信義，太平興國元年易『義』爲『宜』。」

〔六〇〕高州：原作「高山」，據上下文及新唐書卷四三上改。

〔六一〕唐武德五年：四庫本脱「唐」字。按舊唐書卷四一：本南合州徐聞縣，武德五年以合浦郡之海康、隋康、鐵把置南合州。又「武德五年」，紀勝卷一一八雷州引元和志作「武德四年」。

〔六二〕紀勝卷一一八雷州：「元和郡縣志云：『本漢徐聞縣地，屬合浦郡，梁分置南合州。』元和郡縣志又云：『開皇十八年，於此置齊康縣，十年改爲海康縣。』象之謹按：隋志合浦郡下有海康，又有隋康，則海康、隋康自是兩縣，不應强合爲一，故隋志於海康縣下注云梁置海康縣，後於此置合州，即今之海康也。又於隋康縣下注云：『舊曰齊康，置齊康郡。平陳，郡廢，縣改名焉。』又唐志云：徐聞本隋康，正觀二年更名徐聞。則隋康乃徐聞，非海康也。元和志以齊康改爲海康，似乎牽强。寰宇記云：『朱梁開平三年，曾移於驚雷江源，至劉氏僞命日，却歸海康。』」

〔六三〕寰宇記卷一六七亦在武德四年。紀勝卷一一九欽州：「按通鑑蕭銑降，而所部未盡服。李靖以武德五年度嶺，而甯長真以五年四月降，則置欽州當在五年。」

〔六四〕宋會要方域七之二一：「欽州，天聖元年四月二十八日，廣南西路轉運司言，相度欽州徙南賓寨建置，委得安便。從之。」

〔六五〕元和志卷三八：「唐貞觀十年移於峰子嶺南，天寶元年改爲靈山縣。」

〔六六〕紀勝卷一一九欽州：「新甯越志云：『治平三年，移治石六寨。』」

〔六七〕三年：九域志卷九作「三年」，而紀勝卷一一九欽州引九域志作「二年」。

〔六八〕如洪水：九域志卷九作「如洪江」。

〔六九〕紀勝卷一二一鬱林州引圖經云：「古南越地。」

〔七〇〕尹越二州：恐爲「尹、鬱二州」之誤。按紀勝卷一二一鬱林州引隋志及通典：「梁置定州，又改爲南定州。隋平陳，改爲尹州，煬帝改爲鬱州。」

〔七一〕牢黨鬱林三州：四庫本「牢黨」作「黨牢」。

〔七二〕定川：原作「定州」，據下文及四庫本、舊唐書卷四一、新唐書卷四三上改。

〔七三〕時：四庫本、聚珍本作「皆」。札記卷下：「宋本『時』，周校同，朱校誤『皆』。」

〔七四〕政和：四庫本作「致和」。按紀勝卷一二一鬱林州：「中興以來，廢白州，仍以博白縣來屬。」并引廣西郡邑志：「武德初以合浦縣地置白州，有博白、龍豪、建甯、周羅、南昌縣，龍豪後隸順州。本朝開寶五年省鬱林、興德入興業。廢白州，以南昌、周羅、建甯入博白，隸廉州。七年廢牢州、黨州，以其縣入南流來屬，是年復置白州。紹興六年廢白州，以博白縣來屬。」又「白州」，四庫本作「定川」，聚珍本注「原闕」。札記卷下：「『白』，宋本糢糊，據周校補，宋史志可證，朱校云『原缺』。」宋史卷九〇：「州初治興業，至道二年徙今治。」

〔七五〕七年：寰宇記卷一六五、九域志卷九、紀勝卷一二一鬱林州亦作「七年」，九域志卷一〇、宋會要方域七之二二作「五年」。

〔七六〕宕川：四庫本、聚珍本作「安川」。札記卷下：「宋本『宕』字糢糊，據周校補，寰宇記可證，唐志云『因瀘宕水名之』。朱校作『安』，誤。」按宋會要方域七之二二：「牢州，定(州)〔川〕郡，領三縣。開寶五年廢州，省定川、宕川(三)〔二〕縣入南流縣，隸鬱林州。」紀勝卷一二一鬱林州：「國朝會要云：開寶七年廢黨、牢二州，以南流縣來隸，仍省牢之定川、宕川、容川，黨之容山、懷義、撫安、善平凡六縣並屬焉。」

〔七七〕紀勝卷一二一鬱林州引圖經云：「〔興業〕縣有鐵城，四圍皆石，其色如鐵，舊州治其中。至道二年，州移治南流，遂廢之。」

〔七八〕四縣：聚珍本作「曰鎮」，札記卷下：「宋本略可辨，周校正作『四縣』。朱校作『曰鎮』，誤。」

〔七九〕七年：寰宇記卷一六五、九域志卷九、宋會要方域七之二一、紀勝卷一二一鬱林州亦作「七年」，九域志卷一〇、宋會要方域七之二二作「五年」。

〔八〇〕撫康：聚珍本及通典卷一八四、新唐書卷四三上、紀勝卷一二一鬱林州南流縣下引國朝會要作「撫安」。寰宇記卷一六五、宋會要方域七之二二、紀勝卷一二一鬱林州古迹門廢黨州下作「撫康」。

〔八一〕善勞：九域志卷一〇作「善牢」，紀勝卷一二一鬱林州引國朝會要作「善平」。

〔八二〕文山：九域志卷一〇、紀勝卷一二一鬱林州引國朝會要作「容山」。

〔八三〕大龍山：四庫本作「大觀山」。

〔八四〕紀勝卷一二一鬱林州引元和志：「以爲陳天嘉二年置石南郡，開皇十年改爲石南縣。」

〔八五〕紀勝卷一二一鬱林州：「象之謹按：寰宇記興業縣本石南縣地，梁置石南郡，隋屬鬱林郡，唐正觀中屬貴州，則是興業縣亦曾併入貴州矣。及〔鬱〕〔麟〕德二年，始分貴州之石南縣置鬱州，乾封更鬱州爲鬱林州。特諸書不詳載貴州分置一節，而兩郡各自爲廢置，故不甚相屬耳。若以貴州、鬱林二州之廢置而參觀，則元和志之所紀亦自有理，於隋、唐二志初無所凝滯也。觀者苟參二州而並觀之，思過半矣。」

〔八六〕新唐書卷四三上：「析貴州之石南、興德、鬱平三縣置鬱州，乾封元年更爲鬱林州，縣亦屬焉。」

〔八七〕五年：九域志卷九亦作「五年」，宋會要方域七之二一作「六年」。

〔八八〕鬱林：九域志卷九、宋會要方域七之二一、紀勝卷一二一鬱林州引國朝會要作「鬱平」。

〔八九〕建寧：四庫本、聚珍本作「建興」。

〔九〇〕宋會要方域七之一九：「政和元年正月二十三日，廣南西路經略安撫司奏：『勘會本路管下龔、白二州各管一縣，税租不足官兵支費。今欲將白州併廢隸鬱林軍，存留博白縣；龔州并廢隸潯州，依舊存留平南縣，更各置主簿一員。』從之。」方域七之二一：「白州，開寶五年廢隸廉州，七年復置。政和元年廢隸鬱林州，三年復。博白縣，舊白州，紹興六年廢爲博白縣來隸。」宋史卷九〇：「政和元年廢州，以其地隸鬱林，三年復。」

〔九一〕屬：原無，據四庫本、聚珍本補。

〔九二〕寰宇記卷一六九亦云晉復爲合浦郡。紀勝卷一二〇廉州：「圖經云：吴黄武七年改爲珠官郡，尋復爲合浦。」又：「象之謹按：元和郡縣志及宋志並云黄武七年更名珠官郡，少帝改珠官郡爲合浦郡，晉又以朱崖郡之珠官縣來屬合浦郡，非晉始復合浦之郡名也，當從元和郡縣志及宋志。」

〔九三〕四年：寰宇記卷一六九作「五年」。紀勝卷一二〇廉州：「象之謹按：通鑑武德四年十一月，遣李靖招撫諸州，隋合浦太守甯日宣以武德五年始來降，不應四年預改越州，則改郡爲州當在五年。」

〔九四〕咸平元年：札記卷下：「宋本『元』，周校誤『三』，朱校不誤。」九域志卷一〇亦作「咸平元年」。按宋會要方域七之二一：「廉州，開寶五年移治長沙場。太平興國八年州廢，于海(内)〔門〕鎮置太平軍，咸平元年四月復爲廉州。」

〔九五〕春穀：札記卷下：「宋本作『春』，誤，據周校訂正，朱校不誤。」

〔九六〕煩苛：札記卷下：「宋本『煩』，周校作『領』，誤，水經温水注文，朱校不誤。」

〔九七〕零緑：九域志卷九、卷一〇、紀勝卷一二〇廉州引輿地廣記作「零渌」。

〔九八〕珠崖郡：聚珍本作「珠崖縣」。

〔九九〕五年：晉書卷一五亦作「五年」，紀勝卷一二四瓊州引元和志作「二年」。

〔一〇〇〕陳隋：原作「隋陳」，遽乙正。

〔一〇一〕没山洞蠻：聚珍本「没」字後有「於」字。

〔一〇二〕長編卷一二云：開寶四年嶺南平，四月壬辰，「以嶺南儋、崖、振、萬安等四州隸瓊州，令廣州擇官分知州事。」按宋會要方域五之八、七之二一：「政和元年陞爲靖海軍。」宋會要方域五之八：「鎮州，大觀元年建，仍爲龍門郡，下都督府，陞爲靖海軍，尋廢。」紀勝卷一二四瓊州：「陞靖海軍。國朝會要在政和元年，瓊管志在政和五年，不同。象之謹按：國朝會要又云：『大觀元年，以鎮州爲靖海軍。政和元年，奉聖旨海南新置鎮州、延德軍等並廢，所有賜鎮州作靖海軍額撥隸瓊州，則陞鎮海軍額當在政和元年。』」宋史卷九〇：「本軍事州，大觀元年以黎母山夷峒建鎮州，賜軍額爲靖海。政和元年鎮州廢，以其地及軍額來歸。」

〔一〇三〕紀勝卷一二四瓊州：「元和郡縣志：『本漢瑇瑁縣地。正觀五年分置瓊山縣，因縣西六里瓊山以爲名。』寰宇記云：『州所治也。』輿地廣記云：『隋末置，屬崖州。』二者不同。象之謹按：隋志崖州領縣十，而無瓊山縣，則瓊山非創於隋也。輿地廣記之説初無所據，今不取。唐志云：『正觀五年，於縣立瓊州。十三年，析置曾口、顏羅、容瓊三縣。』寰宇記云：『正元七年，省容瓊縣併入焉。』瓊管志云：『瓊山爲縣，自唐有之，今之州治二十里瓊山村乃舊治也。』」

〔一〇四〕宋會要方域七之二一：「瓊山縣，開寶四年于儋廢縣地復置。」

〔一〇五〕省入瓊山：札記卷下：「宋本『入』是也，此約九域志文。周校空一字，朱校不空。」

〔一〇六〕一日一夜：前「一」字原無，據四庫本及水經注卷三六、通典卷一八四、寰宇記卷一六九補。

〔一〇七〕紀勝卷一二四瓊州：「圖經云：『舊治在澄邁村，至〔開寶〕九年移治今縣西，至州五十五里。』」

〔一〇八〕臨機：寰宇記卷一六九作「平昌」。

〔一〇九〕正觀五年來屬：寰宇記卷一六九「正觀五年」作「貞元七年」。又「來」字，札記卷下：「宋本『來』，周校空，朱校不空。」

〔一一〇〕紀勝卷一二四瓊州：「瓊管志云：『本儋州之富羅村，僞漢開平二年有儋州富羅縣令，開寶六年撥隸瓊州，治平四年改爲臨高。』與唐志開元更名臨高之説不同。象之謹按：九域志瓊州領縣五，有臨高縣，而不言治平有更名之説，則瓊管志之説初無所據，今不取。」

〔一一一〕「唐顯慶五年置」句後四庫本有「州貞觀五年來屬開元元年」十一字。按宋會要方域七之一一：「樂會縣，元隸瓊州，大觀三年割隸〔萬安〕軍。」宋史卷九〇：「唐置，環以黎洞，寄治南管。大觀三年割隸萬安軍，後復來屬。」

〔一一二〕隋：紀勝卷一二五昌化軍引輿地廣記作「初」。札記卷下：「宋本『隋』，周校云『重修本有誤』，朱校不誤。」

〔一一三〕六年：宋會要方域一二之一七作「七年」。

〔一一四〕三年：九域志卷九亦作「三年」，紀勝卷一二五昌化軍引九域志作「二年」。

〔一一五〕南崖江：四庫本、聚珍本作「南崖山」。

〔一一六〕六年：宋會要方域一二之一七作「七年」。

〔一一七〕有感勞山滴龍江：紀勝卷一二五昌化軍「滴瀧江」作「南龍江」。札記卷下：「宋本如此，周校脱『有』字，『滴』去水旁，朱校同宋本。九域志『龍』作『崖』，餘同宋本。」

〔一一八〕洛場縣：原作「洛陽縣」，據舊唐書卷四一、新唐書卷四三上改。

〔二九〕後置：四庫本、聚珍本作「復置」。按紀勝卷一二五昌化軍引輿地廣記亦作「後置」。

〔三〇〕紀勝卷一二五昌化軍引廣西郡邑志：「省富羅、洛場二縣入宜倫。」

〔三一〕紀勝卷一二六萬安軍「立萬安州」下注：「唐志在龍朔二年，瓊管志以爲正觀五年立萬安州，九域志以爲唐正觀中崖州都督、雲南馮世按分所部文昌縣地立爲萬安州，不同。象之謹按：元和郡縣志云：本崖州萬安縣地，龍朔二年改割萬安及臨世、陵水二縣於此置萬安州。而唐志萬安縣下注云：『本隸瓊州，正觀五年析文昌縣置。』則是正觀五年析文昌縣置萬安縣，至龍朔二年始置萬安州。圖經誤引置萬安縣之年月以爲置萬安郡之年月耳，不可以不辨。」

〔三二〕紀勝卷一二五昌化軍「更州爲郡曰萬全郡」下注：「瓊管志在天寶元年。」

〔三三〕七年：宋會要方域七之二三作「六年」，并云「十年復」。紀勝卷一二五昌化軍：「國朝會要云：熙甯六年廢爲萬安軍。」又「移軍於陵水洞」下注：「圖經在大觀二年。」

〔三四〕萬寧縣：四庫本作「萬安縣」。札記卷下：「『寧』，宋本作『安』，誤，周校同，今訂正，朱校不誤。」

〔三五〕萬安：四庫本作「文昌」。

〔三六〕五年：舊唐書卷四一亦作「五年」，紀勝卷一二六萬安軍引元和志作「元年」。又「文昌」，原作「交昌」，據紀勝卷一二六萬安軍引元和志、廣西郡縣志改。

〔三七〕九年：紀勝卷一二六萬安軍引輿地廣記作「元年」。

〔三八〕二年：四庫本作「二載」。

〔二九〕元年：紀勝卷一二五昌化軍引輿地廣記亦作「元年」，聚珍本作「二年」。

〔三〇〕紀勝卷一二六萬安軍：「輿地廣記在萬安縣東南三十里，又謂之赤龍山。」

〔三一〕紀勝卷一二六萬安軍：「輿地廣記云：在萬甯縣北三里。」

〔三二〕紀勝卷一二六萬安軍引元和志云：「大業六年，於此置陵水縣。」

〔三三〕萬寧：原作「萬安」，據四庫本及九域志卷九改。宋會要方域一二之一七：「萬安軍萬(陵)〔寧〕縣陵水鎮，熙寧七年廢縣置。」

〔三四〕紀勝卷一二六萬安軍：「輿地廣記在陵水縣二十三里。」

〔三五〕陵栅水：九域志卷九作「陵拱水」。

〔三六〕故富雲博遼二縣：札記卷下：「宋本『富』下空一字，周校同。案此不當空，唐志、寰宇記可證，朱校不空。」按紀勝卷一二六萬安軍：「輿地廣記云：『故富雲、博遼二縣，唐正觀五年置，南漢皆省之。』廣西郡縣志云：『本朝省富雲、博遼二縣。』三者俱不同。而九域志不載省富雲、博遼二縣一節，則非廢於本朝。而寰宇記謂廢於唐末，廣記謂廢於劉漢，亦不同，當考。」

〔三七〕紀勝卷一二七吉陽軍：「唐志云天寶元年更名延德郡，通典云大唐置振州，或爲延德軍，廣西郡邑志云是爲甯遠郡，不同。象之謹按：唐志、元和志、通典、寰宇記諸書第有甯遠縣，而無甯遠郡之文，今不取。」

〔三八〕延德郡：寰宇記卷一六九作「臨振郡」。

〔三九〕五年：寰宇記卷一六九作「六年」。

〔四〇〕紀勝卷一二七吉陽軍：「按朱崖，漢曰珠崖，自吳至晉並因之。自吳立珠官縣，亦用此『珠』字。至宋志朱官縣始用此『朱』字，則『珠崖』之爲『朱崖』，亦恐因『珠官』之爲『朱官』。」又云：「象州志載吳沉，象州人，知朱崖軍。政和七年改朱崖軍爲吉陽軍，公所奏也。」

〔四一〕宋會要方域一二之一七：「朱崖軍臨川鎮，熙寧六年廢吉陽、寧遠二縣置。」

〔四二〕領：四庫本、聚珍本作「鎮」。

〔四三〕紀勝卷一二七吉陽軍：「至政和七年，又併吉陽縣爲甯遠縣，非併二縣也，乃合二縣之舊地再置甯遠一縣耳。」

輿地廣記卷第三十八〔一〕

廣南路化外州

安南大都督護府。古駱越之地。秦屬象郡。漢屬南越。元鼎六年立交阯郡。東漢建安八年兼立交州〔二〕，治龍編。十五年徙治蒼梧之廣信，十六年又徙南海之番禺，尋復治龍編。吴分立武平郡。晉因之。宋又分立宋平郡。齊以後因之。隋平陳，三郡並廢。大業初州廢，復立交阯郡。唐武德五年曰交州〔三〕，調露元年曰安南都護府。至德二載改曰鎮南，大曆三年復曰安南。領縣七。

上，宋平縣。宋置，及立郡。隋平陳，郡廢，屬交州。大業初州廢，立交趾郡。唐武德四年立宋州，六年曰南宋州，正觀元年州廢來屬。寶曆元年，府自交阯徙治此。故南定縣，唐武德四年析宋平置，隸宋州。五年來屬，後省。

中下，太平縣〔四〕。本隆平，唐武德四年置〔五〕，以縣立隆州。六年曰南隆州，正觀元年州廢來屬，先天元年更名〔六〕。

中下，交阯縣。本漢贏𨻻縣地〔七〕。高帝立南侯織爲南海王〔八〕，居此。武帝以爲交阯郡治焉。隋置交阯縣，後省。唐武德四年立慈州〔九〕，并置慈廉、烏延、武立三縣。正觀元年州廢，省三縣更置。杜佑云：「今南方夷人，其足大指開廣，若並足而立〔一〇〕，其指交〔一一〕，故名。」

上，朱鳶縣。漢屬交阯郡。晉以後因之。隋屬交州。唐武德四年立鳶州，并置高陵、安定二縣〔一二〕。正觀元年州廢，省二縣，以朱鳶來屬。故苟漏縣〔一三〕，漢、晉屬交阯郡，産丹沙，葛洪乞爲苟漏令，以求丹沙，即此。交州記云：「有潛水牛，上岸共鬬，角軟，還復生〔一四〕。」後縣省。

中下，龍編縣。漢屬交阯郡。初置縣城，有交龍盤編於南北二津之間，因取名焉。東漢自贏𨻻移郡治此〔一五〕，兼立交州。晉以後因之。隋屬交阯郡。唐武德四年立龍州，并置武寧、中樂二縣〔一六〕。正觀元年州廢，省二縣，以龍編屬仙州，州廢來屬。

中下，平道縣。自未爲郡縣時，其地有雒田，隨海潮上下〔一七〕，民墾食其田，因名爲「雒民」，君長曰「雒王」，臣佐曰「雒侯」，設諸雒將。後蜀王子討雒王，滅之，自稱安陽王，居此。後南越王佗舉衆攻安陽王。王有神弩，一發殺三百人。南越知安陽不可克，乃遣太子始詐降而事之。王女曰眉珠，私與始通，始令眉珠取神弩，視之，則竊以鋸截弩。逃歸，報南越進兵，攻安陽王。王遂敗亡入海，其地并於南越。有王宮城故基在焉。東漢爲封溪縣地，屬交阯郡。晉屬武平郡。齊置昌國縣。梁、陳因之。隋更名，屬交州。唐武德四年立道州，并置昌國縣。六年曰南道州，是年更名仙州。正觀十年州廢〔一八〕，省昌國，以平道來屬。

中下，武平縣。本東漢封溪縣地。吴置武寧縣，及立武平郡〔一九〕。晉以後因之，後改縣曰武定。隋屬交州，開皇十八年改縣曰隆平。唐武德四年改曰武平，隸道州，五年來屬。

下都督，峰州。古文朗國〔二〇〕，亦陸梁地。秦屬象郡。漢屬南越，後及東漢屬交阯郡。吴分立新興郡〔二一〕。晉武帝改曰新昌郡。宋、齊、梁、陳因之，陳兼立興州。隋平陳，郡廢，爲峰州〔二二〕。大業初州廢，入交阯郡。唐武德四年復立峰州，天寶元年曰承化郡。領縣五。

下，嘉寧縣。本漢麊泠縣地。東漢分屬封溪。吴分置嘉寧縣，屬新興郡。晉武帝改郡曰新昌，後以嘉寧爲郡治焉。宋以後因之。陳兼立興州。隋平陳，郡廢，開皇十八年改州曰峰州。大業初州廢，屬交阯郡。唐復立峰州。初東漢建武中，朱鳶雒將子名詩娶麊泠雒將女徵側爲妻〔二三〕。側爲人有膽勇，將詩起兵，攻破郡縣，徵側爲王，治麊泠，得交趾、九真二郡。光武遣伏波將軍馬援討之，側、詩走金溪穴中〔二四〕，二年乃克，於是置封溪縣。吴、晉因之，屬武平郡，後省。隋末復置。唐武德四年來屬，正觀元年省入嘉寧。

下，承化縣。

下，新昌縣。舊屬新昌郡。隋屬交趾郡。唐武德四年來屬。

下，嵩山縣。唐元和後置〔二五〕。

下，珠緑縣〔二六〕。唐元和後置〔二七〕。

望，瀼州。隋大將軍劉方始開此路，置鎮守，尋廢不通。唐正觀中，清平公李弘節尋劉方故道，開置瀼州，以達交趾。今州在鬱林之西南，交趾之東北。天寶元年曰臨潭郡。領縣四。

下，瀼江縣〔二八〕。

下，波零縣。

下，鵠山縣〔二九〕。

下，弘遠縣〔三〇〕。正元後没於蠻夷，州、縣名存而已。

下，**巖州**。唐調露二年析横、貴二州立，以巖岡之北，因爲名。天寶元年曰常樂郡〔三二〕。領縣四。

下，常樂縣。本安樂。蕭銑分興德置。正觀元年省，乾封元年復置，屬鬱林州，永隆元年來屬，至德二載更名。

下，恩封縣。本伏龍洞，當牢、白二州之境，調露二年與高城、石巖同置。

下，高城縣。以高城水爲名。

下，石巖縣。

下，**田州**。唐開元中開蠻洞立，天寶元年曰横山郡。領縣五。

下，都救縣。

下，惠佳縣。

下，武龍縣〔三三〕。

下，横山縣。

下，如賴縣。皆與州同置。

下，愛州。秦象郡地。漢屬南越。元鼎六年立九真郡。東漢以後因之。梁兼立愛州。隋平陳，郡廢。大業初州廢，復立九真郡。唐武德五年復爲愛州，天寶元年曰九真郡。領縣五〔三三〕。

下，九真縣。梁立愛州。陳因之。隋立九真郡，治此。唐復立愛州，縣省。

下，安順縣。本常樂。晉屬九真郡。隋更名。唐武德五年立順州，并析置東河、建昌、邊河三縣。正觀元年州廢，省三縣入安順，來屬。

下，崇平縣。舊曰高安，隋開皇十八年改曰隆安，屬九真郡。唐武德五年立安州，并置教山、建道、都握三縣。又置山州，并置岡山〔三四〕、真潤、古安、西安、建初五縣。正觀元年廢安州，省教山、建道、都握入隆安來屬。又廢山州，省岡山、真潤、古安、西安入建初來屬。八年省建初，先天元年更隆安曰崇安，至德二載又更名〔三五〕。

下，日南縣。本漢居風縣地，屬九真郡。吳改曰移風，後析置日南縣。隋屬九真。唐武德五年立積州，并置積善、津梧、方載三縣；又以移風縣立前真州，并置九皋、建正、真寧三縣；又以胥浦縣立胥州，并置攀龍、如侯、博犢、鎮星四縣。九年更積州曰南陵州。正觀元年曰後真州，是年廢前真州，省九皋、建正、真寧，以移風隸南陵州；又廢胥州，省攀龍、如侯、博犢、鎮星，以胥浦隸南陵州。十年州亦廢，以軍寧〔三六〕、日南、胥浦來屬。天寶中省移風、胥浦。漢、晉九真郡，治胥浦，後治移風。義熙九年，交州刺史杜慧度造九真水口，與林邑王范胡達戰，禽斬胡達二子，虜獲百餘人，胡達退。五月，慧度自九真水歷都粟浦，復襲九真，長圍跨山，重柵斷浦，驅象前鋒，接刃城下，連日交戰。津梧，晉屬九真郡，後省。唐復置，後又省。有居風山，山上有風門，常有風。山有金牛，往往夜見，照耀十里〔三七〕，時鬬，則海水沸溢。

下，長林縣。本無編。二漢屬九真郡。晉省之。唐復置，後更名。漢西于縣故城，在縣東。

下，驩州。古越裳氏之國，重九譯者也。秦屬象郡。漢屬九真郡。吴分立九德郡。晉、宋、齊因之。梁兼立德州〔三八〕。隋改曰驩州，大業初州廢，立日南郡。唐武德五年立南德州，八年曰德州〔三九〕，正觀元年更名，天寶元年曰日南郡。領縣四〔四〇〕。

中下，九德縣。古越裳氏之國也，周時獻白雉於成王。秦屬象郡。二漢屬九真郡〔四一〕，其地爲蠻盧轝所居〔四二〕，子寶綱〔四三〕、孫黨相代而立〔四四〕。黨服從吴化，於是孫皓立爲九德郡及九德縣〔四五〕。晉以後因之。梁立德州。隋曰驩州。唐武德五年置安遠、曇羅、光安三縣。是年，以光安置源州，又置水源、安銀、河龍、長江四縣，正觀八年更名阿州〔四六〕。十三年州廢，省水源〔四七〕、河龍、長江，以光安、安銀來屬〔四八〕。安遠、曇羅、光安、安銀後皆省〔四九〕。

下，浦陽縣〔五〇〕。晉屬九德郡。隋屬日南郡〔五一〕。唐屬驩州。

下，越裳縣。隋屬日南郡。唐武德五年立明州〔五二〕，又以日南郡之文谷、金寧二縣立智州〔五三〕。正觀元年曰南智州〔五四〕，其萬安、明弘、明定入越裳，隸智州〔五五〕。後廢智州〔五六〕，省文谷、金寧入越裳來屬〔五七〕。

下，懷驩縣。本咸驩。二漢屬九真郡。晉屬九德郡。隋屬日南郡。唐武德五年立驩州〔五八〕，并置安人、扶演、相景、西源四縣，治安人。正觀元年更名演州，十三年省相景，十六年州廢，省安人、扶演、西源，以咸驩來屬〔五九〕，後更咸驩曰懷驩。

下，陸州。秦屬象郡。漢屬交阯郡。晉、宋、齊因之。梁立黃州及寧海郡。隋平陳，郡廢，改黃州曰玉州〔六〇〕。大業初州廢，入寧越郡。唐武德五年立玉州〔六一〕，正觀二年州廢入欽州。高宗上元二年復立，更名陸州，天寶元年曰玉山郡。領縣三。

下，烏雷縣。唐自安海徙陸州治此〔六二〕。

下，華清縣。本玉山。隋大業初省入安海。唐復置，天寶中更名。

下，寧海縣。本安平，梁置，及立黄州寧海郡。隋改州爲玉州，改縣曰安海。唐立玉州，後徙治烏雷，改曰陸州。至德二載，改縣曰寧海。

下，福禄州。自隋以前地理與福禄郡同〔六三〕。後爲生獠所據〔六四〕。唐總章二年〔六五〕，智州刺史謝法成，唐林州地，立福禄州以處之〔六六〕。天寶元年改爲福禄郡〔六七〕，至德二載更郡曰唐林郡，乾元元年復爲福禄州〔六八〕。

柔遠縣〔六九〕。本安遠〔七〇〕，唐至德。

唐林縣。唐〔七一〕。

環州〔七二〕。領縣八〔七三〕。

福零縣〔七四〕。

正平縣。

下，龍源縣〔七五〕。

下，饒勉縣。

下，思恩縣。

下，武名縣〔七六〕。
下，歌良縣。
蒙都縣。

長州〔七七〕。
下，文陽縣。
下，銅蔡縣〔七八〕。
下，長山縣。
下，其常縣。以上皆與州同置〔七九〕。

下，湯州〔八〇〕。本秦象郡地。唐立湯泉郡。領縣三〔八一〕。
下，湯泉縣。
下，緑水縣。
下，羅韶縣。以上皆與州同置。

下，演州。歷代地理與驩州同。唐武德五年立驩州，正觀九年改爲演州〔八二〕，而別立驩州。十六年州廢〔八三〕，入驩州，廣德二年析驩州復立。本忠義郡，亦曰龍池郡，又曰演水郡。領縣二。

下，忠義縣〔八四〕。

下，龍池縣〔八五〕。

林州〔八六〕。秦象郡。漢日南地。東漢因之。晉、宋以後爲林邑所據。隋大業中平林邑，立沖州，尋改爲林邑郡。唐初立林州，正觀九年，綏懷、林邑皆寄治於驩州之南境，屬嶺南道，正元末廢。領縣三。

林邑縣。

金龍縣。

海界縣。

景州。歷代地理與林州同。隋大業三年平林邑，立蕩州，尋改爲比景郡〔八七〕。唐初并爲七州，又更名曰南景州。正觀二年，綏懷、林邑乃寄治於驩州之南境。八年曰景州，屬嶺南道，正元末廢。領縣三。

比景縣〔八八〕。

由文縣。

朱吾縣。

山州〔八九〕。

籠州〔九〇〕。

古州〔九一〕。

校注

〔一〕札記卷下：「此卷末一葉，宋本、舊鈔本並殘缺，周校又全缺，故無從補，即以殘本刊。」

〔二〕建安八年：寰宇記卷一七〇作「元封五年」。

〔三〕五年：元和志卷三八作「四年」。

〔四〕太平：九域志卷一〇作「南定」。

〔五〕唐武德四年置：元和志卷三八：隋開皇十年分武平置。

〔六〕先天元年：元和志卷三八作「開元二年」。

〔七〕羸𨻻縣：通典卷一八四、元和志卷三八作「龍編縣」。

〔八〕南侯織：四庫本作「南越侯織」，聚珍本「織」作「職」。

〔九〕四年：四庫本作「五年」。

〔一〇〕若：四庫本、聚珍本作「皆」。

〔一一〕指：札記卷下：「宋本缺，據通典補。周校作『踣』，誤，朱校不誤。」

〔一二〕高陵：聚珍本作「高涼」。札記卷下：「『陵』，宋本略可辨識，周校正作『陵』，是也，唐志可證。朱校作『涼』，誤。」

〔一三〕苟漏縣：聚珍本作「勾漏縣」。下同。

〔一四〕還復生：後漢書志第二三注引交州記作「還復出」。

〔一五〕羸：札記卷下：「周校作『羸』，誤，『交阯縣』下即其證，漢志注孟康曰『音蓮』。舊唐志云『羸𨻻』二字並『來口反』，蓋本漢志注而誤。集韻音同孟作『羸』，則三書並同，朱校不誤。」

〔一六〕中樂：新唐書卷四三上作「平樂」。

〔一七〕隨：札記卷下：「宋本『隨』是也，水經葉榆河注云『從潮水上下』其證矣。周校『隋』，誤，朱校不誤。」

〔一八〕十年：四庫本作「七年」。

〔一九〕武平郡：札記卷下：「宋本『平』，周校同，是也，沈志可證。朱校作『王』，誤。」

〔二〇〕文朗國：元和志卷三八作「夜郎國」，寰宇記卷一七作「文狼國」。

〔二一〕新興郡：元和志卷三八作「新昌郡」。

〔二二〕郡廢爲峰州：聚珍本作「郡廢開皇十八年改曰峰州」十一字。

〔二三〕娶：原作「索」，據聚珍本改。

〔二四〕穴：四庫本作「它」。札記卷下：「宋本壞作『它』，今據周校訂正，後漢書注引越志正同此，蓋本其文。水經葉榆河注作『究』，趙一清釋以章懷所引『穴』字爲『究』之誤，殊不然矣。凡此當各從本書，不應執一以訶斥。」

〔二五〕後置：四庫本作「復置」。

〔二六〕珠緑縣：原作「朱緑縣」，據通典卷一八四、寰宇記卷一七〇、九域志卷一〇、文獻通考卷三二三改。

〔二七〕後置：四庫本作「復置」。

〔二八〕瀼江：通典卷一八四、舊唐書卷四一、寰宇記卷一六七作「臨江」。

〔二九〕鵠山：九域志卷一〇作「鵲山」。

〔三〇〕弘遠：九域志卷一〇作「宏遠」。

〔三一〕常樂郡：四庫本、聚珍本作「樂寧郡」，九域志卷一〇作「安樂郡」。按舊唐書卷四一、新唐書卷四三上皆云開寶元年改爲安樂郡，至德二年改爲常樂郡，當以「常樂郡」爲是。

〔三二〕武龍：舊唐書卷四一作「武籠」。

〔三三〕五：原作「六」，據聚珍本改。

〔三四〕岡山：四庫本作「同山」。下同。

〔三五〕至德二載又更名：札記卷下：「周校云『載又更』三字重修本損缺。案宋本不缺。」「更名」二字，四庫本作「更今名」。

〔三六〕軍寧：原作「軍安」，據四庫本及九域志卷一〇改。

〔三七〕十里：四庫本作「千里」。

〔三八〕兼：聚珍本無。

〔三九〕曰：四庫本「曰」前有「改」字。

〔四〇〕四：原作「三」，據聚珍本改。

〔四一〕九真郡：寰宇記卷一七一作「日南郡」。

〔四二〕蠻盧轝：四庫本作「竇綱之」，聚珍本注「原闕」。札記卷下：「宋本『蠻盧』二字完好，紙則斷爛，無所連綴，或遂粘入『演州十六年』下，今訂補在此。歐用交州外域記文，引見水經溫水注，周校正作『蠻盧』，朱校云『原缺』。」

〔四三〕子寶綱：四庫本作「及寶綱卒」。

〔四四〕孫黨相代而立：四庫本作「其子黨繼立」。

〔四五〕立爲：四庫本作「改爲」，聚珍本作「改」。札記卷下：「宋本缺，據周校補。」

〔四六〕「正觀八年」後，四庫本另有「復改爲驩州」五字。

〔四七〕「更名阿州」下至「廢省水源」：四庫本作「廢曇羅水源」。札記卷下：「宋本『水』字……略可辨，周校缺，朱校不缺。」

〔四八〕光安安銀：四庫本「光安」作「安遠」。札記卷下：「宋本……『安安』字略可辨，周校缺，朱校不缺。」

〔四九〕安遠曇羅光安安銀：「安遠」以下四庫本、聚珍本皆無。札記卷下：「宋本『遠曇羅』三字略可辨，餘並損失，據周校補。自上『武德五年』至此並唐志文。『銀下』當依彼增『後皆省』三字，朱校此八字並脱。」

〔五〇〕下浦陽縣：四庫本無「下」字。札記卷下：「宋本『浦』是也，太平寰宇記、九域志可證。」

〔五一〕隋屬日南郡：「日南郡」，聚珍本作「象郡」。札記卷下：「『隋』下宋本糢糊，據周校補。隋志可證。朱校作『屬象郡』，誤。」

〔五二〕唐武德五年立明州：「唐」字後四庫本有「屬驩州」三字。札記卷下：「『武德』，宋本損失，周校作『正觀』，誤，新、舊唐志可證，朱校不誤。」又「立明州」，四庫本脱，聚珍本作「置明州」，下衍「并置萬安、明宏、明定三縣」一句。札記卷下：「『立』，朱校作『置』，『州』下衍『并置萬安明宏明定三縣』十字。」

〔五三〕又以日南郡之文谷金寧二縣立智州：聚珍本「立」作「置」，「州」下衍「并置新鎮、闍員二縣」一句。札記卷下：「『郡之文』三字，宋本略可辨，周校缺，朱校不缺。『州』下朱校衍『并置新鎮闍員二縣』八字。」

〔五四〕正觀元年曰南智州：四庫本作「是年又置明州貞觀十三年廢明州省」。聚珍本「曰」字前有「更」字。「州」後有「省新鎮闍員十三年廢明州省」十二字。札記卷下：「『州』下宋本缺七字，周校同，朱校作『十三年廢明州』六字。」

〔五五〕隸智州：四庫本作「曰南智」。

〔五六〕後：四庫本作「後又」。

〔五七〕省文谷金寧入越裳：札記卷下：「宋本缺『文谷金寧入』五字，周校并缺『省』字，朱校並有。案唐志當是，今據補此。上俱約唐志文。」

〔五八〕立：四庫本作「屬」。

〔五九〕以：寰宇記卷一七一作「入」。

〔六〇〕玉州：札記卷下：「宋本『玉』是也，隋志可證。周校作『王』，誤，朱校不誤。」

〔六一〕玉州：原作「玉山州」，據通典卷一八四、文獻通考卷三二三改。

〔六二〕自：四庫本、聚珍本作「曰」。札記卷下：「朱校作『曰』，誤。」

〔六三〕與福禄郡同：原無「福禄郡同」四字，據四庫本、聚珍本、叢書集成本補。札記卷下：「『與』下宋本缺，朱校作『福禄郡同』四字。案舊唐志：天寶元年改爲福禄郡。隋以前無此郡也。今仍缺。」又云：「此卷末一葉宋本、舊鈔本並殘缺，周校又全缺，故無從補，即以殘本刊。」

〔六四〕後爲生獠所據：「後爲生」三字原無，據四庫本補。又「獠所據」，聚珍本脱。札記卷下：「宋本是也，舊唐志可證，朱校脱此三字。」

〔六五〕唐總章二年：四庫本作「唐龍朔三年」、聚珍本無「唐」字。札記卷下：「宋本是也，朱校脱『唐』字。」

〔六六〕智州刺史謝法成唐林州地立福禄州以處之：「謝法成」後四庫本有「招慰生獠昆明北樓及生獠等七千餘落總章二年置福禄州以處之」二十七字。聚珍本有「招慰生獠昆明北樓等七千餘落以故唐」十六字。「唐」字原無，據聚珍本補。「立」，四庫本作「置」。又「之」字，原無，據四庫本、聚珍本補。按文獻通考卷三二三：「福禄州，土地與九真郡同。唐總章初，智州刺史謝法成招慰生獠昆明、北樓等七千餘落，以故唐林州地置福禄州，或爲福禄郡，屬嶺南道。」札記卷下：「『成』下朱校作『招慰生獠昆明比樓等七千餘落以故唐』十六字，蓋以新、舊唐志補。案宋本缺，今仍其舊。」

〔六七〕天寶元年改爲：原無，據四庫本補。

〔六八〕更郡曰唐林郡乾元元年復爲福禄州：四庫本「更郡」作「改爲」。又「唐林郡乾元元年復爲福禄州」，原無，據四庫本補。札記卷下：「『曰』下朱校有『唐林領縣八』五字，今依宋本缺。」

〔六九〕「柔遠縣」下至「縣唐」：四庫本無。「柔遠縣本安遠唐至德」，聚珍本無。札記卷下：「『柔遠縣本』，此四字，宋本斷爛，無所連綴，案當在此。朱校缺此四字，此行頂格作『下龍沪縣』四字，左一行作『下饒勉縣』四字，又左一行作『下思恩縣』四字，又左一行作『下武石縣』四字，又左一行作『下銅蔡縣』四字，又左一行作『下歌良縣』四字。案『沪』爲『源』之誤。銅蔡爲長州所領，餘縣並環州所領縣，不當在此，説並見後。」又「遠唐至德」四字，札記卷下：「朱校缺，宋本是也。唐志柔遠下云：『本安遠，至德二載更名。』此蓋用彼文，又增一『唐』字，本書例如此。」按九域志卷一〇柔遠縣屬福禄州。

〔七〇〕安遠：原本「遠」字前空一字，據寰宇記卷一七一補。按文獻通考卷三二三：福禄州，領縣三：「柔遠、唐林、福禄。」

〔七一〕唐林縣唐：聚珍本作「唐林領縣八」，後有「下龍沪縣下饒勉縣下武石縣」十二字。札記卷下：「『唐林縣唐』四字，宋本斷爛，與『柔遠縣本』四字共一殘紙，今審訂在此。朱校缺。」按九域志卷一〇福禄州領縣三，除以上二縣外，另有福禄縣。

〔七二〕「環州」下至「下文陽縣」：原本無，據四庫本及文獻通考卷三二三補。文獻通考云：「環州，唐李宏節開招生蠻置。或爲正平郡，屬嶺南道。領縣八：福零、正平、龍源、饒勉、思恩、武名、歌良、蒙都。」

〔七三〕八：四庫本作「一」，據九域志卷一〇改。

〔七四〕福零縣：四庫本無「福」字，據九域志卷一〇、文獻通考卷三二三補。

〔七五〕源：四庫本作「沪」，據九域志卷一〇、文獻通考卷三二三改。

〔七六〕武名：原作「武石」，據通典卷一八四、文獻通考卷三二三改。

〔七七〕長州：原無，據本書卷四皇朝郡國補。按文獻通考卷三二三：「長州，歷代地理與福禄州同。唐立長州，天寶元年曰文陽郡。……領縣四：文陽、銅蔡、長山、其常。」

〔七八〕下銅蔡縣：札記卷下：「此行之左下『長山縣』行之右，朱校有『下歌良』一行，宋本『歌良縣』殘字，説見後。」按九域志卷一〇銅蔡縣及下長山縣、其常縣皆屬長州。

〔七九〕同置：四庫本脱，據聚珍本補。札記卷下：「朱校『州』下有『同置』二字，今依宋本缺。」

〔八〇〕按文獻通考卷三二三：「湯州，秦屬象郡，唐置湯州，或爲湯泉郡，屬嶺南道。」

〔八一〕湯泉郡領縣三：原無，四庫本無「湯」字，聚珍本無「湯泉郡」三字，據舊唐書卷四一、寰宇記卷一七一、九域志卷一〇、文獻通考卷三二三補。札記卷下：「朱校無『湯』字，有『領縣三』三字。」

〔八二〕九年：新唐書卷四三上作「元年」。

〔八三〕十六年州廢入驩州：「州廢」，原作「蠻盧」，據四庫本、聚珍本及文獻通考卷三二三引輿地廣記改。四庫本「州廢」前有「演」字。札記卷下引作「十六年□□入讙州」，校曰：「『年』下『入』上宋本斷爛，或以殘宋本『蠻盧』二字粘入舊鈔本，遂作『十六年蠻盧入讙州』，今已訂正。『蠻盧』二字在『九德縣』下『羣』字上，説見前。此仍依宋本缺。案唐志當作『州廢』二字，朱校作『州廢』。」

〔八四〕下忠義縣：四庫本脱。札記卷下：「宋本缺，舊鈔本補『忠』，鈔本誤『中』，據寰宇記、九域志訂正，朱校不誤。又寰宇記、九域志此州所領縣並作忠義、懷驩、龍池三縣，本書懷驩已見驩州。又此州下『領縣二』，宋本『二』字完好，其『懷驩』非脱明矣。」

〔八五〕下龍池縣：四庫本脱。九域志卷一〇此下另有山州、武安州、古州、德化州、郎茫州、琳州等。札記卷下：「宋本缺，舊鈔本補。自此以下并舊鈔本亦缺，據本書卷四當爲林、景、山、環、籠、古六州及所領縣，今檢宋本殘字有『環州』二字、『平縣』二字共爲一行，『零縣』二字爲一行，『下龍源縣』四字爲一行，『下饒勉縣』一行，『下思恩縣』一行，『下武石縣』一行，『下歌良縣』一行。以寰宇記、九域志證之：平縣，正平縣也；零縣，福零縣也；與其餘各縣並爲環州所領。朱校誤補在前，説見『柔遠縣本』四字條下，今審訂當在林、景、山三州後，三州已缺，此殘字，一紙斷爛，無所連綴，故詳載於此。」

〔八六〕文獻通考卷三二三：「按演、林、景三州，秦、漢爲郡縣。漢末，没於林邑。隋復取之。唐初置此三郡，至貞元間方廢。而唐史地理志及杜氏通典俱不載，故取歐陽忞輿地廣記中所載以補之。」以下景州條内容亦録自文獻通考。

〔八七〕比景郡：寰宇記卷一七一、九域志卷一〇作「北景郡」。文獻通考卷三二三作「比景郡」。

〔八八〕比景：舊唐書卷四一、寰宇記卷一七一、九域志卷一〇、通鑑地理通釋卷一引輿地廣記作「北景」。

〔八九〕山州：原無，據輿地廣記卷四補，以下籠州、古州同此。按輿地廣記卷四皇朝郡國廣南路化外州下有山、籠、古三州，可知此三州在闕葉之内。九域志卷一〇：「山州，下，龍池郡。領龍池、盆山二縣。」文獻通考卷三二三：「山州，歷代地理與驩州同。唐立山州，或爲龍池郡，屬嶺南道。領縣二：貞元末廢。龍池、盆山。」

〔九〇〕九域志卷一〇：「籠州，扶南郡。領武勤、武禮、羅龍、扶南、龍賴、武江六縣。」文獻通考卷三二三：「籠州，唐貞觀十二年，清平公李弘節招降生蠻，置籠州，或爲扶南郡，屬嶺南道。領縣七：武勒、武禮、羅籠、扶南、龍賴、武觀、武江。」

〔九一〕九域志卷一〇：「古州，下，樂興郡。領樂山、古書、樂興三縣。」文獻通考卷三二三：「古州，土地與瀼州同。唐李弘節開夷獠置，屬嶺南道。……領縣三：樂山、古書、樂興。」

附録一　歷代序跋

四庫全書總目輿地廣記提要

輿地廣記三十八卷，浙江鮑士恭家藏本。宋歐陽忞撰。晁公武讀書志謂實無其人，乃著者所假託。陳振孫書録解題則以爲其書成於政和中。忞，歐陽修從孫，以行名皆連心字爲據。按此書非觸時忌，何必隱名，疑振孫之説爲是。然修廬陵人，而此本有忞自序，乃自稱廣陵，豈「廣」、「廬」字形相近傳寫致譌歟？其書前四卷先叙歷代疆域，提其綱要。五卷以後乃列宋郡縣名，體例特爲清析。其前代州邑宋不能有如燕、雲十六州之類者，亦附各道之末，名之曰化外州，亦足資考證。雖其時土宇狹隘，不足括輿地之全，而端委詳明，較易尋覽，亦輿記中之佳本也。四庫全書總目卷六八。

宋本輿地廣記跋

清　朱彝尊

亡友仁和吴志伊，以經史教授鄉里，束脩所入，就市閲書，善價購而藏之，歐陽忞輿地廣記，其一也。志伊既卒，於官書多散失。是書偶歸予插架，顧闕首二卷。徐尚書總裁一統志，請權發文淵閣故書，以資考驗。是編首二卷存焉，予亟傳寫，遂成完書。重是亡友，物不輕假人，每一展讀，尚如手新觸也。忞爲廬陵族孫，書成於政和中。先之以禹貢九州，而秦，而漢，而三國，而晉，而唐，而五代，首舉其大綱，序之曰：「以今之州縣而求於漢則爲郡，以漢之郡縣而求於三代則爲州。三代之九州，散而爲漢之六十餘郡；漢之六十餘郡，分而爲今之三百餘州。雖其間或離或合不可討究，而吾胸中蓋已了然矣。」故其沿革有條有理，勝於樂史太平寰宇記實多。後此志輿地者，中原不入職方，殘山剩水，僅述偏安州郡。至於元，始修大一統志，而其書罕傳，益以徵是編之當寶惜也。曝書亭集卷四四。

宋本輿地廣記跋

清　黄丕烈

此殘宋本歐陽忞輿地廣記，自十八卷起至第三十八卷止，爲余亡友顧抱沖藏書也。初，抱沖得諸華陽縣顧聽玉家，余未及借讀，適爲周香嚴攜去。香嚴告余曰：「此本與家藏鈔本行款相同，故得以知其移易卷第之迹，而鈔本似又從別本宋刻傳録，不及殘本之精。」余識其言不忘。既而抱沖作古，從其家借出，見其根題曰「宋板輿地廣記廿一卷」，以元、亨、利、貞爲次，於兩浙路上一册有宋本圖記一，有季振宜藏書圖記一，知延令宋板書目有輿地廣記廿一卷，即此本也。蓋是本移易卷第在滄葦收藏時已然，幸有鈔本可證，得以復其舊觀。爰命工重爲改裝，自十八卷後悉排編無誤，十八卷缺前三葉，三十八卷缺後幾葉，皆向來如此，闕疑可也。册數分四爲五，皆以每路之可分者爲定，書根字迹未敢滅去，俾延令目中所云「有可考焉」爾。嘉慶庚申歲春二月黄丕烈書於士禮居。

校影宋本輿地廣記跋

清　黄丕烈

初余借抱沖藏殘宋本二十一卷，校勘於聚珍版本上，苦彼此不對，因借香嚴家舊鈔本相證，知舊鈔與宋刊甚近，特稍有差誤耳。時海寧陳仲魚見而借歸，遂録其副，自後還香嚴。香嚴手校宋刊於上，余復覆之，此戊午年事也。今乙丑冬，香嚴令鈔胥别寫清本，以此爲筆資，易余四金去，持贈鈔手。余前所校聚珍本已轉歸廬江張太守矣。嘉慶丙寅立春後十日蕘翁黄丕烈記。

又

清　黄丕烈

考曝書亭集宋本輿地廣記跋，知竹垞所藏仁和吴志伊藏本闕首二卷，後從文淵閣本補寫。庚申春，余與海鹽友談及，云此本已於昨冬買出，歸乍浦韓配基，即竹垞舊物也。

壬戌春，余計偕北行，配基亦以辛酉選拔，朝考入都，把晤於京邸，許以十八卷以前鈔寫寄余。後余被黜還南，配基亦未得高等，聞亦回浙，然彼此音問不通，余未悉配基住居何處，至今不能補全顧本所缺者，可慨也！古書難得，即得矣，而又不令同時，雖訪得他本可補者，又以兩地阻隔，造物何不作美如是耶？丙寅穀日挑燈書。蕘翁。

又

清　黄丕烈

韓本所藏，帶於行篋，應京兆試入都，中丁卯科舉人。近年五柳主人以伊弟京邸來札示余，知在京邸求售，索直朱提百金，久而未有覆音，蓋余托過五柳也。去年主人進京師，首以此書爲屬，今始帶回，已爲余出百二十金購之，蓋因京師風行宋刻之故。喜甚，展卷一過，知竹垞藏本爲確，而宋刻則未經淳祐重修者也。周藏鈔本，即出是刻，故殘缺并同，所勝於顧藏宋刻者不第有三至十八卷爲可貴，即顧本之誤字，兹可悉正矣。見韓本，方信周本之鈔尚出宋刻，并悉顧本之誤已屬重修。由此以觀，非合諸本，竟不可定何本爲最勝。今有宋刻之僅缺二卷本以爲主，此所磨滅損失處，以顧本十九至三十八卷爲之補，又以周本照未經重修宋刻鈔出之本爲之證，庶幾乎其盡善矣。若韓本爲竹垞舊藏，竹垞所補二卷云出於内閣本。今觀卷一末，亦有「淳祐庚戌郡守朱申重修」一條，知出於重修本，似與宋刻原本非一。至所據以校宋刻者盡屬閣本，恐不足據矣。蕘翁己巳二月望日。

又

清　黄丕烈

中春下澣七日，破幾日工夫粗校一過，其前十八卷，第一、第二卷仍缺，三卷至十八卷固得其真矣；十九卷至三十八卷宋刻面目，此鈔本悉具；第三十二卷多缺少，鈔刻并同，幸顧本有，可以補之。雖重修本勝於無也，矧究爲宋刻乎！惟是朱藏宋刻所補，朱筆及墨筆盡出俗手，竟無一處可據，明明有字迹可辨，而校者已亂爲填改，實爲白玉之瑕。兹幸有顧藏宋刻可證，又有周藏舊鈔可校，尚能得什之一二。擬將重付裝潢，獨留宋刻之真者，一概朱墨之校，據二本正之，豈不快乎？至内有閣本夾籤，其不可信，前跋已及之，可勿復論。復翁校畢記。

又

清　黄丕烈

竹垞藏本，序及首二卷從内閣本鈔補，并未明言閣本之爲刻與鈔本也。兹獲見竹垞舊藏，校此二卷，於舊鈔本上有彼此原鈔異者，但載其字；其有本同而校補或校改者，悉以朱校識之。蓋原用朱校，未知以意校，抑别有所據，不可得而知矣。閣本似出宋刻重修本，據卷一末有「淳祐庚戌郡守朱申重修」一行，知非宋時原刻。此舊鈔似即從竹垞藏本鈔出，磨滅缺失多同，特前二卷或在宋刻未失時鈔出，或别本鈔補，俱不可知。兹與從閣本鈔出者相較，實非一本，行款改易處時見，恐反據閣本，以失其面目，故前二卷擬存此舊鈔，補宋刻所缺。或當日鈔在未失之先，則宋刻二卷不反藉舊鈔以傳乎？區區佞宋之心，苦爲分明，雖竹垞復生，宜有以諒我耳。己巳清明後一日，書於百宋一廛之北窗，復翁黄丕烈。

又

清　黄丕烈

此鈔本即從朱竹垞翁藏宋刻初本出，首二卷或在宋刻未失之先鈔出，故與朱本所補不同。余翻宋本，仍用朱本所補者，從其書之原也。此本可證，朱本之同周校朱筆，皆顧抱沖藏宋刻覆本存之，以見其異，可與宋刻并藏，以悉是書之源流。甲戌正月記。以上並蕘圃藏書題識卷三史類二。

又

清　黄丕烈

輿地廣記三十八卷，校影宋鈔本，宋本存六葉半，朱墨紛如，填補其闕，仍有空白者，皆不足據也。觀此卷，知鈔本實出此刻，因破損而行款改移，隨意裱托，故此鈔仍之。若非顧本尚在，幾不可卒讀矣，當以顧本正之。蕘圃藏書題識再續録卷一。

重雕曝書亭藏宋刻初本輿地廣記緣起

清　黄丕烈

余喜藏書而兼喜刻書，欲舉所藏而次第刻之，力有所不能也。會鄱陽胡果泉先生典藩吴郡，敷政之餘，留心選學。聞吴下有藏尤槧者，有人以余對，遂向寒齋以百金借鈔，蓋酬余損裝之資，而實助余刻書之費，洵美意矣。用是藉爲權輿，取所藏宋刻輿地廣記刻之，始於己巳之春，畢於壬申之夏，經營三年，方得竣事。迨刷印以行，乃顧而喜曰：是書湮没不彰久矣，余雖得之，第藏之篋笥已耳，苟非果泉先生之助余剞劂，安能使晦者忽顯乎？今幸矣。余所藏之書，既賴果泉先生代傳之，而余所刻之書，亦賴果泉先生佽助之也。余不敢没人之惠，故以刻書原委登諸簡首，俾好古者有所觀感焉。至是書宋刻勝於它本之處，别爲札記，附於卷末，敢以質諸後之讀是書者。

嘉慶壬申季夏士禮居主人黄丕烈識。曝書亭藏宋刻初本吴門士禮居重雕輿地廣記卷首。

校勘輿地廣記札序

清　黄丕烈

輿地廣記宋刊外未嘗見有他刻。宋刊之僅存者雖所見有二，其一則已爲淳祐重修本，且闕卷較多。若此本之未經重修，爲宋刻初本者尤希世之寶。予故亟欲重雕，以廣其傳也。先爲朱竹垞所藏，即所稱僅闕首二卷傳寫以成完書者。首二卷之傳寫，實從重修本出，卷一末可證。予别有一舊鈔本，行款與宋刻初本悉同，首尾完具。今首二卷不用以重雕者，爲仍竹垞所藏之舊耳。竹垞所藏本模糊闕損處，輒有紅筆填寫字，不知出自誰校，以其用紅筆，故以「朱校」稱之。朱校本不足道，顧時下鈔本有如是者，又流傳頗廣。嘉定錢竹汀先生有言金根白芨之徒，日從事於丹鉛，翻爲本書之累，予恐世所行本之爲斯書累也，遂於朱校之不足道者亦悉數焉。周校者，友人周香嚴錫瓚用淳祐重修本所臨校也，因又稱「周臨重修本」。重修本藏亡友顧抱沖家，不可復見。周君臨校，裨益良多。若其異文，使所臨校而果然也，則重修本遜宋刻初本遠矣。並記而爲之序。嘉慶壬申十月五日吴縣黄丕烈識。曝書亭藏宋刻初本吴門士禮居重雕輿地廣記卷末。

校影宋本輿地廣記跋

清　周錫瓚

輿地廣記三十八卷，校影宋本。此本鈔手惡劣，一依宋刊行款鈔，尚爲善本。余從顧明經抱沖處假得季侍御滄葦所藏宋本二十一卷，校勘一過，其第十八卷「改曰建雄軍」以上全缺，當再訪善本補校，以成完璧。嘉慶戊午十一月冬至後四日香嚴居士周錫瓚識。（蕘圃藏書題識卷三史類二。）

跋季滄葦藏輿地廣記後

清　顧廣圻

殘宋槧本歐陽忞輿地廣記，起十八卷四葉，盡三十八卷五葉，大較存廿一卷。季滄葦藏，有圖記。先從兄抱沖收得，維時周漪塘家先有是書鈔本，脱略譌錯，殆不可讀。嘗借去就所存者校正，深以爲精於後，外間復有從周借傳者，其題目「此殘宋槧」則曰「重修本」，蓋緣第十九卷尾云「嘉泰甲子郡守譙令憲重修」、「淳祐庚戌郡守朱申重修」，第十八、廿三、廿九、三十一、三十五卷尾皆云「淳祐庚戌郡守朱申重修」故也。夫譙令憲、朱申皆自稱郡守而不署何郡，然則果何郡耶？以余論之，二人皆廬陵郡守也。忞書之板何以在廬陵？以忞其郡人也。是書撰於北宋政和中，由嘉泰四年甲子上溯之，相距凡八十餘年，而開雕歲月未有明文也。下數淳祐十年庚戌，首尾四十七年耳。兩次重修，皆郡守主其事，故前後二人并列焉。補葉雖漸多，初板終未全泯，固可寶也。此外，又有朱竹垞藏本，嘗在浙人韓姓家。所缺卷葉互爲不同，而俱缺者則尚有之也。不寧惟是，以此本相決，朱本乃另一翻板。何以言之？細勘廿一卷内，無一葉之同，即板心、記數、工匠姓名無不皆然，故曰另一板也。字形相近之訛往往沿襲重修本而且加多焉，故曰翻也。翻者，非他也，翻重修本而已矣。周漪塘鈔本正出於彼，其印本甚模糊，宜鈔本之脱落訛錯矣。今年病暑餘暇，借先從兄遺書來讀一過，知其原委，因即題於此首，庶將來有得見之者據吾所言以核其實焉。又竹垞藏本，聞汪君閬源近已買得，擬他日借來再勘之。嘉慶庚辰六月望後一日，元和顧千里甫記於楓江僦舍。思適齋集卷一四。

跋朱竹垞藏宋本輿地廣記後

清　顧廣圻

歐陽忞輿地廣記新刻本有校勘札記二卷，大指專爲掊擊朱校而作。朱校者，彼序所謂「竹垞所藏本模糊損闕處，輒有紅筆填寫字，不知出自誰手，以其用紅筆，故以『朱校』稱之」者也。竹垞藏本，今爲閬源汪君買得。借來一勘，與札記所言者十有七八不合，惟以彼序所謂「時下鈔本」，求之則多合焉。於是尋其條件，有并無朱校者，則竹垞藏本不著一字處也；有并非朱校者，則竹垞藏本另有時人墨筆字處也。至于其餘十之二三，方爲紅筆填寫字，然亦或合或不合，則又視乎時下鈔本言之。故同一紅筆也，而其言之有稱朱校者，有不稱朱校者。夫彼何以如是之用心，我則弗能知。而彼之如是其不合，則竹垞藏本有字、無字，墨筆、紅筆，犁然俱在，固可燭照而數計也。雖然，世之不獲見竹垞藏本者衆矣，將奈彼札記之歸咎朱校何？吾願汪君據此之真，顯彼之僞，每條每件，標而記之，繕録一帙，以便傳觀，庶幾于讀歐陽忞此書者，不致多所失實。而曝書亭插架，自是稍謝金根白芨之誇，不亦善乎？遂於還書汪君之日，識此而遺之。庚辰立秋後一日，元和思適齋居士顧千里書於楓江僦舍。思適齋書跋卷二。

輿地廣記跋

清　程晉芳

此丁酉秋同年孔葒谷爲余抄者，吾友嚴冬友嘗有是書，余欲借抄而未得，經七年後始得之。此書自竹垞稱之，重于世久矣。及詳觀之，乃知不及樂氏寰宇記遠甚。蓋皆撮抄各史地理志及文獻通考諸書，往往一字不增損。如九州之分爲各州，歷朝之分并州郡，皆人所共知，諸書所悉有，與其即後人之書求之，不若據前人之書讀之也。其叙五代州郡，本之歐史之職方考，而于歐之脱略茂、延諸州，未之及。五代沿唐之制，分爲十道，薛史頗詳，而此書未詳。是既不能補歐史之闕，又不克作薛史之長，疏忽甚矣。其各府沿革，則刪節通典而爲之，又好引古蹟而多所脱略。如陳留本鄭邑，後之爲陳所并，故曰陳留。通典諸書皆載，而此不載。又新安縣載函谷關廢置，而大嶠關、金關不及焉。余故謂凡讀各種史書者，必多求他本對勘，則得失立見。不可震于其名，從人之好惡也。惟書中載水利較他書頗詳，唐書地理志之後此爲第一，可取者在此，而竹垞轉不之及，何歟？勉行堂文集卷五。

士禮居仿宋刊本輿地廣記跋

清　周中孚

輿地廣記三十八卷，士禮居仿宋刊本，宋歐陽忞撰。忞，廬陵人，文忠之族孫也。四庫全書著録，晁、陳書目、通考、宋志俱載之。是書成於政和中。前三卷所纂，自堯舜以至五代疆域大略，而係以宋郡縣名；第四卷則專載宋郡縣名，以當目録；五卷以後，乃列四京二十三路郡縣沿革離合。其化外州，雖非宋代所有，而前代有之，故仍附各路之下。體例明晰，原委賅括，北宋人地志，自然不同也。前有自序，謂「以今之州縣而求於漢則爲郡，以漢之郡縣而求於三代則爲州。三代之九州，散而爲漢之六十餘郡；漢之六十餘郡，分而爲今之三百餘州。雖或離或合，不可討究，而吾胸中蓋已了然矣。」按漢郡國一百三，今云六十餘郡，考之書中所列，亦本一百三，蓋但以新置之郡計之，而遺其仍秦郡之四十也。然此乃涉筆偶誤，其全書則有條不紊，勝於樂氏寰宇記之作。後此爲輿地書者，中原不入職方，殘山剩水，僅述偏安州郡。至於元，始修大一統志，而罕見全書，益以徵是編之足資考證者多也。吴門黄蕘圃丕烈得朱竹垞藏舊宋刻初本付梓，以廣流傳，并撰重雕緣起一篇係於首，又詳加校勘，成札記二卷，附元書之末，前亦有序。鄭堂讀書記補逸卷一二。

宋本輿地廣記跋

清　楊紹和

是書世傳宋槧止二本：一季滄葦所藏，後歸顧抱沖，起第十八四葉，盡第三十八五葉，大凡存二十一卷；一朱竹垞所藏，後歸黄蕘圃，僅缺首二卷，即此本也。澗薲跋中所謂新刻，即蕘圃以此本重鐫者也。蕘圃謂此本爲原刻、季本爲重修，緣季本第十八、十九等卷尾有云「嘉泰甲子郡守譙令憲重修」、「淳祐庚戌郡守朱申重修」故也，而澗薲跋季本，謂是初板重修，而朱本乃從重修本翻雕者，緣朱本視季本往往有字形相近之訛故也。予按二本均無刊書年月，其先後實莫能考辨。然此本與季本行式迥然不合，且并無卷尾題識，自當另是一刻，斷非從重修本覆出。澗薲跋季本時，蓋未見此本，僅據蕘圃新刻及周氏鈔本核之，不無訛謬，故有沿襲重修本之疑。洎得向汪君假校，則云「據此之真，顯彼之僞」，又云「庶幾讀歐陽書者不致多所失實」，可知澗蘋亦深以此本爲佳，季本所跋云云固非定論矣。蕘圃以讀書好古之士所校乃乖舛，至是誠有大惑不解者，想因鈔本，亦用朱校，遂至援引混淆，未嘗一勘此本耳。而此本幸存，猶得證黄校之誣，藉以見歐書之舊，愈當何如寶重耶？竹垞跋，載曝書亭集，此本未經寫入，爰補書於右，俾存受授源流。近時吴中久罹兵火，季本恐已成廣陵散，此本不啻魯靈光已。同治甲子中元，東郡楊紹和識於宋存書室。楹書隅録初編卷二。

校宋江州刊淳祐重修本輿地廣記殘卷跋

傅增湘

此書士禮居據朱竹垞舊藏宋刊本翻雕，其宋本缺卷葉及模糊不可辨者，則據江州覆刻淳祐重修本補之，附刻校記可按也。余嘗見方地山所藏江州本，殘存二十卷，有郡守朱申重修題記，當時以不及細校爲憾。前年獲此帙於淮南故家，所存只十二卷，爲卷七至十一、二十五至三十一，半葉十三行，二十四字，白口，左右雙闌。各卷末有「淳祐庚戌郡守朱申重修」一行，與方本全同，即江州覆刻淳祐重修本，唯蝶裝廣幅猶存宋裝耳。余取士禮居翻宋本校勘一過，其異字正覆不少，兹略舉於後，俾讀者考覽焉：

卷七彭城縣下「封弟交爲楚元王」，「交」不誤「友」；考城縣下，「邑多遇灾」，「灾」不誤「火」；濟陰縣下，「分濟陰置蒙縣」，「蒙」不誤「黄」。卷八襄陽縣下「蜀將關羽」，「蜀」不誤「置」；金州下，「魏以漢中遺人」，「遺」不誤「遣」；武當縣下「今名木塞山」，「木」不誤「大」；鄖鄉縣下「晉太康五年」，「五」不誤「三」；泌陽縣下「開寶元年」，「元」不誤「五」。卷九河陽縣下「爾朱榮害朝士三百餘人於此」，「於」不誤「即」；梁縣下「唐屬汝州」，不誤「唐曰承休」；「石壕驛」，「壕」不誤「城」；魯山縣下「懼而遷於魯縣」，「遷」不誤「避」。卷十一獲鹿縣下「天寶十五載」，「載」不作「年」；邢州下「常山王張耳都之」，「之」不作「焉」；龍岡縣下「太興二年」，「興」不誤「和」；「襄國郡廢焉」，「廢」不誤「漢」；「唐爲洺州理」，「理」作「有」，屬下「夷儀嶺」爲句；洺州下「置武安郡，唐爲洺州」，「郡」、「唐」二字不誤「縣」、「後」；永年縣下「皆爲郡治」，不落「治」字。卷二十六營道縣下，「虞時庳國之地」及下文「柳宗元作斥庳亭神記」，「庳」不作「鼻」。卷二十七江陽縣下，「晉徙荆州治」，「徙荆」二字不缺；武陵縣下「數爲攻敗」，「攻」不作「所」；長陽縣下，「清泉噴流」，「噴」不誤「潰」。卷二十九犍爲縣下「非夜郎故地」，「地」不誤「也」。其卷三十一長寧軍下，朱氏宋本缺十四字，富順監下缺二十字，黄刊皆據周校、隋唐史志及各地志校補，此本皆不缺。其餘校記中所稱宋本缺壞之字，此本皆完好可以辨析。蓋朱氏宋本既有模糊，覆刻重修本又從周校轉録，不免舛誤。

此帙雖爲覆刻重修本殘卷，而印本較清朗，其糾愆正繆之功不可没也。夫蕘圃刻書，號稱精審，又得顧千里諸人爲之讎勘，而拾遺補闕，猶有待於後人。然則世之善讀書者慎勿震於昔賢而故步自封也。乙丑正月，藏園居士識於長春室。（藏園群書題記卷四。）

輿地廣記提要

陳光貽

輿地廣記三十八卷，宋歐陽忞纂。忞史傳無考。晁公武讀書志謂：「著書所假托，實無其人。」而陳振孫書録解題則云：「其書成于政和中，忞，歐陽修從孫，以行名皆連心字爲據。」據歐陽忞輿地廣記：「于所不能有者，别立化外州之名。」已爲巧飾。按宋之疆域，太宗至道三年分天下爲十五道，而元豐所定，并京畿爲二十四路，不可謂宋之疆域最狹。元史地理志序有云：「自封建變爲郡邑，有天下者，漢、隋、唐、宋爲盛。」但宋自南渡後，喪失中原陝右，疆域日見狹隘。宋史地理志序有云：「高宗渡江，駐蹕吴、會，中原陝右盡入于金，東劃長、淮，西割商、秦之半，以散關爲界。其所存者，兩浙、兩淮、江東西、湖南北、西蜀、福建、廣東、廣西十路而已。迨德祐丙子，遂并歸于我皇元版圖。」忞此書成時，燕、雲十六州已不能自有。書既稱廣記，而不足括輿地之全。故仍附燕、雲于各卷之末，名之曰化外州。觀是書體裁，最爲清晰。其卷一至四，先叙歷代疆域，提其綱要。卷五以下，乃列宋疆域，制爲順序。述郡邑之名，則端委詳明，較易尋覽。清顧祖禹讀史方輿紀要、顧炎武天下郡國利病書皆仿其編例也。稀見地方志提要卷首。

附録二　歷代叙録

尤袤遂初堂書目　輿地廣記。

晁公武郡齋讀書志卷二下　輿地廣記三十八卷，右皇朝歐陽忞纂。自堯舜已來至於五代，地理沿革離合，皆繫以今郡縣名。或云無所謂歐陽忞者，特假名以行其書耳。

陳振孫直齋書録解題卷八　輿地廣記三十八卷，廬陵歐陽忞撰。政和中作。其前三卷，以今之郡縣繫於前代郡國之下。其序曰：「以今之州縣而求於漢則爲郡，以漢之郡縣而求於三代則爲州。三代之九州，散而爲漢之六十餘郡，分而爲今之三百餘州。雖或離或合，不可討究，而吾胸中則已了然矣。」漢郡國一百三，今云六十餘郡，不可曉也。忞爲文忠族孫，行名皆連「心」字。

馬端臨文獻通考卷二〇四　輿地廣記三十八卷。

陳騤撰，趙士煒輯考中興館閣書目輯考卷三　輿地廣記三十八卷。

王應麟玉海卷一五　輿地廣記三十八卷，政和中歐陽忞撰考。摭史及山經地志爲三十八篇。

脱脱宋史卷二〇四藝文志　歐陽忞輿地廣記三十八卷。

焦竑國史經籍志卷三　輿地廣記三十八卷，歐陽忞。

楊士奇文淵閣書目卷四　輿地廣記八册。

陶宗儀説郛卷一〇下　輿地廣記。

錢溥秘閣書目　輿地廣記八册。

李鶚翀江陰李氏得月樓書目摘録　輿地廣記三十卷，歐陽忞。

紀昀等四庫全書總目卷六八　輿地廣記三十八卷，浙江鮑士恭家藏本。宋歐陽忞撰。

永瑢四庫全書簡明目録卷七　輿地廣記三十八卷，宋歐陽忞撰。前四卷先叙歷代疆域，提其綱要。五卷以後，乃列宋郡縣名。其前代州邑，宋不能有者，亦附見各道之末，名曰化外州。體例特爲詳整。

邵懿辰撰，邵章續修增訂四庫簡明目録標注卷七　聚珍本。黄氏影宋刊本，附札記二卷。内有缺卷，依曝書亭抄補重刊。許氏有鈔本，云與黄刻本有異。朱修伯曰：「宋本字密而小，曾嘗見傳是樓影宋本。」

續録　閩覆聚珍本。方地山得宋本，乃丁雨生之物，有黄丕烈、顧千里跋，後讓歸袁寒雲，今不知流落何處。清鈔本。光緒六年金陵刻本。

清敕修皇朝通志卷一一一　宋歐陽忞輿地廣記，讀書志謂實無其人，爲著書人僞托，今據書録解題校正。

黄丕烈蕘圃藏書題識卷三　輿地廣記殘本二十一卷，宋本。

又　輿地廣記三十八卷，校影宋本。

黄丕烈蕘圃藏書題識再續録卷一　輿地廣記三十八卷。校影宋鈔本。宋本存六葉半，朱墨紛如，填補其闕，仍有空白者，皆不足據也。觀此卷，知鈔本實出此刻，因破損而行款改移，隨意裱托，故此鈔仍之。若非顧本尚在，幾不可卒讀矣，當以顧本正之。

顧廣圻思適齋書跋卷二　輿地廣記殘本二十一卷。宋刻本。

又　輿地廣記三十八卷，宋刻本。

周中孚鄭堂讀書記補逸卷一一　輿地廣記三十八卷。士禮居仿宋刊本。

楊紹和楹書隅録初編卷二　宋本輿地廣記三十八卷。十二册。……每半葉十三行，行二十四字，卷一、卷二鈔補。有「竹垞真賞」、「魚計莊主漁鑒賞」及黄氏、汪氏諸印。

又　校影宋鈔本輿地廣記三十八卷。二册，一函。

静嘉堂秘籍志卷一八　輿地廣記，宋歐陽忞撰，刊六本。藏書志不載。曝書亭藏宋初本，吴門士禮居重雕，嘉慶壬申。末附札記二卷，黄丕烈撰。　輿地廣記刊八本，武英版，藏書志不載。

耿文光萬卷精華樓藏書記卷四三　輿地廣記三十八卷，宋歐陽忞撰。聚珍本。前有政和十一年廬陵歐陽忞序。

沈德壽抱經樓藏書志卷二四　輿地廣記三十八卷。聚珍版本，于元仲舊藏。宋歐陽忞撰。……卷首有「董氏六一山房藏書」朱文方印、「九葉傳經」白文方印、「子子孫孫永無極」朱文大印、「元仲珍藏」朱文方印。

莫友芝郘亭知見傳本書目卷五　輿地廣記三十八卷，宋歐陽忞撰。聚珍板本。閩覆刊本。

黄丕烈仿宋刻本，附札記二卷，嘗藏元和吴氏、秀水朱氏。近南京刻本。近廣東本。

張之洞撰，范希曾補正書目答問補正卷二　輿地廣記三十八卷，札記二卷，宋歐陽忞。士禮居校本。又聚珍本，福本，無札記。

補　江寧局本，廣州局本。

傅增湘藏園群書經眼録卷五　輿地廣記三十八卷，宋歐陽忞撰。存卷十八第四葉起至三十八第五葉止。宋九江郡齋刊，嘉泰四年、淳祐十年遞修本，半葉十三行，行二十四字，黑口雙闌，版心上記字數，下記人名，一字。字數下有「庚戌刊」三字。陰文或陽文不等。間有無此三字者，大要是元本也。有顧千里廣圻、黄蕘圃丕烈跋。

又　輿地廣記三十八卷，宋歐陽忞撰。存卷七至十一、二十五至三十一，共存十二卷。宋刊本，半葉十三行，每行二十四字，白口，左右雙闌，版心上方記字數，下方記刊工人名。補刊之葉上魚尾上有「庚戌刊」三字，或「庚戌」白文二字。每卷尾有「淳祐庚戌郡守朱申重修」一行。卷二十六後有「嘉泰甲子郡守譙令憲重修」、「嘉定庚辰郡守陸子虡重修」、「淳祐庚戌郡守朱申重修」三行，蓋南宋江州刊，嘉泰四年、嘉定十三年、淳祐十年遞修本。卷中殷、匡、恒、朗、慎均缺末筆。

又 輿地廣記三十八卷，宋歐陽忞撰。清商丘宋氏從朱彝尊潛采堂本移寫，十三行，二十四字，景宋精寫本。壬子。

傅增湘藏園群書題記卷四 校宋江州刊淳祐重修本輿地廣記殘卷跋：此書士禮居據朱竹垞舊藏宋刊本翻雕，其宋本缺卷葉及模糊不可辨者，則據江州覆刻淳祐重修本補之，附刻校記可按也。余嘗見方地山所藏江州本，殘存二十卷，有郡守朱申重修題記，當時以不及細校爲憾。前年獲此帙於淮南故家，所存只十二卷，爲卷七至十一、二十五至三十一，半葉十三行，二十四字，白口，左右雙闌。各卷末有「淳祐庚戌郡守朱申重修」一行，與方本全同，即江州覆刻淳祐重修本，唯蝶裝廣幅猶存宋裝耳。

又 題宋淳祐重修本輿地廣記殘帙一首：「淳祐朱申費補鐫，顧黄經眼兩殘編。誰知官庫蟲魚屑，足敵方家一宋廛。」庚申之夏，余游淮南，獲此淳祐庚戌朱申重修本殘卷於寶應劉氏食舊德齋，亦大庫佚出者也，存十二卷。昔藝風老人以「一宋百廛」嘲陽湖盛氏，謂藏書連屋，祇聖宋文選爲宋刊也。友人方地山得宋本輿地廣記二十餘卷，貯津門小樓，戲語人曰：「吾可謂『一宋一廛』矣。」然方書卒爲袁寒雲所得，今又轉歸粤人潘氏矣。

江標宋元本行格表 宋殘本輿地廣記行二十字。

莫友芝撰，傅增湘訂補藏園訂補郘亭知見傳本書目卷五下 輿地廣記三十八卷，宋歐陽忞撰。聚珍板本。閩覆本。黄丕烈仿宋刻本，附札記二卷，嘗藏元和吴氏、秀水朱氏。

附 近刊本。（原稿無，印本入正文。）

補 宋九江郡齋刻嘉泰四年淳祐十年遞修本。十三行，二十四字，黑口，左右雙闌，版心上有「庚戌刊」三字。卷十九末有「嘉泰甲子郡守譙令憲重修，淳祐庚戌郡守朱申重修」題識，卷十八、二十三、三十一、三十五末皆有「淳祐庚戌郡守朱申重修」一行。存卷十八至三十八，計二十一卷。有顧廣圻、黄丕烈跋。方地山藏，後歸袁克文，近又轉歸潘明訓。余亦有殘帙，存十二卷。劉啓瑞舊藏。取黄丕烈覆刻盧陵本，改正補入者頗多。清初商邱宋氏影寫宋刻本，十三行二十四字。據朱氏潛采堂藏宋盧陵本影寫，即黄丕烈覆刻入士禮居叢書者，與前記九江刊本行款同而非一刻。

補　輿地廣記三十八卷，宋歐陽忞撰。校勘札記二卷，清黄丕烈撰。清嘉慶十七年黄氏士禮居叢書翻宋廬陵刊本。清光緒六年金陵書局刊本，從士禮居出，余嘗用宋九江郡齋刊本校之，改訂極多。

補　輿地廣記三十八卷，宋歐陽忞撰。校勘札記二卷，清孫星華撰。清福建翻武英殿聚珍版書本。清光緒二十五年廣雅書局翻武英殿聚珍版書本。

晁公武撰，孫猛校證郡齋讀書志校證卷八　輿地廣記三十八卷，袁本前志卷二下地理類第二十四。右皇朝歐陽忞纂。自堯舜以來至於五代，地理沿革離合，皆繫以今郡縣名。或云無所謂歐陽忞者，特假名以行其書耳。

按　孫星衍平津館鑒藏記書籍補遺云：「忞爲歐陽修從孫，宋史藝文志有歐陽忞巨鼇記五卷，晁氏讀書志謂實無其人，乃著書者所假托，非也。」謂忞爲修從孫，乃據書録解題卷八，巨鼇記五卷載宋志卷三地理類，通志藝文略卷四、國史經籍志卷三史類俱作六卷，未著撰人。

臺灣「中央」圖書館編臺灣「中央」圖書館善本序跋録史部三　輿地廣記三十八卷。四册。宋歐陽忞撰。清嘉慶間王士和手鈔本，清周錫瓚、黄丕烈校并跋，兼過録黄丕烈題識。

上海圖書館編中國叢書綜録 輿地廣記三十八卷，宋歐陽忞撰。四庫全書史部地理類。武英殿聚珍版書（武英殿聚木活字本）史部。輿地廣記三十八卷，附校勘記二卷，宋歐陽忞撰，校勘記清孫星華撰。武英殿聚珍版書（福建本、廣雅書局本）史部。輿地廣記三十八卷，附札記二卷，宋歐陽忞撰，札記清黄丕烈撰。士禮居黄氏叢書（黄氏本、蜚英館景黄氏本、石竹山房景黄氏本、博古齋景黄氏本）。叢書集成初編史地類。

中國古籍善本書目編輯委員會編中國古籍善本書目史部上 輿地廣記三十八卷，宋歐陽忞撰。宋刻遞修本（卷一至二配清抄本）。清黄丕烈、顧廣圻跋。輿地廣記三十八卷，宋歐陽忞撰。宋九江郡齋刻嘉泰四年淳祐十年遞修本，清黄丕烈、顧廣圻跋，李盛鐸跋，存二十一卷（十八至三十八）。輿地廣記三十八卷，宋歐陽忞撰。宋九江郡齋刻嘉泰四年嘉定十三年淳祐十年遞修本，存十二卷（七至十一、二十五至三十一）。輿地廣記三十八卷，宋歐陽忞撰。清嘉慶十七年黄丕烈刻士禮居叢書本，清黄丕烈等校，清周星詒跋，存三十四卷（一至三十四）。輿地廣記三十八卷，宋歐陽忞撰。校勘札記二卷，清黄丕烈撰。清嘉慶十七年黄丕烈刻士禮居叢書本，清顧廣圻校并跋，存十二卷（七至十

一、二十五至三十一）。　輿地廣記三十八卷，宋歐陽忞撰。清抄本，周錫瓚、黃丕烈校并跋。

北京圖書館編北京圖書館古籍善本書目史部地理類　輿地廣記三十八卷，宋歐陽忞撰，宋刻遞修本（卷一至二配清抄本）。清黃丕烈、顧廣圻跋。十二册。十三行，二十四字，白口，左右雙邊。　輿地廣記三十八卷，宋歐陽忞撰。宋九江郡齋刻嘉泰四年、淳祐十年遞修本。顧廣圻、黃丕烈、李盛鐸跋。五册。十三行，二十四字，白口，左右雙邊。存二十一卷（十八至三十八）。　輿地廣記三十八卷，宋歐陽忞撰。宋九江郡齋刻嘉泰四年、嘉定十三年、淳祐十年遞修本。二册。存十二卷（七至十一、二十五至三十一）。　輿地廣記三十八卷，宋歐陽忞撰。清抄本，周錫瓚、黃丕烈校并跋。二册。十三行，二十四字，無格。　輿地廣記三十八卷，宋歐陽忞撰。　校勘札記二卷，清黃丕烈刻士禮居叢書本，清顧廣圻校并跋。五册。十三行，二十四字，白口，左右雙邊。　輿地廣記三十八卷，宋歐陽忞撰。清嘉慶十七年黃丕烈刻士禮居叢書本，清黃丕烈等校，周星詒跋。六册。　輿地廣記三十八卷，宋歐陽忞撰。　校勘札記二卷，清黃丕烈撰。清嘉慶十七年黃丕烈刻士禮居叢書本。四册。　輿地廣記三十八卷，宋歐陽忞撰。　校勘札記二卷，清黃丕烈撰。清光緒六年金陵書局刻本，傅增湘校跋。四册。十三行，二十四字，小字雙行同，白口，四周單邊。

故宫博物院圖書館排印故宫普通書目　輿地廣記三十八卷，宋歐陽忞撰。光緒六年金陵書局刊本。四册。

北京大學圖書館編北京大學圖書館藏古籍善本書目史部地理類　輿地廣記三十八卷，宋歐陽忞撰。清抄本，有缺葉。六册。　輿地廣記三十八卷，宋歐陽忞撰。校勘札記二卷，清黄丕烈撰。清重刻士禮居叢書本（李滂過録、傅增湘據宋刻殘本校）。四册。

北京師範大學圖書館編北京師範大學圖書館中文古籍書目史部地理類　輿地廣記三十八卷，宋歐陽忞撰。乾隆武英殿聚珍版。十册。　輿地廣記三十八卷，宋歐陽忞撰。光緒六年金陵書局據士禮居本重刻本。四册。札記二卷，清黄丕烈撰。　輿地廣記三十八卷，宋歐陽忞撰。光緒二十一年木活字本。七册。校勘記二卷，清孫星華撰。　輿地廣記三十八卷，宋歐陽忞撰。國學基本叢書本。二册。札記二卷，清黄丕烈撰。

陳光貽稀見地方志提要卷首　輿地廣記三十八卷，武英殿聚珍本。宋歐陽忞纂。

浙江採集遺書總録簡目 輿地廣記三十八卷，知不足齋寫本，宋廬陵歐陽忞撰。

京都大學人文科學研究所漢籍目録史部第十一地理類 輿地廣記三十八卷，附札記二卷，宋歐陽忞撰，札記清黄丕烈撰。光緒六年金陵書局刻本。

中國人民大學圖書館地方志目録 輿地廣記三十八卷，附札記二卷，歐陽忞纂，札記清黄丕烈撰。宋政和間纂，清光緒六年金陵書局刻本。四册，一函。輿地廣記三十八卷，歐陽忞纂。宋政和間纂，一九八三年臺灣商務印書館影印文淵閣四庫全書本。

臺灣「中央」圖書館善本書目史部地理類 輿地廣記三十八卷，四册，宋歐陽忞撰。清嘉慶間王士和手鈔本，清周錫瓚手校並跋，兼過録黄丕烈題記。

普林斯頓大學葛思德東方圖書館中文舊籍書目史部地理類 輿地廣記三十八卷，四册，宋歐陽忞撰。清光緒六年金陵書局刊本。附校勘札記二卷，清黄丕烈撰。

四川圖書館書目卷六 輿地廣記三十八卷，宋歐陽忞撰。札記二卷，清黄丕烈撰。石印士禮居本。

劉琳、沈治宏編現存宋人著述總録 輿地廣記三十八卷，歐陽忞撰。宋刻遞修本（卷一至二配清抄本)(北京)。清嘉慶十七年黄丕烈刻士禮居叢書本,清顧廣圻校并跋(北京)。輿地廣記三十八卷,附札記二卷。士禮居黄氏叢書,宋代地理書四種(臺灣文海出版社據士禮居黄氏叢書本影印)。

李國玲編四川大學古籍整理研究所藏書目録 輿地廣記三十八卷,宋歐陽忞撰。附札記二卷。士禮居黄氏叢書,宋代地理書四種(臺灣文海出版社據士禮居黄氏叢書本影印),叢書集成初編本(據士禮居叢書本排印)。

主要參考文獻

禹貢指南，宋毛晃撰，叢書集成初編，中華書局，一九八五年。
禹貢説斷，宋傅寅撰，叢書集成初編，中華書局，一九八五年。
書傳會選，明劉三吾等撰，明嘉靖年間趙府味經堂刻本。
尚書日記，明王樵撰，明萬曆二十三年刻本。
尚書埤傳，清朱鶴齡撰，景印文淵閣四庫全書本，臺灣商務印書館，一九八六年。
禹貢長箋，清朱鶴齡撰，景印文淵閣四庫全書本，臺灣商務印書館，一九八六年。
禹貢錐指，清胡渭撰，鄒逸麟點校，上海古籍出版社，二〇一三年。
書經傳説彙纂，清王頊齡等撰，景印文淵閣四庫全書本，臺灣商務印書館，一九八六年。
吕氏家塾讀詩記，宋吕祖謙撰，上海涵芬樓借常熟瞿氏鐵琴銅劍樓藏宋刊本影印，四部叢刊續編，商務印書館，一九三四年。
詩地理考校注，宋王應麟撰，張保見校注，四川大學出版社，二〇〇九年。
六家詩名物疏，明馮復京撰，明萬曆二十三年刻本。

詩經通義，清朱鶴齡撰，清雍正三年濠上草堂刻本。
讀禮通考，清徐乾學撰，清光緒七年江蘇書局刻本。
五禮通考，清秦蕙田撰，方向東、王鍔點校，中華書局，二〇二〇年。
春秋左傳注疏，晉杜預注，唐陸德明音義，唐孔穎達疏，明崇禎十一年古虞毛氏汲古閣刻十三經注疏本。
春秋分紀，宋程公説撰，景印文淵閣四庫全書本，臺灣商務印書館，一九八六年。
張氏春秋集注，宋張洽撰，清同治十二年通志堂刻本。
讀春秋編，宋陳深撰，清康熙年間刻通志堂經解本。
春秋纂言，元吴澄撰，景印文淵閣四庫全書本，臺灣商務印書館，一九八六年。
春秋本義，元程端學撰，清康熙年間刻通志堂經解本。
左傳杜林合注，晉杜預注，宋林堯叟補注，明王道焜、趙如源輯，景印文淵閣四庫全書本，臺灣商務印書館，一九八六年。
春秋左傳屬事，明傅遜撰，明萬曆十三年傅遜日殖齋刻十七年重修本。
春秋辨義，明卓爾康撰，景印文淵閣四庫全書本，臺灣商務印書館，一九八六年。
左傳事緯，清馬驌撰，叢書集成初編，中華書局，一九九一年。

左傳折諸，清張尚瑗撰，景印文淵閣四庫全書本，臺灣商務印書館，一九八六年。
惠氏春秋左傳補注，清惠棟撰，清道光二十四年金山錢氏刻錢熙祚輯守山閣叢書本。
春秋左傳小疏，清沈彤撰，清道光九年廣東學海堂刻咸豐十一年補刻皇清經解本。
古經解鈎沉，清余蕭客撰，中華書局影印本，二〇一六年。

史記（修訂本），漢司馬遷撰，南朝宋裴駰集解，唐司馬貞索隱，唐張守節正義，中華書局，二〇一四年。
漢書，漢班固撰，唐顔師古注，中華書局，一九六二年。
後漢書，南朝宋范曄撰，唐李賢等注，中華書局，一九六五年。
三國志，晉陳壽撰，南朝宋裴松之注，中華書局，一九五九年。
晉書，唐房玄齡等撰，中華書局，一九七四年。
宋書（修訂本），南朝梁沈約撰，中華書局，二〇一八年。
南齊書（修訂本），南朝梁蕭子顯撰，中華書局，二〇一七年。
魏書（修訂本），北齊魏收撰，中華書局，二〇一七年。
隋書（修訂本），唐魏徵等撰，中華書局，二〇一九年。

舊唐書，後晉劉昫等撰，中華書局，一九七四年。
新唐書，宋歐陽修、宋祁撰，中華書局，一九七五年。
舊五代史（修訂本），宋薛居正等撰，中華書局，二〇一六年。
新五代史（修訂本），宋歐陽修撰，中華書局，二〇一六年。
宋史，元脱脱等撰，中華書局，一九七七年。
遼史（修訂本），元脱脱等撰，中華書局，二〇一七年。
遼史拾遺，清厲鶚撰，清光緒二十六年廣雅書局刻廣雅書局叢書本。
資治通鑑，宋司馬光撰，元胡三省音注，中華書局，一九五六年。
續資治通鑑長編，宋李燾撰，中華書局，二〇〇四年。
通鑑地理通釋，宋王應麟撰，傅林祥點校，中華書局，二〇一三年。
大事記附通釋解題，宋吕祖謙撰，叢書集成初編，中華書局，一九九一年。
大事記續編，明王禕撰，景印文淵閣四庫全書本，臺灣商務印書館，一九八六年。
通鑑紀事本末，宋袁樞撰，中華書局，一九八六年。
蜀鑑，宋郭允蹈撰，叢書集成初編，中華書局，一九八五年。
春秋左傳事類始末，宋章沖撰，清康熙年間刻通志堂經解本。

左傳紀事本末，清高士奇撰，中華書局，一九七九年。
戰國策，漢高誘注，宋姚宏續注，清光緒十三年刻士禮居黄氏叢書本。
鮑氏戰國策注，宋鮑彪注，景印文淵閣四庫全書本，臺灣商務印書館，一九八六年。
戰國策校注，宋鮑彪注，元吴師道補注，清光緒二十二年刻惜陰軒叢書本。
東都事略，宋王稱撰，清乾隆六十年常熟席氏掃葉山房刻本。
路史，宋羅泌撰，景印文淵閣四庫全書本，臺灣商務印書館，一九八六年。
華陽國志校注，晉常璩撰，劉琳校注，巴蜀書社，一九八四年。
華陽國志，晉常璩撰，李勇先等輯華陽國志珍本彙刊續編影印本，國家圖書館出版社，二〇一四年。
吴越備史，宋錢儼撰，清嘉慶十年虞山張氏照曠閣刻學津討原本。
十國春秋，清吴任臣撰，中華書局，一九八三年。
元和郡縣圖志，唐李吉甫撰，賀次君點校，中華書局，一九八三年。
太平寰宇記，宋樂史撰，王文楚點校，中華書局，二〇〇七年。
元豐九域志，宋王存撰，王文楚、魏嵩山點校，中華書局，二〇〇四年。
輿地紀勝，宋王象之撰，李勇先點校，四川大學出版社，二〇〇六年。

方輿勝覽，宋祝穆撰，施和金點校，中華書局，二〇〇三年。
明一統志，明李賢等撰，景印文淵閣四庫全書本，臺灣商務印書館，一九八六年。
大清一統志，清和珅等撰，景印文淵閣四庫全書本，臺灣商務印書館，一九八六年。
齊乘，元于欽撰，張保見點校，宋元珍稀地方志叢刊，四川大學出版社，二〇〇七年。
蜀中廣記，明曹學佺撰，楊世文點校，上海古籍出版社，二〇二〇年。
浙江通志，清嵇曾筠、李衛等纂修，上海古籍出版社影印本，一九九一年。
陝西通志，清劉於義等修，清沈青崖等纂，清雍正十三年刻本。
江西通志，清謝旻等修，清陶成、惲鶴生纂，清雍正十年刻本。
畿輔通志，清唐執玉、李衛修，清陳儀纂，清雍正十年刻本。
寶慶四明志，宋羅濬等纂修，宋元方志叢刊影印本，中華書局，一九九〇年。
海鹽澉水志，宋常棠纂修，李勇先點校，宋元珍稀地方志叢刊（乙編），四川大學出版社，二〇〇九年。
延祐四明志，元馬澤修，元袁桷纂，宋元方志叢刊影印本，中華書局，一九九〇年。
水經注，後魏酈道元撰，李勇先等輯水經注珍稀文獻集成影印本，巴蜀書社，二〇一七年。
水經注釋，清趙一清撰，李勇先等輯水經注珍稀文獻集成影印本，巴蜀書社，二〇一七年。

水經注集釋訂訛，清沈炳巽撰，李勇先等編纂，李勇先等輯水經注珍稀文獻集成，巴蜀書社，二〇一七年。
河源紀略，清紀昀等撰，清乾隆間武英殿刻本。
行水金鑑，清傅澤洪撰，清雍正三年淮揚官舍刻本。
石柱記箋釋，唐顏真卿撰，清朱彝尊補，清鄭元慶箋釋，清道光三十年南海伍氏粵雅堂刻粵雅堂叢書本。
關中勝蹟圖志，清畢沅撰，清乾隆年間畢沅經訓堂刻本。
十六國疆域志，清洪亮吉撰，清光緒十七年廣雅書局刻廣雅書局叢書本。
日下舊聞考，清于敏中等編纂，北京古籍出版社影印本，二〇〇〇年。
通典，唐杜佑撰，王文錦等點校，中華書局，二〇一六年。
通典，唐杜佑撰，李勇先等輯通典珍本彙刊影印本，巴蜀書社，二〇二二年。
唐會要，宋王溥撰，中華書局，一九五五年。
五代會要，宋王溥撰，中華書局，一九九八年。
宋朝事實，宋李攸撰，中華書局，一九五七年。
通志，宋鄭樵撰，中華書局，一九八七年。

文獻通考，元馬端臨撰，中華書局影印本，一九八六年。
文獻通考，元馬端臨撰，中華書局，二〇一一年。
七國考，明董説撰，中華書局，一九五六年。
續通典，清嵇璜、曹仁虎等撰，浙江古籍出版社影印本，二〇〇〇年。
宋會要輯稿，清徐松等輯，中華書局影印本，一九五七年。
宋會要輯稿，清徐松等輯，劉琳等點校，上海古籍出版社，二〇一四年。
清朝通志，清嵇璜等纂修，浙江古籍出版社影印本，二〇〇〇年。
郡齋讀書志校證，宋晁公武撰，孫猛校證，上海古籍出版社，二〇一一年。
中興館閣書目輯考，宋陳騤撰，趙士煒輯考，民國二十二年北平國立圖書館暨中華圖書館協會鉛印本。
直齋書録解題，宋陳振孫撰，上海古籍出版社，一九八七年。
遂初堂書目，宋尤袤撰，叢書集成初編，中華書局，一九八五年。
文淵閣書目，明楊士奇等撰，叢書集成初編，中華書局，一九八五年。
秘閣書目，明錢溥撰，中國歷代書目叢刻，現代出版社，一九八七年。
國史經籍志，明焦竑撰，明代書目題跋叢刊，書目文獻出版社，一九九四年。

江陰李氏得月樓書目摘録，明李鶚翀撰，明代書目題跋叢刊，書目文獻出版社，一九九四年。
四庫全書總目，清紀昀等撰，中華書局影印本，一九八一年。
四庫全書簡明目録，清爱新觉罗永瑢撰，中華書局，一九六四年。
增訂四庫簡明目録標注，清邵懿辰撰，邵章續修，中華書局，一九六三年。
黄丕烈書目題跋，清黄丕烈撰，清人書目題跋叢刊，中華書局，一九九三年。
蕘圃藏書題識，清黄丕烈撰，屠友祥校注，上海遠東出版社，一九九九年。
顧廣圻書目題跋，清顧廣圻撰，清人書目題跋叢刊，中華書局，一九九三年。
思適齋書跋，清顧廣圻撰，上海古籍出版社，二〇〇七年。
鄭堂讀書記，清周中孚撰，清人書目題跋叢刊，中華書局，一九九三年。
楹書隅録，清楊紹和撰，清人書目題跋叢刊，中華書局，一九九三年。
萬卷樓精華藏書志，清耿文光撰，清人書目題跋叢刊，中華書局，一九九三年。
抱經樓藏書志，清沈德壽撰，清人書目題跋叢刊，中華書局，一九九三年。
宋元本行格表，清江標撰，廣陵書社影印本，二〇〇三年。
藏園群書經眼録，傅增湘撰，中華書局，一九八三年。

藏園群書題記，傅增湘撰，上海古籍出版社，一九八九年。

藏園訂補郘亭知見傳本書目，清莫友芝撰，傅增湘訂補，中華書局，二〇〇九年。

書目答問補正，清張之洞撰，范希曾補正，上海古籍出版社，一九八三年。

故宫普通書目，故宫博物院圖書館編，民國二十三年故宫博物院圖書館排印本。

中國叢書綜録，上海圖書館編，上海古籍出版社，一九八三年。

稀見地方志提要，陳光貽撰，齊魯書社，一九八七年。

北京圖書館古籍善本書目，北京圖書館編，書目文獻出版社，一九八七年。

中國人民大學圖書館地方志目録，中國人民大學圖書館古籍部編，一九八七年中國人民大學圖書館第一版。

四川圖書館書目，四川圖書館編，一九八七年四川圖書館自印本。

中國古籍善本書目，中國古籍善本書目編輯委員會編，上海古籍出版社，一九八九年。

現存宋人著述總録，劉琳、沈治宏編著，巴蜀書社，一九九五年。

四川大學古籍整理研究所藏書目録，李國玲編，一九九五年四川大學古籍整理研究所排印本。

北京大學圖書館藏古籍善本書目，北京大學圖書館編，北京大學出版社，一九九九年。

北京師範大學圖書館中文古籍書目，北京師範大學圖書館編，北京圖書館出版社，二〇〇二年。
浙江採集遺書總録，清沈初等撰，杜澤遜、何燦點校，上海古籍出版社，二〇一〇年。
普林斯頓大學葛思德東方圖書館中文舊籍書目，美國普林斯頓大學圖書館編，國家圖書館出版社，二〇一七年。
京都大學人文科學研究所漢籍目録，日本京都大學人文科學研究所編，一九七九年同朋舍印刷本。
静嘉堂秘籍志，日河田羆撰，杜澤遜等點校，上海古籍出版社，二〇一六年。
容齋續筆，宋洪邁撰，北京圖書館出版社影印本，二〇〇三年。
緯略，宋高似孫撰，清嘉慶十九年廣雅書局刻本。
困學紀聞，宋王應麟撰，欒保群、田松青點校，上海古籍出版社，二〇一五年。
續古今考，元方回撰，景印文淵閣四庫全書本，臺灣商務印書館，一九八六年。
正楊，明陳耀文撰，明隆慶年間刻本。
通雅，清方以智撰，清光緒六年桐城方氏重刻本。

初學記，唐徐堅等著，中華書局，一九六二年。
海録碎事，宋葉廷珪撰，上海辭書出版社影印本，一九八九年。
群書考索，宋章如愚撰，上海古籍出版社影印本，一九九二年。
玉海，宋王應麟撰，江蘇古籍出版社、上海書店影印本，一九八七年。
錦繡萬花谷，宋佚名撰，廣陵書社影印本，二〇〇八年。
荆川稗編，明唐順之撰，景印文淵閣四庫全書本，臺灣商務印書館，一九八六年。
天中記，明陳耀文撰，明萬曆年間刻本。
御定佩文韻府，清蔡升元等纂，清光緒二十年上海點石齋石印本。
格致鏡原，清陳元龍撰，江蘇廣陵古籍刻印社影印本，一九八九年。
説郛三種，明陶宗儀等編，上海古籍出版社影印本，一九八八年。

王右丞集箋注，唐王維撰，清趙殿成箋注，上海古籍出版社，一九九八年。
李太白集注，唐李白撰，清王琦注，景印文淵閣四庫全書本，臺灣商務印書館，一九八六年。
李太白集分類補注，唐李白撰，宋楊齊賢集注，元蕭士贇删補，四庫全書薈要影印本，吉林人民出版社，一九九七年。
補注杜詩，唐杜甫撰，宋黄希補注，景印文淵閣四庫全書本，臺灣商務印書館，一九八六年。
杜詩詳注，唐杜甫撰，清仇兆鼇注，中華書局，二〇一五年。
蘇詩補注，宋蘇軾撰，清翁方綱補注，范道濟點校，中華書局，二〇一九年。
攻媿集，宋樓鑰撰，叢書集成初編，中華書局，一九八五年。
曝書亭集，清朱彝尊撰，四部叢刊初編影印原刻本，商務印書館，一九三七年。
思適齋集，清顧廣圻撰，清道光二十九年春暉堂叢書刻本。
歷代詩話，清吴景旭撰，中華書局，一九五八年。

再版後記

宋代是我國歷史地理學發展的重要時期，相繼問世了一系列對後世産生重要影響的地理總志著作，其中就包括北宋歐陽忞所著輿地廣記。二〇〇三年，四川大學出版社規劃出版宋元地理志叢刊，並首先出版了輿地廣記校點整理本。二〇二二年，中華書局將輿地廣記作爲中國古代地理總志叢刊系列之一加以再版，我們對原書所據底本和校本重新加以核對，對部分校注也重新加以修訂，糾正了初版存在的許多錯誤。此外，對原書前言和附録内容也作了部分調整和修改，並增加編纂凡例，對本次再版體例作了較爲詳細的説明。

此次輿地廣記再版修訂工作，得到了中華書局歷史編輯室主任胡珂和責任編輯李勉的大力支持，在此，謹向她們表示衷心的感謝！李勉在對初版内容精細審校過程中發現了原書存在的不少問題，並提出了非常詳細的修改意見，爲本書再版付出了辛勤勞動，對提高本書學術質量作出了重要貢獻。由於校點者水平所限，書中肯定還存在許多疏漏錯誤等不當之處，誠望讀者不吝指正！

王小紅　謹識

二〇二二年十一月於川大與文里

地名索引

凡　例

一、本索引收録《輿地廣記》一書中的主要地名，校注中的地名不收。

二、在所收地名中，州郡沿革地名只收主要條目，而山川、河流、井泉、祠墓、樓觀等則儘量予以收録。

三、同名而非同一地區的地名，則分别在相關條目右上方標注1、2、3……予以區别，如長城^{1}、長城^{2}。同一地名有不同稱謂者，確定一主條目，並在括號内附參見條目，參見條目後又附見主條目。

四、地名下的數字，前者爲卷號，後者爲頁碼。

例如：

館陶縣　5/71

即表示館陶縣見於本書卷五第71頁。

五、本索引按音序排列。

A

B

C

D

E

F

G

H

J

K

L

M

N

O

P

Q

R

S

T

X

Y

Z

人名索引

凡　例

一、本索引收録《輿地廣記》一書中的主要人物，校注中的人物不收。

二、所收録人物原則上以本姓名作爲主條目，帝王以廟號爲主條目，其前冠以朝代名。春秋、戰國諸侯仿此。一時未能考出本姓本名者，以本書出現的稱謂作爲主條目或參見條目。凡附注於主條目後的異稱，一律作爲參見條目。

三、本書中凡幾人之合稱者仍出條目，並於括號内注明所指之人。

四、地名下的數字，前者爲卷號，後者爲頁碼。

例如：

班固　16/328

即表示班固見於本書卷十六第328頁。

五、本索引按音序排列。

A

B

C

D

E

F

G

H

J

K

L

M

Q

R

S

T

W

X

Y

Z